UNIVERSAL HUMAN

Creating Authentic Power and the New Consciousness

新意識觀

成為宇宙人類，與靈魂對齊，
放掉恐懼，完成此生功課

Gary Zukav
蓋瑞・祖卡夫
著

獻給崛起中的宇宙人類

當祖卡夫的想法不再對你構成挑戰，
你會發出歡快的笑聲，
那是發現新大陸的發現者才有的笑聲。
——瑪雅．安吉羅（Maya Angelou）

致謝

「感謝」二字，對這些地球學校同學給予我的愛和禮物而言，實在太微不足道了。我想致謝的人是：琳達．法蘭西絲（Linda Francis），我的生命探索夥伴、靈性伴侶、共同創造者、共同作者，以及「靈魂所在學院」（Seat of the Soul Institute）與「宇宙人類基金會」（Foundation for the Universal Human）共同創辦人，感謝她有容乃大的心、明智的頭腦、無拘無束的勇氣，以及充滿喜悅的笑聲；Phil Lane Jr.（www.fwii.net）與Phil Lane Sr.，感謝他們接納我進入拉科塔族（Lakota）文化，還有他們的美好贈予；歐普拉，偉大的先鋒，感謝她將靈性概念引進商業電視節目，為真實力量散播種子，也感謝她持續地為我們的世界做出貢獻；瑪雅．安吉羅（Maya Angelou），感謝她給予琳達和我的愛和許多祝福；西園寺昌美（Masami Saionji），感謝她對和平奉獻，以及在世界各地豎起「祈願世界和平」的柱子（www.byakko.org）；尼普．麥塔（Nipun Mehta）與「服務空間」（Service Space）社群，感謝他在世界各地滋長的仁慈與慷慨（www.servicespace.org）；Elizabeth Rauscher，勞倫斯柏克萊國家實驗室（Lawrence Berkeley Laboratory）的「基本物理社團」（Fundamental Fysics Group）創辦人，感謝她邀請我與知名物理學家共聚一堂，他們後來成為我第一本書《物理之舞》（*The Dancing Wu Li Masters: An Overview of the New Physics*）的教父教母；Ronnie Earle，德州崔維斯郡地方檢察官，感謝他三十二年來孜孜不倦地致力於公義替代定罪的領域，感謝他將熱情投入於社區參與活動而非刑事司法系統；Brigadier General Michael Harbottle，英國陸軍，在冷戰最激化時期共同創辦了「退休將領和平與解除軍備協會」（Retired Generals for Peace and Disarmament），感謝他在我年輕時鼓勵我探索軍隊的更深層潛能；參加我們課程與活動的眾多參與者；無數曾經對我報以善意並啟發我的人。

【目錄】

序曲

第一部 我們的新創世故事

第二部　我們的新社會結構

第三部 宇宙人類

第四部　下一步

歡迎

歡迎你翻開這本書。能和你一起探討本書內容，我感到非常開心。這本書將帶領你關注當前正在發生的人類意識蛻變過程，讓你了解並用來創造一個更喜悅、更無痛的生活。它將提供你許多大好機會，讓你做一些嘗試與試驗，試著踏上一條帶來意義、滿足、決心與喜悅的路，但是你必須好好運用這些機會才能從中獲益。這條路帶來的挑戰前所未見，但是帶來的報酬也同樣前所未見。這條路就是你腳下正在走的那條路，就是你的生活，而有一種全新的意識現在正以一種迥然不同的新方式照亮你的路，為它所帶來的機會與挑戰提供指引。

那種新意識是「特定的」新意識（THE new consciousness）。舊有的人類意識已經進化了千百萬年，新的人類意識將在幾個世代之內崛起，本書將告訴你如何將這個新意識應用在生活上。

認知到心懷慈愛能為世界增添愛是一回事，那是可以理解的，但是如何去愛，特別是當你在生氣、當你想要報復、心生嫉妒、想要殺人、想要殺死自己、忍不住批判、忍不住追逐食物或性或金錢的時候，你要如何去愛呢？你要怎麼做？你要怎麼心懷慈愛？本書會告訴你如何在各種情境下始終心懷慈愛。那就是創造真實力量。創造真實力量很容易了解，但要徹底改變你的生命並非那麼容易。

當一種新意識接觸到人們的意識，因而擴張了他們的意識，變得更豐富，並揭開了全新的理解、知覺與愛的方式時，他們會變得對靈性成長感興趣，這種事正發生在許多人身上。人們也會在陷入極度痛苦的情緒而不知該如何處理時，變得對靈性成長感興趣，這樣的事也普遍發生在各個地方的許多人身上，一向如此。

你在日常生活中經歷了些什麼？你陷入什麼樣的痛苦情緒？是什麼讓你徹夜難眠？是什麼讓你感到不滿意？本書會告訴你如何處理這些問題，脫離它們的掌控。這些讓多數人徹夜難眠、讓他們不滿的事、不該如此發生的事，正是他們的生活。他們會問：「一切就只能這樣了嗎？喜悅何在？意義何在？目的為何？賺錢、獲得肯定、成功、性或享受名聲這些事，應該為我帶來更多喜悅才對啊。買新鞋子、車子、房子這些事，應該為我帶來更多喜悅才對啊。獲得我想要的東西之外，應該帶來更多滿足才對啊。一定還有更多東西。」換句話說，害怕世界無法滿足你的期待，就是讓你陷入痛苦情緒的根源。

我所謂的害怕，指的是包括嫉妒、憤怒、怨恨、優越感、自卑感、取悅他人的需要、自認有應得權益，以及每一種強迫、執迷、上癮等類似經驗。這每一種恐懼形式都令人痛苦。愛是充滿幸福喜悅的，我所謂的愛是感謝、欣賞、關懷、耐心、滿足、敬畏宇宙等。每一種形式的愛都會帶來美好感受。本書會告訴你如何認出內在的愛並培養愛，以及如何認出內在恐懼如何控制你，然後超越它。本書將以容易理解的方式告訴你，並解釋如何嘗試處理這些事。

市面上告訴你「如何做」的書很多——如何變快樂、如何變富有、如何獲得滿足、如何變得更有吸引力、如何處理所有人格（personality）中的幾乎每一部分或面向。但是這類「如何做」的書籍所處理的議題，較少是針對意義與目的、圓滿具足的感受，以及給予你生來注定要給予之禮物的喜悅，而本書要處理的正是這些。

要理解意義、目的、圓滿感受，以及如何給予你生來注定要給予的禮物，你必須在內在認出一切阻礙你獲得幸福的東西，也就是阻礙你去愛的東西。這些是你人格中源於恐懼的部分。當你根據這些恐懼做出行動，它們就會製造出令你痛苦的結果。身體上的痛苦感受，以及評斷、不寬恕的想法等，都是在告訴你這其中一個面向或更多面向，正在你內在活躍著。要擺脫它的控制，你就必須對它的要求提出挑戰（它的要求可是非常多的）——在**自己正體驗到恐懼面時**，意思是正當你體驗到痛苦的肉體感受與評斷的想法時，就要從慈愛的面向來行動。每當你這麼做，你就是在創造真實的力量。而你若不這麼做，便無法改變。

舉例來說，我三十多歲時住在舊金山的那段日子，憤怒占據了我生活的很大一部分，其實在那之前和之後一直是如此，當時我也沉迷於性。這些都密切相關，我生活裡有那麼多的恐懼和痛苦情緒（它們是相同的），而性是唯一一件能讓我暫時延緩痛苦片刻的事，就只是片刻。但之後我會需要更多，因為痛苦無情襲來，緩解只是暫時的。當時的我沒有做出任何改變，因為我還不了解這些事，不知該如何處理。

這本書不會宣稱：「能為你的嫉妒提供解決方案，為你的憤怒提供解決方案，為你所受的打擊、酒癮、賭癮或購物癮、性渴望，以及你的每一個問題提供解決方法，」因為你所有問題的解決方案都相同——對情緒保持覺察，並在你人格中以恐懼為基礎的面向變得活躍時，練習從人格中的慈愛面向來行動。當你開始從一個全新意識的角度來看待問題，你將會看見，它們其實根本不是問題，而是讓你獲得靈性成長的機會。

當人們無法獲得自覺需要或不能沒有的東西，或失去某個他們自覺需要或不能沒有的東西時，都會經歷痛苦的情緒。他們相信改變世界是唯一能解除痛苦的方式，例如挽回男友、找到新女友、懲惡揚善等等。若他們成功辦到，就能暫時變得快樂，好比從前我利用性的時候。痛苦的情緒導致人們試圖改變世界，而試圖改變世界只會導致更多痛苦情緒。在這些經驗中，力量被視為操弄與控制的能力，以及對這些能力的追求，這就是對外在力量的追求。

請將本書當成乾旱時節裡一杯清涼透徹的水。乾旱就快結束了。乾旱就是局限於舊意識，而且將力量體驗為外在的。

在乾旱季節的末期，不僅有更多風雨會來臨，新的意識也會來臨，若你開始用自己的生活與新意識去創造真實力量，這場乾旱就會結束。

從舊意識的觀點來看，如果你不喜歡世界的樣子，就必須改變世界。而從新意識的觀點來看，這種做法不再行得通了。宏觀總體的改變發生在微觀個體的改變上。世界是宏觀總體，而你就是微觀個體。如果你想改變世界，就必須改變**你自己**。創造真實力量，改變的不只是你自己，還會改變你參與其中的每一個最小到最大的集體——從個人到團體，到社群，到社會，以至更廣大的範圍。真實力量會改變你的家庭、城市、國家，以及你的世界。這是你生活中所能做出的最具建設性、最完滿的貢獻。你生來注定要做這件事。

你在創造真實力量時，就是為宇宙人類的崛起做出貢獻，除此之外你別無他法。宇宙人類是從擁有真實力量的人類中崛起的。換句話說，創造真實力量不僅是創造宇宙人類的捷徑，也是必要條件。

人們需要一種高階邏輯與理解，才能了解並傳達新意識。新意識與舊意識在各方面都是互相衝突的，包括對其智力（intellect）的嚴格要求。舊意識無法理解發生在人類物種身上的巨大格局，因此試圖將新意識的經驗塞進舊意識這雙舊鞋子裡。舊鞋子已經不適合了。新意識與舊意識並存在你之內，短期內會暫時重疊，而這段短暫的時間就是你目前正在過的生活。

閱讀本書時，若讀到引起你共鳴的內容請停下來，問問自己：「這和我有什麼關係？我該怎麼運用在生活上？」然後傾聽。答案會在適當的時機出現，而且可能會讓你感到驚訝。

一切與新意識相關的事物都是嶄新的，這種煥然一新的狀態是無法用三言兩語道盡的。敞開心胸吧，有許多新事物等著我們仔細審視。好好審視它們，不要躊躇不前。本書將引導你關注當前正在發生之改變的宏大規模與格局，那就是人類物種的意識，然後，過去即使連關閉狀態也不曾存在的門，將會隨之出現並開啟。而在那些門裡面，是過去無法想像的新潛能。這時，你也將認識自己在宇宙逐漸開展的過程中所扮演的角色，而你會很驚訝，竟然感覺如此親切。

而且友善。

A Prelude
序曲

大改變

一場重大改變即將來臨。我們的社會結構正在崩解。戰爭永無休止，核子毀滅的陰影籠罩，全球性的氣候災難步步逼近，毫無遠見的個人掌握著舊式的力量。

這些事件並「不是」那個大改變，而是大改變造成的影響。除非你能了解這場大改變，否則你不會了解這些事件的意義。一個陳腐的世界會瓦解，它的碎片剝落、分崩離析，而帶著新式力量的新世界正在誕生。我們正處於這個新世界底層的一樓，我們**就是**一樓。人類的歷史和意識變化得又快又急，一個新的人類物種會望向天空，看見天空之外的更遠之處。當前人類的進化需要的是靈性發展，這個垂死的世界無視這件事，但垂死的世界已然垂死。人類的進化已經變得有意識了。這就是那個大改變。

新的知覺與洞見充滿我們，五官感受不再能限制我們的經驗。我們正在學習如何分辨內在的愛與恐懼，以及如何在無論內在或外在發生什麼事時，都能選擇愛。這就是真實力量。我們第一次看見，世上的愛與恐懼就是我們內在的愛與恐懼。因此，唯有透過改變我們自己，才能改變世界。這一切都只是剛開始。

審視自己內在，去發現這些經驗，它們正在你的內在浮現，就像一個與過去迥異之新黎明的初升太陽。你不僅在體驗這個黎明，甚至不僅是參與其中而已，你**就是**這個新的黎明。你**就是**這場大改變。要如何面對自己對於這場大改變的覺察，完全取決於你。一份全新潛能已經誕生了，**你的**全新潛能。

我在三十三年前便開始醞釀《新意識觀》這部作品，換個方式說，亦是更精確地說，它在這麼多年前就已經開始醞釀我了，而至今尚未結束，我也是如此。我們整個物種目前正開始有意識地參與一場無止盡的自由與覺察的擴張運動。這場擴張不是什麼新事物，但是做為個人的我們，卻越來越有能力去有意識地體驗它，進而造就一個物種的集體覺醒，更甚者，做為個人的我們變得越來越有能力去有意識地為它做出貢獻，進而造就一個物種的集體覺醒——這件事才是前所未有的全新事件。我很高興能和你一起成為這場覺醒的一份子。

我在此獻上這本書，它是我藉以窺見生命的一扇窗。我將它獻給你，但我的意思不是你一定要接受它，通往智慧與心靈的途徑有千百種，而本書所述是我們最美好的財富，也是為我帶來最大喜悅的。

我們還有很多工作要一起做。

讓我們帶著智慧、愛和喜悅來做。

讓我們將它變成一場全人類共通的經驗。

——蓋瑞·祖卡夫

第一部

OUR NEW CREATION STORY
我們的新創世故事

在季節輪轉之外

夏至時分，太陽處於天空中高度最高的位置，這時白晝最長，夜晚最短。萬物已達繁盛巔峰，或正處於盛放階段。這是個最興旺的時節，但也是在這個時候，所有擴張到極致的事物也將開始收斂。這種收斂現象會明顯反映在六月的麥田裡。作物生長旺盛。農人不斷拭去眉毛上的汗水，初生的牛犢與小馬直直盯著牠們的母親看，然而作物正朝著收割的方向成長。在草場的翠綠裡，青草的枯萎過程悄然展開。秋季與冬季已經接近了，它們雖然還不為人所見，但已經開始追上了夏季的腳步。

一天又一天，太陽不知不覺地在天空中緩慢下沉。白晝短了些，夜晚長了些。氣溫驟降，下雪了。在冬至，太陽處於天空中高度最低的位置，日照時間最短，黑暗時間最長。動物與種子處於深眠的休息狀態。在這白天最短的一日，這最黑暗的一日，所有事物都壓縮成一顆潛能種子，一個循環自行完成了。在白雪覆蓋的森林裡，這都是看不見的。一切歸於寂靜，而在這片寂靜之中，生命蠢蠢欲動。凍結的靜謐正一步步解凍。春季與夏季漸漸追上了冬季的腳步。

收縮的季節逐步邁向擴張的季節，邁向那成長與表達的喜悅，生命的豐盛，夏至。這個循環的動態——從潛能到表達到收成，從收縮到擴張到回歸，從吸氣到吐氣，支配了整個自然界。它支配了我們生命的季節，它是物種、恆星系統、星系的韻律。

花朵在春天萌芽，但它是一朵新的花嗎？它的種子蘊含著之前花朵的一切。這顆種子對庭院裡的孩童來說是看不見的，因此當它萌芽時，對孩童來說就像魔術一般。新生命也以同樣的方式出現在我們眼前。新芽讓孩童感到驚喜，新生兒也讓我們感到驚喜。孩童對花朵的解釋，以及我們對新生兒的解釋，都反映出經驗的局限性。

孩童相信是父母製造出新芽，因為只有那樣的解釋對他是有意義的。我們相信精子與卵子的結合會製造出嬰兒，因為只有那樣的解釋對我們是有意義的。讓花朵萌芽的種子對孩童來說是隱形的，而讓嬰兒出現的種子也是五官感受無法察覺到的。嬰兒的種子就是靈魂。

嬰兒的靈魂不會衰老或死亡，無法被度量或秤重，卻是真實的。靈魂決定了關於嬰兒的所有事物，在嬰兒出生前就已經存在，在嬰兒經歷生命的季節流轉時也一直存在，在成年人如同春夏的花朵般逐漸枯萎、凋謝時也存在。靈魂裡埋藏著讓父母與孩子共聚一堂的智慧與慈悲、而那塑造了他們的DNA型態。

我們所有的偉大導師——耶穌基督、穆罕莫德、克里希那、佛陀，以及其他人等，都談論過這種五官無法察覺的動態系統（dynamics），他們稱之為「神之手」、「心的創造衝動」、「天使」，以及「惡魔」等。他們描述了在五官領域創造，卻出現在諸如「天堂」、「地獄」或「中陰身」等無形界的種種後果。

所有的偉大導師都釋出相同的訊息：除了你現在活著的此生之外，還有更多你看不見的事。你和五官領域以及其他你無法感知到的領域裡的事件、經驗等，都以一種你不了解的方式相互連結著。你的選擇與你的作為，其重要性遠比表面所見要大得多。你是更大整體的一部分，那個更大整體是一種影響你並受你影響的一個大動態系統。當你選擇自己的想法、遣詞用字，以及你的行動，請帶著智慧與慈悲做選擇。你是一體大家庭、一體心智、一體心靈、一體生命、一體宇宙的一份子。請盡你所能給予它一切，你獲得的回饋將會比你想像得更多。

既然那個大動態系統已經漸漸清晰可見，我們也正要開始直接體驗那些過去曾需要信仰才能相信的事物。地球就是生命，星系就是生命，浩瀚太空是生命，一切都是生命。宇宙是一個靈性的組織，而非物質的。

你的靈魂是你存在中心一股不死的、有其目的的力量，它是你的本質。你是一個充滿力量與創造力、慈悲有愛的靈（spirit），選擇了參與人類物種的進化。你的起源不僅僅是個生物事件，你的經驗也不僅僅發生在物質界。你的天賦遠遠大於表面所現。

我們的物種正逐漸覺察到自己置身其中並負有責任的大環境。這就是我們的新創世故事。[1]

新意識

你是一體大家庭、一體心智、一體心靈、一體生命、一體宇宙的一份子。請盡你所能給予它一切，你獲得的回饋將會比你想像得更多。

1 更多請見蓋瑞．祖卡夫的《新靈魂觀》（*The Seat of the Soul*）。

我們的新創世故事：上集

美洲原住民部落拉科塔族的創世故事，敘述了兩位勇士在路途中遇見一位年輕女子的故事。其中一位敬畏地說：「兄弟，她真是神聖！」另外一位則心生色慾說：「她是**我的**！」然而當他一靠近她，一股煙霧立刻籠罩了他，煙霧消散後，他已經變成地上的一堆白骨，留下一條響尾蛇從中滑過。

接著，年輕女子開始在塵土中翻滾！然後搖身一變，成為一頭白色小水牛！這位「白水牛女神」送給拉科塔族人他們的神聖菸斗與儀式。當人類學家詢問拉科塔族長老白水牛女神的故事是否是真的，長老回答：「我不知道實際發生的情況是否真的像那樣，但你自己可以看見那是真的。」

創世故事代表的是人類意識的誕生。一直以來，這些故事所代表的意識一直受限在五官感受的知覺裡。但是現在，一件神奇的事正在發生。**人類意識正在產生變化**。這個變化並非發生在人類意識**之內**，而是發生在人類意識**本身**。

想像一個裝著紅蘿蔔、生菜與黃瓜切片的碗，只消淋上沙拉醬就可以上菜。這個碗並不是沙拉，沙拉是裝在碗**裡面**。現在想像同一個碗，裡面裝著紗線、針、縫線，以及幾塊布料。這個碗也不是這些東西，這些東西也是裝在碗裡面。無論你想像碗裡裝著什麼，碗都不是那些東西，那些東西是碗裡的內容物。現在，想像**這個碗**正在產生變化！

這就是現在發生在人類意識的事。超越五官的知覺正在數百萬人身上出現，這些出現在我們覺察裡的全新知覺，是人類意識的偉大蛻變，也是當前正在重新定義我們這一物種的事件。這些知覺並不是舊碗裡的新內容物。我們的新創世故事是關於一種發生在我們意識上，而非在我們意識之內的、空前且重大的改變。

你的意識是一只碗，你的經驗是碗裡的內容物，時時刻刻都在改變。你會生氣、沮喪、高興、想要報復、感到滿足或嫉妒等。你會成功、失敗、成長、變得健康、生病、獲得新力量或新技能，或新伴侶。超越五官的知覺並不是舊碗裡的新內容物，**而是是一只新的碗**。這種知覺絕非只是你經驗到的事物的改變，而是你**能夠**經驗什麼事物的改變。

之前的人類舊意識受到物質進化的束縛，數千年來都拖著沉重的步伐緩慢前進，如今已步入爆炸性的進化階段。這場進化的規模、範圍與速率都會令人大吃一驚。從我們之前進化的角度來看，這次發生的速度可謂迅雷不及掩耳，比一眨眼的功夫還要快。

千百萬的人類都在支持者一個全新的經驗和潛能領域。幾個世代之內，所有人類都將進入那些領域。我們即將迎來的這場蛻變是如此深刻、如此陌生，沒有人能想像轉變會是什麼樣子，或者沒有人能想像，為了進化我們現在必須變成什麼樣子。

換句話說，過去所有的創世故事代表的是一種五官人類物種的誕生，屬於垂死的意識。我們的新創世故事是關於一種全新人類物種的誕生，他們不會被五官知覺所限制。這個故事是屬於我們的。

我們的新創世故事正在我們的內在與外在開展。**我們正在活出自己的新創世故事**。我們同時站在兩個世界裡——新意識與舊意識。在這個過渡階段，新意識與舊意識會暫時重疊，過去從未有人經歷過這樣的事。垂死的意識對五官來說感覺很熟悉，是強制性的、刻板的。新意識對我們擴張的知覺來說昭然若揭，它帶來自由與滋養。

＊　＊　＊

圍籬限制了童年的經驗。置身圍籬庭院的孩子，會在沙盒裡的沙子掉落草地時哭泣，縱使圍籬之外其實有著一大片沙灘。最終，孩子會接觸到圍籬外的世界，他會與其他意識進展比他更高的人互動，他也會體驗到自己對這個圍籬外世界的影響力，以及這個更大世界對自己的影響力。

五官感知就是我們的圍籬，它們限制我們去體驗適合我們發展程度的事物。我們探索著一切能看見、聽見、觸摸、品嚐或嗅聞到的東西，但我們無法認知到這些經驗其實就像圍籬，也無法在被圍籬局限我們時了解其意義。

現在，我們正要走到圍籬的外面。

新意識

人類意識正在產生變化。這個變化並非發生在人類意識之內，而是發生在人類意識本身。

這種知覺絕非只是你所經驗之事物的改變，而是你能夠經驗什麼事物的改變。

圍籬之外

圍籬之外有新的覺察、更深的理解，以及更大的自由。一切讓我們煩惱、困惑、沮喪與憤怒的事，一切讓我們悲傷、害怕或孤單的事，都會顯得不一樣了。我們變得更輕盈，可以看得更遠，更能夠欣賞，並對一切心懷感謝。世界有了新的意義、新的主題，擁有了一個超越我們想像的更偉大目的。

西班牙的諾貝爾文學獎得主胡安・拉蒙・希梅內斯（Juan Ramón Jiménez）寫道：

我感覺自己的船隻
困住了，在海底深處，
對抗著一個偉大的東西。
而什麼事都沒有發生！什麼都沒有……寂靜……海浪……
什麼都沒有發生嗎？或者一切都已經發生，

而我們現在便靜靜地，佇立在新生命之中？[2]

我們在圍籬之外體驗到不一樣的自己。我們不僅僅是心智與肉體，男性與女性；不僅僅是黑人、白人、黃種人或棕色人種的人；不僅僅是知識分子或藝術家，基督徒或印度教徒，農人或教授。出生是一個靈魂轉生或說具現為空間、時間、物質與二元對立的現象，而死亡是靈魂回歸無形（非物質）界的現象。在圍籬之內，靈魂不存在，出生是隨機的，死亡是終點，我們只是各種人格。在圍籬之外，我們是人格**加上**靈魂，我們擁有雙重身份。

換個方式說，在圍籬內，你的覺察可以說是受限於一個小小的你。這是你的人格——一個在特定日子出生、配有你的姓名，將會在特定日子死亡的那個你。那是終將一死的。而在圍籬外，你發現了一個更大的你，可以這麼說——那個在你出前即已存在，在你死後也將繼續存在的你。那是你的靈魂——不死的你。在圍籬外，你在覺察到你的「小你」時，也同時覺察到了那個「大你」。

希梅內斯是這麼寫的：

我不是我。
我是這個
與我同行的它，而我無法看見它，
我偶爾會設法造訪它，

而且我有時會忘記它，
它會在我說話的時候保持冷靜與緘默，
並且在我憤恨的時候溫柔地，寬恕，
我不在的地方它行走，
我死去的時候它依然佇立。[3]

我們在圍籬外體驗到的他人是不同的。在圍籬內，我們是以人格對人格的方式與人互動。膚色、文化、語言都會讓我們相互吸引或排斥。在圍籬外，我們是靈魂與靈魂的連結。人格只是靈魂轉生前所選擇的暫時性外衣——它們是「地球外衣」（Earth suits）。地球外衣會在靈魂回家，也就是人格死亡時消失。我的地球外衣是一個白人男性、祖父、美國人等。你的是什麼呢？

在圍籬外，我們對世界有不同的體驗。各種情況、人與事件都在教導關於「我們」的一切。沒有牆垣將內在世界與外在世界隔開。我們若選擇慈悲，就會看見慈悲；我們若選擇憤怒，就會看見憤怒。「這個世界真正的樣子到底是什麼？」這樣的問題，將會被「我真正的樣子到底是什麼？」所取代，而你生活中出現的人將會告訴你答案：他們關心他人和關心自己一樣多嗎？你也是如此。只有多一點點嗎？你也是如此。一點都不關心他人嗎？你也是如此。他們是否關心他人

2 胡安・拉蒙・希梅內斯，《海》（*Ocean*），英文版由羅伯・柏利（Robert Bly）翻譯。
3 胡安・拉蒙・希梅內斯，《我不是我》（*I Am Not I*），英文版由羅伯・柏利翻譯。

更甚於自己（耶穌建議這項）？你也是如此。

圍籬之內是一個受限的學習環境。各種情況、人與事件都在教導關於「他們」的一切。山是高的，情緒不重要。經驗有助於人格的成熟。力量代表的是操弄與控制的能力（這是外在力量）。進化需要的是生存，宇宙是機械性的、無生命的。這些都是「五官」的知覺。五官揭露的是能看到、聽到、觸摸到、嚐到或嗅聞到的東西。它們都是同一個感覺系統的一部分，這個系統偵測的對象是物質實體，它們將圍籬內的風景呈現給我們。這就是五官知覺。

圍籬之外是一個無限的學習環境，那是一片無邊無際的海洋。它就在我們四面八方、在我們內在，無處不在。我們和宇宙是分不開的，宇宙和一切都是分不開的。各種情況、人與事件都在教導關於「我們」的一切。情緒很重要。經驗有助於靈魂的進化。力量代表的是人格與靈魂的一致（這是真實的力量）。進化需要的是靈性成長。宇宙是活的、私密的、慈悲的、有智慧的。這些是「多官」（multi-sensory）的知覺，不會受限於五官感覺。多官知覺將圍籬外的風景呈現給我們。

圍籬內與圍籬外的風景差異是史詩級的。當今多官知覺正在數百萬人之中崛起，在幾個世代之內，所有人類都將置身圍籬之外。這一場進行中的蛻變，是人類意識前所未見的，將會改變一切。

我們正在變成多官知覺的。

這就是我們的新創世故事。

新意識

在圍籬內，你的覺察可以說是受限於一個小小的你。這是你的人格。而在圍籬外，你發現了一個更大的你，可以這麼說——那個在你出前即已存在，在你死後也將繼續存在的你。那是你的靈魂——不死的你。

母艦

想像有一艘航行中的大船，巨大到你無法想像，桅桿比紅杉還要高大，船帆填滿了整個天空。這是一艘母艦，永遠航向需要去的地方，沒有任何事可以阻擋得了它。

有無數小船圍繞著這艘母艦，它們和這艘母艦屬於同一個艦隊。每艘小船都有一位船長和一組船員，每艘船的船長都會設定一個航線。這些船長無法全面地看見其他小船，有時也看不見母艦，但是他們能感受到母艦的巨大存在。

當船長設定的航線和母艦的航線不一樣，小船的旅程就會變得很艱辛。大海波濤洶湧，狂風呼嘯，如果航線和母艦的航線相反，這趟航行會變得很可怕。洶湧怒濤將小船拍打得東倒西歪。船長在尋找一個安全的港灣，但遍尋不著。但是若小船的航行方向與母艦相同，海洋會保護它，海浪會引導它，信風會吹著它往前航行（這些是真實力量的經驗）。

在每一艘船上，有些船員抱著支持的態度，他們喜愛海洋，喜愛航行，關心同伴，而有些船員則是會搞破壞，他們只關心自己，總是希望自己置身別處。沒有其他地方可去，但他們會幻想有，而且不斷試圖前去。當船長設定了航線，態度支持的船員會幫忙，而搞破壞的船員會反對並阻撓。

你的人格是你的小船，你就是船長，你人格裡的不同面向就是你的船員，而母艦就是你的靈魂，同時也是周遭無數小船的母艦。換言之，你是靈魂許許多多人格裡的其中一個。

＊　＊　＊

聽來或許奇怪，有些船長並不認識他們的船員！他們的船隻在大海中飄搖晃蕩地航行時，態度支持的船員挺身協助，而搞破壞的船員卻在阻撓。那些態度支持的船員就是你人格中源自於愛的面向——他們是你人格中基於愛的面向。這些面向能夠感謝、欣賞、滿足，並對宇宙心存敬畏。他們能夠開心過活。那些搞破壞的船員是人格中源自於恐懼的面向——他們是你人格中基於恐懼的面向。他們是憤怒、嫉妒、怨恨、感到優越或自卑，他們無法開心過活。

除非你認識自己的眾船員，否則你會不斷發現自己明明設定了一個特定航線，卻隨著另一個航線在航行！這種事之所以發生，是因為有搞破壞的船員（人格裡基於恐懼的面向）叛變了——他未經你的允許便掌起舵來了。舉例來說，你原本打算保持耐心，卻變得怒氣沖天、大聲咆哮，或你原本打算拿點錢給一個遊民，卻叫他去找份工作。你的人格是支離破碎的。要想重新拿回船隻（你的人格）的控制權，或第一次學會控制它，你需要情緒的覺察。

偉大的印度史詩《摩訶婆羅多》（*Mahabharata*）告訴我們：「破壞不是來自手上的武器，而是躡手躡腳地讓壞的看起來像好的、好的看起來像壞的。」搞破壞的船員會展示自己好的一面，而且會讓態度支持的船員看起來很壞。只有情緒覺察能告訴你哪些船員支持你、哪些在搞破壞，但是你必須漸漸培養出這樣的能力。

情緒覺察需要你去覺知身體特定部位的感受，這些部位是你的能量處理中心，在東方，他們稱之為「脈輪」。你人格中基於愛的面向（感謝、滿足、關懷等等），在這些部位會感覺良好，身體感受是愉快的。而你人格中基於恐懼的面向（憤怒、嫉妒、不耐煩等等），在這些部位的反應是疼痛，身體感受是痛苦的，例如會產生疼痛、顫動、刺痛、戳痛、絞痛、灼熱感等。當你憤怒、嫉妒或感到不耐煩時，你的其中一個或幾個能量處理中心——胸腔、喉嚨、太陽神經叢、頂輪、額頭中央、生殖器部位或軀幹底部，會出現疼痛感。

這其中任何部位的身體感覺若很好，會讓你注意到自己人格中基於愛的面向（支持你的船員），你可以依靠他們來駕駛船隻，進入舒適的海域。這其中任何部位的身體感覺若是痛苦的，則會讓你注意到自己人格中基於恐懼的面向（搞破壞的船員），你若依靠他們駕駛船隻，就會進入危險的海域。

無論你是否在控制船隻，你都是這艘船的船長。當你選擇了一個支持你的船員來為小船掌舵，特別是在搞破壞的船員要求掌舵的時候，那麼你就對船隻擁有了掌控權。了解這一點非常重要，因為每當你這麼做，就是在創造真實力量。

新意識

你的人格是你的小船，你就是船長，你人格裡的不同面向就是你的船員，而母艦就是你的靈魂，同時也是周遭無數小船的母艦。換言之，你是靈魂許許多多人格裡的其中一個。

真實力量

你所有的責任都包括於此：
己所不欲的痛苦，勿施加於他人。
——《摩訶婆羅多》（婆羅門教）

勿冒犯他人，一如你也不希望自己被冒犯。
——《自說品》（*Udānavarga*）（佛教）

有一言而可以終身行之者乎？
平和仁善之金玉良言實為：
己所不欲，勿施於人。
——《論語》（儒家）[4]

見人之得，如己之得。
見人之失，如己之失。
——《太上感應篇》（道家）

不希望發生在自己身上之事，
亦莫希望發生在鄰人身上。
此為所有律法，其他皆為其評註。
——《塔木德·安息日》（猶太教）

己所欲，施於人，
因為此為律法
與所有先知教誨之概要。
——馬太（St. Matthew）（基督教）

4 譯註：第二句之後的《論語》原文為：「子曰：『其恕乎！己所不欲，勿施於人。』」

不盼望兄弟獲得自己盼望之事的人，
不是個真正的信仰者。
——聖行（伊斯蘭教）

是的，是的，是的！一千次的「是的」。但是要**怎麼做**？當我們嫉妒的時候，當我們被錯待，當我們想殺人的時候，我們要如何以愛來回應？

真實力量是不同的。創造它的方法是不同的，運作方式是不同的，它所做之事也是不同的。知道如何創造真實力量，好比擁有一張藏寶圖。真實力量就是寶藏，每個人都能找到藏寶地。無論有多少人使用那份寶藏，永遠不會減少。事實上，還會變多。沒有人能利用寶藏來為自己製造優勢，沒有任何找到寶藏的人想這麼做。一旦你擁有寶藏，就沒有人能從你身上奪走。相反地，你會告訴每個人哪裡有寶藏，以及如何獲得寶藏。

真實力量與強迫他人順從你意願的力量截然不同。它與操弄和控制的力量南轅北轍，和努力擁有更多、知道更多、做更多天差地別。

維克多．法蘭可（Viktor Frankl）是納粹集中營的猶太倖存者。在一個寒冷陰鬱的早晨，守衛用來福槍的槍托痛毆他和其他囚犯，使他們踉踉蹌蹌地摔倒在冰冷泥濘路上的凹坑裡，這時他發現了一件奇妙的事。納粹已經奪走了他的一切，包括家人、家園，以及他熟悉的生活，但是他們無法奪走他愛的能力！維克多的發現就是——沒有人能從我身上奪走愛的能力。這個發現至今仍令我激動不已。你的英雄之中，有多少人曾有過這樣的發現？耶穌有，甘地有，馬丁．路德．

金恩博士有，德蕾莎修女有，曼德拉有。圍籬之外，我們全都必須有此發現。

從五官知覺物種蛻變為多官知覺物種，類似於從水棲的水生生命形式蛻變為陸棲的陸生生命形式。如果我們想像新來的陸生者能與舊有的水生者溝通，他們會無法對水生者解釋任何關於陸生的事，因為水生者沒有任何陸地生活的相關經驗。同理，多官知覺的人（多官人）也無法對五官知覺的人（五官人）解釋任何多官知覺的經驗，因為五官人沒有任何多官知覺的相關經驗。

陸生者無法回到海裡，因為在水下呼吸會阻礙他們進化（顯然如此）。多官人無法回到五官知覺的限制裡，因為追求外在力量徒然製造出暴力與破壞（會阻止他們進化）。比喻來說，水生者居住在圍籬內，外在力量就是他們的水，而陸生者在圍籬外活動，真實力量就變成了他們的空氣。

這就是我們目前的所在之處——處於圍籬外，而且我們發現了一件如此奇妙的事，一如維克多・法蘭可的發現帶給他的奇妙感覺。**追求外在力量，也就是操弄與控制的力量，現在已經威脅到我們的生存！**過去對我們曾是良藥的東西，現在已經變成毒藥！人類的進化現在需要的是創造真實力量。

你可能曾在片刻的時間裡體驗過真實力量。一切是如此適切，如同一支薩克斯風吹奏出音樂家的靈魂，一座鼓敲擊出從未聽過的節奏，或是一個舞者跳出沒人跳過的舞步。共有的意圖、動作、時刻與形式，融合至單一的經驗之中。最適狀態出現了。射門得分！射門遭阻！不可能的事發生了。你將球踢得更遠、更好、更快。運動員稱這種狀態為「化境」（zone）。音樂家稱它為「律動」（groove）。你的人格變成工具，你的生命變成音樂，在完美的時間以完美的和諧流動著。這些都是真實力量的體驗。

要創造真實力量，必須改變你自己，這是一趟向內的旅程；要追求外在力量，則必須改變世界，那是一趟向外的旅程。向內或向外？我們可以一腳踏進分界線的任一邊。真實力量就落在那未知的、無人穿越過的地帶，無人攀登過的山嶺那一邊，原住民預言中所謂的「嶄新的春天」，也就是「沒有夜晚接續的白天」，就落在那一邊，就在圍籬之外。而外在力量是落在殘暴、剝削、受苦的那一邊，在圍籬之內，我們即將離開的那片荒蕪之地，就落在這一邊。

面對旭日東昇，我們會見到光亮，而若我們轉身背對，則會見到陰影。這都端看我們如何選擇。

這是一個的結束時刻，也是一個開始的時刻。結束的是命定的幻相與隨機的幻相；結束的是沒有原因的無盡受苦；結束的是透過五官濾鏡產生的知覺；結束的是與他人、世界以及任何事物隔絕的痛苦。開始的是對健康與整體的全新知見；開始的是一個前往全新天地的全新呼喚；開始的是一份對力量的全新了解；開始的是做為宇宙人類的潛能。

孤獨而飽受折磨的天才概念會消失，誕生的是將天賦與內在健康合為一體的知見。陌生世界的概念會消失，誕生的是明白世界永遠映照出我們的知見。藉由改變他人來改變世界的觀念會消失，誕生的是藉由改變自己來改變世界的觀念。世界不再能恐嚇我們，反而刺激我們、豐富我們、教導我們愛。

你會轉身面向光明（真實力量）還是面向陰影（外在力量）呢？在每時每刻的瞬間，你會選擇分界線的哪一邊？這就是我們新創世故事裡最關鍵的問題。

只有你能回答這個問題。

新意識

你的人格變成工具，你的生命變成音樂，在完美的時間以完美的和諧流動著。這些都是真實力量的體驗。

創造真實力量的工具

創造真實力量是讓你的人格與靈魂達成一致。當你的人格與靈魂達成一致，你便真正擁有了力量。創造真實力量有賴於情緒的覺察，以及負責任地選擇愛的意圖，這些就是創造真實力量的工具。對於真實力量，你無法找到它，或輕輕鬆鬆獲得它，或在偶然間發現它，你必須主動創造它。

情緒覺察

你的情緒顯示出靈性發展的必經路途，如果你無法覺察自己的情緒，就無法走得遠。情緒會將你的注意力帶往創造真實力量的下一步，它們是靈性導航系統。

多數人都以為情緒是靈性發展的絆腳石，特別是痛苦的情緒，但這是大錯特錯。當你勃然大怒、妒火燒身、從優越感的象牙塔裡俯瞰你在地球學校的同學，或從自卑感的地牢裡仰望他們時，要如何獲得靈性發展？

情緒是通往靈性成長的大道，時時刻刻都在為你顯示出通往圓滿具足、喜悅與愛的地圖。了解並記住這點十分重要，因為有些情緒極為強烈、痛苦，因此很難理解會和任何好事或有益之事搭上關係。這些情緒為你指出妨礙你體驗好事或有益之事的東西是什麼。如果你不注意它們，你所渴望的生活將會停留在遙不可及之處。你會繼續當一個他人與境況的受害者，因為你認為它們是造成痛苦情緒的原因。

情緒的源頭在你的**內在**，而非外在。除非你能如此看待情緒，否則注意力會一直執著在人、情況和事件上，你的創造力和努力方向會聚焦於改變世界，致力於避免痛苦情緒、體驗愉快情緒（這是追求外在力量）。就像坐雲霄飛車——當人格恐懼面要求你改變世界時，你飛上飄飄然的快樂雲端（例如當你交了男朋友或女朋友時），然後又瞬間跌落沮喪和痛苦的深淵（例如男友或女友離開你時）。要創造真實力量，就必須用這趟雲霄飛車之旅來探索你內在的動態。

如同我們之前討論過的，當你體驗到愛的時候，例如感激、欣賞、耐心、關懷、滿足、敬畏宇宙等，你的情緒會告訴你。伴隨著每一次愛的體驗的，是美妙的身體感覺，你會想要更多的那種感覺。大部分的人都未能覺察到，**人格中的慈愛面向**會在他們體內創造出令人愉悅的身體感受。

我們也曾討論到，當你體驗到恐懼，例如憤怒、嫉妒、憎恨、優越感與自卑感的時候，你的情緒也會告訴你。恐懼造成的身體痛苦就如同用鐵鎚敲打手指一般。每一次的痛苦情緒、強迫性活動或上癮行為，都會為你的一個或多個能量處理中心帶來身體疼痛。大多數人在體驗到這些感覺時，都不知道這是人格的恐懼面造成的（而不是其他人造成的）。

你必須先找找這些身體上的感受，一旦你找到了，會發現它們竟是你生命的一部分，這可能超出你的想像。在你不知情的情況下，人格裡的愛與恐懼面向一直在塑造著你的一言一行，在創造你的經驗。

如果你認為這不可能發生在你身上，那麼請想像一下這件事確實發生在你身上而你卻沒有覺察到的可能性。無視這樣的可能性就叫做「無知」。

無視任何可能性就是無知，你的視野是狹窄的，無法創造出多樣的建設性未來。你否認奇蹟，因為無法將自己、他人和這個世界視為奇蹟。你活得像是一個從未見過太陽的人，除了黑暗以外無法想像任何事。柏拉圖在著名的「洞穴寓言」裡描述過這樣的人。他們永遠居住在洞穴裡，對外面的世界完全無知。以比喻而言，五官人就住在柏拉圖描述的這種洞穴裡。但是當他們成為多官人，就會離開洞穴。這個情況現在正在發生。

藉由注意內在經驗，例如情緒，你能讓人生變得更好——對這樣的可能性敞開心胸，能讓你踏上靈性之路。你越能夠覺察到自己的情緒，就越能夠將自己的體驗從受害者轉移到創造者。[5]

負責任的選擇

一個負責任的選擇所創造的是你願意承擔責任的後果。

大多數人對自己的選擇並未思考太多，除了那些他們認為重要的選擇。他們會思考該接受哪份工作、租哪間公寓、哪個城市最吸引他們等等。他們對自己想要在一起的人思考很多，對結婚生子、該追求什麼職業生涯等事情思考得更多。他們會諮詢顧問、治療師，以及網路。他們會比較房價、學費、消費者報告等，也會詢問朋友、親戚、同事。

這些選擇並非總是改變生命的事，它們只是改變了外在情況。改變生命的選擇改變的是「你」。當你擴展你的意識，將他人的幸福安康包括在內時，你就改變了。當你將注意力引導至內在，意圖讓自己變得更好，而非引導至外在，意圖改變他人，你就改變了。這些是愛的選擇。愛的選擇是改變生命的。你做出更多這樣的選擇，你就變得更加充滿愛。

愛的反面不是恨，而是恐懼。愛是一種存在方式，它是對生命敞開、欣賞生命、感謝生命。愛是放鬆進入當下時刻。愛是給予時不附帶任何條件。愛是帶著一顆充滿力量的心在世上活動，但不執著於結果。愛是關心他人而無二心。愛是敬畏宇宙。愛是靈魂與靈魂的連結。

恐懼是對宇宙缺乏信任，對自己缺乏欣賞，對他人缺乏關懷。恐懼是沒耐心、憤怒、嫉妒、怨恨，以及懷著報復心，它是執迷的念頭、強迫性活動，以及上癮行為。恐懼是被周遭世界控制，總是需要改變世界才能感到安全、感到有價值。恐懼是與他人疏遠；恐懼是評斷與需要；恐懼是憎惡自己。

無論選擇愛或選擇恐懼，都是重大決定。選擇愛能將你改變得更好，而選擇恐懼則會阻礙你改變。你每一年要做多少重大決定？你每個月要做多少重大決定？每星期呢？多數人會想：「沒有很多啊。」他們錯了。當你在一個柔軟的時刻選擇保持柔軟，你便做了一個重大決定。當你在憤怒的時刻選擇斷開他人生命，你便做了一個重大決定。你時時刻刻都在做出重大決定，這些決定的影響力是很深遠的。

---

5 關於更多情緒覺察的內容，請參見作者祖卡夫的著作《靈魂之心》（*The Heart of Soul*）。想要覺察情緒，請進行書中的練習。

你是否曾想過，你的選擇對你的生活經驗來說是非常強力的決定因素？你是否想過，你所做的選擇，接連不斷的選擇，會製造出一個真心的、關懷的、有欣賞能力、懂得感謝的人，還是一個怨恨、不滿、嫉妒、充滿競爭心的人呢？

一個認為自己毫無力量、像個被遺忘的隱形人的人，會創造出非常艱困的結果，而這與一個視自己為充滿力量的創造者十分不同，他們能被所有人看見、被宇宙看見，並對自己的創造負起責任。這就是靈性貧乏的人（空虛、充滿痛苦情緒、孤立、無意義）與靈性富足的人（意義、目的、滿足、喜悅、愛）的不同之處。改變外在情況不會將你的人生從貧窮變富裕，無論你的鞋子、房子或事業有多少、多大都一樣。

你生來就是要創造靈性財富的。每次當你生氣、嫉妒或覺得像個被遺忘的隱形人、覺得自卑或優越的時候，你就是活在靈性貧窮狀態。每一個日子都能為你帶來一段生命歷程——但是你必須向內看才能獲得。朝著自己以外的地方看，你無法認識自己，也無法改變自己。在你**有意識地**選擇向內看之前，在你認知到自己所選意圖（愛或恐懼）的責任之前，你始終會向外看，在那之前，各種人與情況將不斷使你分心，使你無法接觸向內看的蛻變力量。而在你向內看之後，你將會開始從一個操弄、控制的人轉變為一個懂得愛的人。

這就是創造真實力量。[6]

新意識

情緒是通往靈性成長的大道，時時刻刻都在為你顯示出通往圓滿具足、喜悅與愛的地圖。

情緒的源頭在你的內在，而非外在。除非你能如此看待情緒，否則你的注意力會一直執著在人、情況和事件上。

6 關於負責任的選擇以及如何做出這樣的選擇的更多資訊，請參考祖卡夫的著作《靈魂之心》，書中包含相關練習題。

創造真實力量的體驗

意圖是一種創造真實力量的體驗，它是創造真實力量最重要的東西，也是你的一言一行裡最重要的東西。若缺乏有意識的愛的意圖，你便無法創造真實力量。

意圖是做出任何言行，或不做什麼言行的動機、理由與目的。那是你為何有此言行，或為何不做此言行的原因。**意圖是注入你的行為、話語中的意識品質**，會創造出你即將遭遇的結果。

選擇一個意圖就像選擇一道門。地球學校只有兩道門，一個打開後通往愛，以及愛的行動帶來的結果；另一個打開後則通往恐懼，以及恐懼的行動帶來的結果。要創造真實力量，你必須打開通往愛的門，探索門後的事物。你的選擇將決定你是透過愛與信任（這些是充滿驚奇[wonder-full]的美妙體驗）或透過恐懼與懷疑（這些是充滿痛苦[pain-full]的體驗）來學習智慧。從你的誕生日到死亡日，地球學校是你的體驗場域，而這些將會由五官知覺來定義，並受其局限。它的目的是支持你的靈性成長。

創造真實力量的意圖能讓你踏上靈性成長之路。靈性之路可能會呼喚你、吸引你、呈現在你面前，但是除非你選擇它，除非你立定意圖踏上這條路，或至少做些嘗試，否則它依然會停留在召喚、吸引與可能性的階段。地球學校會提供你繼續學習這些事的機會。

＊＊＊

情緒是一種創造真實力量的體驗。若不體驗你的情緒，你就無法知道是自己人格裡的慈愛面向還是恐懼面向在活躍。你可能會以為每個人都能覺察自己的情緒，但事實不見得如此。大多數的人會不遺餘力避免覺察自己的情緒，他們會喝酒、購物、投入性行為、超時工作、看電視、賭博、用藥物讓自己麻痺或變得狂躁等等。他們會試圖取悅他人或支配他們。他們會努力奮鬥爭取成就、地位、肯定、教育、財富等——這份清單沒完沒了，因為每一個因恐懼意圖而從事的活動都是在極力避免情緒的覺察。

如果你無法分辨自己內在的愛與恐懼，就無法創造真實力量，因為要創造真實力量，你必須選擇愛，而非恐懼。只有一道門能通往愛，如果你不願意知道哪一道門通往愛，你就無法通過它。

你的情緒極為重要。花點時間找出它們，如同我們之前談過的，情緒是你身體上的感覺——包括頸部、胸部、太陽神經叢、頭頂的頂輪、前額、生殖器區域，以及驅幹底部等身體部位。不要忽視你的任何情緒或其身體感覺，即使那是痛苦的感覺。如果你認為不值得花時間和精力去關注自己的情緒，不值得將注意力集中在上面，那麼你可能只是學到了一些關於情緒覺察的知識，也能對此高談闊論，卻不會實際去覺察自己的情緒。體驗你所有的情緒與創造真實力量這兩件事是不可分的。

＊　＊　＊

自由意志是每個人最根本、最恆久不變的部分。做為一個人，就是擁有自由意志，這兩者密不可分。要創造真實力量，你必須用自由意志去選擇愛，而非恐懼。若不使用自由意志，你無法做出負責任的選擇。沒有人會堅持要你選擇責任，甚至沒有人會要求你選擇責任。最後，你所感受到的痛苦情緒會更強烈、更頻繁，超過你願意承受的程度，到那時候，你就會想起做出負責任的選擇或至少嘗試看看的概念。你不需要等到那時候，但多數的五官人卻是如此。

用情緒來區分你內在的愛和恐懼，用自由意志做出愛的行動，而非恐懼的行動，這**就是**在創造真實力量。你若不創造真實力量，就會繼續將痛苦情緒歸咎於外在因素造成的，但其實不然，這些是你的人格恐懼面受到外在情況激發所造成的。

你人格恐懼面的痛苦經驗，並非只是你遲早會發現如何消除的不適感，反而是你靈性發展的途徑。除非你認知到痛苦經驗的這個作用，除非你不再漠視它們，不再視為麻煩事或懲罰，否則它們對你的控制將會越來越強。

你人格裡的慈愛面向與你的靈魂已經是一致的。當你培養這一面向，便是在讓人格與靈魂達成一致，而出於恐懼面的行動會阻礙你的人格與靈魂達成一致。

換句話說，你的情緒體驗是有其作用和目的的，那個目的對多官人來說十分清楚，但是五官人卻看不見。人格恐懼面的體驗會告訴你，你的靈魂轉生後要你去體驗並脫離其掌控的是什麼。藉由徹底經歷其痛苦的身體感受，觀察其妄下評斷的念頭，然後用你的自由意志做出負責任的選擇，將自己的注意力轉向人格慈愛面的體驗，你就能達到這個目的。

人格慈愛面體驗會告訴你，你的人格與靈魂達成一致（真實力量）時的感覺是什麼，如此你才能培養這份能力。要培養這份能力，你必須有意識地體驗它們在身體上帶來的愉悅感受、體驗欣賞與感謝的念頭，然後立定意圖記住這些感受，並在人格恐懼面活躍時回到這些做法。當你專注於人格慈愛面的體驗，便是將注意力轉向該面向。如此，這就是你的注意力所在——在你的人格慈愛面上，而非人格恐懼面。你的注意力往哪裡去，你就往哪裡去。

當你正在經歷人格恐懼面的身體痛苦與其妄下評斷的念頭時，請從你所能接觸到的人格最慈愛面向來行動，這就是創造真實力量的體驗，一個化現的時刻，以及人生超越恐懼往愛前進的時刻——這種經驗就是選擇回應生命中出現的情況，而非做出慣性反應，選擇有意識地以愛行動，而非無意識地以恐懼行動。你越是經常去創造真實力量，人格恐懼面就會喪失越多控制你的力量。

＊　＊　＊

創造真實力量是一個「過程」，而非一個事件，這些體驗就是過程的一部分。你必須一再讓這些經驗融入內在的存在本質，才能創造真實力量。耐心、專注與練習都是必須投入的。承諾、勇氣、慈悲與有意識的溝通與行動也是必須投入的。**你**，也必須完全投入，而你必須完全投入的東西，是你的生命。

你生命中的每一個體驗，在有意識或無意識地運用之後，例如被看見、被接受、被視為禮物來運用等，都是一個內在培養愛與挑戰恐懼、往前邁向完整，以及創造真實力量的機會。每一個體驗來臨時，請提醒自己，這不僅是為了讓你自己培養人格的慈愛面並挑戰恐懼面，更是為了讓你創造你想要的世界，因為當你培養愛並挑戰恐懼的時候，就是對世界做出貢獻。

若你能從這樣的觀點出發，那麼即使是遭遇最痛苦的情緒，也會呈現出祝福的樣貌。這就好比你對「神聖智慧」（Divine Intelligence）提出請求：「請告訴我，我該知道些什麼，才能讓我不論經歷什麼事，都能過一個喜悅而有意義的生活。我已經對痛苦情緒、焦慮、壓力與缺乏信任感到心力交瘁。**請**幫助我。」接著，審視你正在感受的情緒、你正在遭遇的經驗，並了解到你的請求已獲得應允。

現在，你會怎麼做？

新意識

用情緒來區分你內在的愛和恐懼，用自由意志做出愛的行動，而非恐懼的行動，這就是在創造真實力量。

當你正在經歷人格恐懼面的身體痛苦與其妄下評斷的念頭時，請從你所能接觸到的人格最慈愛面向來行動，這就是創造真實力量的體驗，一個化現的時刻。

創造真實力量的過程

無論什麼原因，無論你在何處，你都能因為自己對當下發生之事所抱持的知見而體驗到喜悅。你可以在任何時候、任何地點體驗喜悅。欣賞人生過程的完美，並覺察到這個過程為你帶來許多機會去創造真實力量——你隨時可以體驗到這兩件事。

當你接觸到自己人格裡懂得欣賞、感謝、關懷或保持耐心的面向，便是讓自己朝那個方向前進。你會漸漸懂得欣賞、感謝、關懷或保持耐心，而不會讓自己朝人格的恐懼面前進。

舉例而言，當你感到嫉妒的時候，便可以挑戰嫉妒心。其中一個挑戰就是認知到自己正處於一個人格恐懼面，而另一個挑戰是試圖認知到你所嫉妒的那個人和你一樣是個靈魂。或者，如果你做不到這一點，就將對方視為一個和你一樣擁有慈愛面或恐懼面的人格，而他經歷的路途和你的一樣艱難或複雜。這些都是讓自己朝著了解的方向發展、遠離評斷的例子。換句話說，你開始放開心胸，對他人懷抱慈悲心，而這將影響你的言行舉止。

當你能對他人充分懷抱慈悲心，那就是一種真實力量的體驗。慈悲心就是真實力量的體驗。有耐心、關懷、感謝、欣賞、滿足，以及對宇宙的敬畏，也是真實力量的體驗。

許多人認為創造真實力量的工具，也就是情緒覺察與負責任的選擇，是他們必須經歷的步驟，或是自然而然會經歷的過程，但情況並非如此。他們將這些工具呈現的順序，與他們想像自己的體驗必定會呈現的順序混淆在一起了。

在創造真實力量的過程中會出現不同的體驗，但創造真實力量並非一個線性過程。舉例來說，你可能正在生氣或處於怨恨、嫉妒的情緒，但卻突然之間透過愛的眼光識破一切，一開始你認出了自己所在之處與自己想要的存在狀態，然後發現自己就在那裡。

有些人格的恐懼面有一種傾向，就是希望從按部就班的步驟指示獲得安慰。首先做這個，再來做那個，然後第三步、第四步，按照順序來，最後抵達目的地。沒必要將這種結構或想像出來的嚴苛要求強加在你自己或他人身上。

當你在創造真實力量的時候，就你可能遭遇的體驗方面，可以說是在解開自己的結，但這些體驗並不是創造真實力量的步驟，只是在創造真實力量的過程中可能發生的體驗。有些人，特別是那些較為理性傾向的人，常常會有自己該有什麼樣的感覺、事情該怎麼做、之後該怎麼做的心理負擔。他們將注意力放在事情該如何發展上，而非只是單純投入恐懼的體驗，並以邁入愛的體驗為意圖來挑戰它，例如體驗保持耐心，或接受，或感謝的感覺。那非常重要，必須記得。那就是創造真實力量的過程。

創造真實力量的時候，你會遭遇許多不同的體驗，如果你困在其中一個體驗裡，請認知為創造真實力量的過程中碰到的眾多體驗之一。它本身並不會讓你獲得真實力量的體驗，只會讓你獲得更多同樣的體驗，因為你困住了。你人格裡的恐懼面拒絕越過它往前走。

這就是為何有些創造真實力量的人會覺得情緒覺察是個進退兩難的困境，像個泥沼一樣使人無法脫身，特別是在經歷人格恐懼面的身體痛苦時。他們尚未了解，在創造真實力量這個透過覺察與選擇獲得自由的過程中，任何體驗都只是這個過程的**一部分**。

重複體驗人格的恐怖面向帶來的痛苦有其價值，因為最終你會明白，除非你改變，否則它不會有所改變，而那可能需要一輩子的時間。因此，不要評斷那些正在生活中努力培養覺察力的自己或他人。你可以隨時從任何的恐懼狀態跳躍至愛的狀態。不要評斷、批評自己或他人為何沒有一次就從恐懼跳躍至愛的狀態。那可能會發生，但是如果你此刻的途徑和別人不一樣，也要溫柔對待自己。

在《新約聖經》裡有一個被人格恐懼面控制的例子，有個名叫掃羅的人，在長途跋涉的旅途中突然發現自己墜入愛裡，這個改變對他來說是非常震撼的，因此他將自己改名為保羅。對我而言，這個故事的重要性在於，它闡述了人類意識使人們從恐懼瞬間進入愛的力量。

當你覺得自己無法從人格恐懼面的身體痛苦中抽離時，要提醒自己，你正處於這個過程的一個特定部分，以此時的情況來說，這部分就是持續感受到痛苦。提醒自己，這不是旅程的終點，你透過情緒覺察的練習而持續體驗痛苦，是你所做的選擇，為的是避免跳過那份痛苦。

要創造真實力量，需要的不只是單純地遵循步驟或指示，更需要你的意志、你的意圖，還有你的開放態度，也就是能試驗、嘗試看看是否能超越所有那些你認為適合或有效的模式。然而，這個試驗裡暫不開放的是你在那一刻到來之前所選擇的途徑。對途徑妄下評斷不是你該做的事，你只要檢視自己置身途徑中的哪個位置，不執著於結果並抱持慈悲心即可，因為你所感受到的情緒痛苦、他人所感受到的情緒痛苦，都是真實而深刻的。

你的每一個經驗都是超越人格恐懼面的恐懼、目標與渴望這個過程的一部分，每一個部分都將帶領你達成你轉生為人的目的。

新意識

重複體驗人格的恐怖面向帶來的痛苦有其價值，因為最終你會明白，除非你改變，否則它不會有所改變。

不要評斷那些正在生活中努力培養覺察力的自己或他人。你可以隨時從任何的恐懼狀態跳躍至愛的狀態。不要評斷、批評自己或他人為何沒有一次就從恐懼跳躍至愛的狀態。那可能會發生，但是如果你此刻的途徑和別人不一樣，也要溫柔對待自己。

重要的選擇

當你左轉而非右轉，那是因為你意圖要左轉。你不一定會察覺到自己的意圖，但是若沒有意圖，你不會向左轉，而會繼續往前走，甚至向右轉，或看見樓梯就往上爬。你所做的每一件事背後都有意圖，你永遠都在活動中，而活動的方向、強度、時間長短或任何相關因素，都由你的意圖來決定。

大多數人在大部分的時間裡都沒有覺察到自己的意圖，他們的生活充斥著機械性的重複行為。他們每天洗澡、吃飯、上班、回家，做了無數的事，做的時候卻絲毫不曾覺察到他們的意圖。他們從一個經驗跳到另一個經驗，卻不知道是什麼東西讓那樣的經驗發生在他們的生活中。他們會把自己的痛苦怪罪到他人身上，也會把自己獲得的快樂歸功於別人。這些都是五官人的經驗。

除非你能覺察自己的意圖並有意識地做出選擇，否則你的人生將會看似不受控地發展。事實上，這正是依照你的意圖發展的，只是你不知道自己的意圖是什麼。如果你對自己經驗的事感到驚訝，那是因為你沒有覺察到創造出它們的意圖——那是你的意圖。這是多官人會有的領悟。

挖掘出這些無意識意圖的第一步，就是檢視你的信念系統。一個導致你緊縮的信念系統，例如告訴你宇宙是死的、隨機的、可怕的或無情的等等，會為你的人生製造出充滿恐懼的背景，每一個包含恐懼的信念系統，例如害怕被拋棄、拒絕或懲罰等等都是如此。你隨時保持戒心，每一件事都變成強烈的經驗，甚至包括發動車子、出去外面、接電話這種事。

一個會讓你擴張的信念系統則相反，例如相信宇宙是活的、慈悲的、有智慧的，這會讓你敞開心胸。當你採納一個這樣的信念系統，其中的愛也會灌注在你的言行之中，就像你的信念系統若包含恐懼，恐懼也會滲透至你的言行，這是一樣的道理。愛會充滿你的覺知，而你會變得更自由，能夠帶著愛的意圖去創造。

大部分的人會直接採納自己父母或同儕的信念系統，不會加以檢視。例如，他們所採納的信念是唯有一個「救世主」能帶領他們脫離難以承受的無盡痛苦，而不會問自己：「如果神聖智慧真的存在，會那麼刻薄、那麼小心眼，去譴責那些不認識這個信念系統及其『救世主』的人嗎？」又或者，他們會採納一個相信白人比有色人種優越的信念系統，而不問問自己：「難道所有白人都比拿撒勒的耶穌，比甘地、金恩博士和曼德拉更有智慧、更勇敢、更和善、更慈悲嗎？」顯然不是如此。

如果你發現自己的信念系統中存有恐懼，請以試驗的態度嘗試不帶恐懼的信念系統。你可以從這些信念系統中找出一個與你的心靈最相應的。

舉例如下：宇宙是具有智慧而且慈悲的信念系統；你是慈悲、慈愛、擁有力量與創造力的靈魂；真實力量就是你的人格與靈魂達成一致，而且發生在地球學校的每一個經驗都能幫助你創造真實力量，這就是不帶恐懼的信念系統。要求你擁護某個教條（不可改變、不可挑戰的規則）；毫不懷疑地接受歷史故事；蔑視、同情、譴責或試圖改變他人接受你的信念系統；宣稱自己最好、最有效率，或是宣稱是唯一能帶領你達到你所渴望之內在至善境界；給予獎賞或威脅、懲罰你的信念系統——這些都是帶有恐懼的信念系統。事實上，這些信念系統是**建構在**恐懼之上的。恐懼是它們的基石，密不可分。

請試著用那個與你最相應的信念系統（對比於那些與你父母或同儕相應的信念系統），這麼做能幫助你了解，你有責任為自己選擇一個最健康的信念系統。無論你想嘗試哪個信念系統，請先帶著存疑的態度來接觸它，例如問問：「這可能是真的嗎？真的管用嗎？」而不要帶著輕蔑諷刺的態度，例如說：「這個信念系統非常膚淺、呆板又獨裁等等。」看看它會為你的生活創造些什麼。它是否能引領你至善良、接受（全體）與愛（全體）呢？如果不能，再試試其他信念系統。只有你一個人要為你的選擇帶來的後果負責，而這真是個好消息！

在五官人眼裡，意圖就是目標。他們的「意圖」其實是「對外的意圖」，舉例來說，對外的意圖有賺錢、結婚、換工作、去歐洲玩、拯救雨林、學習如何焊接等等。他們相信行動能創造結果。

在多官人眼裡，意圖是**意識的品質**。他們能看見是行動或話語背後的意識創造出結果，而不是行為或話語本身。舉例來說，五官人認為最重要的黃金準則是與「做」的行動有關（「對鄰人**做**那些你想要鄰人對你**做**的事」）。多官人則認為最重要的黃金準則與意識有關（「對鄰人**懷抱**你想要他們對你**懷抱**的意圖」）你對鄰居做出的言行中，帶有什麼樣的意識？是憤怒、嫉妒，還是怨恨？那是你想要鄰人對你**懷抱**的意識嗎？是感謝、欣賞或關懷嗎？那是你想要鄰人對你**懷抱**的意識嗎？

愛的意圖，如我們所見，能創造出有建設性的、喜悅的結果。恐懼的意圖會創造出破壞性的、痛苦的結果。行動與話語是不相關的，舉例來說，你可以捐錢給慈善機構來宣傳你個人的善良（恐懼）、達到節稅目的（恐懼），或營造出一種正面形象（恐懼）。恐懼的意圖永遠會創造出破壞性與痛苦的結果。你也可以捐錢給慈善機構來幫助他人，但不帶任何附加動機（愛）。愛的意圖永遠會創造出建設性的、喜悅的結構。如果你在說話、行動時對自己的意圖缺乏覺察，你就會在結果出現在生活中時覺察到它。如果這些結果不符合你的期待，那麼你的意圖便不是當初你所認為的那樣。

你所選擇的意圖時時刻刻都在為你開闢前方的路，讓你走上這條路。所有的道路都將通往覺察與愛，儘管有些道路比較直接、比較喜悅，而有些路則比較漫長、比較坎坷。愛的選擇將愛的意識與物質融合在一起，而恐懼的選擇則將恐懼意識與物質融合在一起。做出選擇的那個時間點就是能量與物質沙漏的中間轉換點。它是你靈魂的所在。它是將能量變成物質的那個點。

你永遠處於那個點上。

你**就是**那個點。

你永遠在做選擇。

新意識

除非你能覺察自己的意圖並有意識地做出選擇，否則你的人生將會看似不受控地發展。事實上，這正是依照你的意圖發展的，只是你不知道自己的意圖是什麼。如果你對自己經驗的事感到驚訝，那是因為你沒有覺察到創造出它們的意圖——那是你的意圖。

勇氣的新用法

我在越南曾屬於陸軍特種部隊（綠扁帽）「A分遣隊」（A Detachment）的一員，這支所謂的「A-team」是受過高度訓練的十二人小組。每個A-team有兩名軍官與十名徵募入伍的人員。我是我隊上的其中一位軍官（執行官，即二把手）。在我看來，A-team就是這支特種部隊的核心。特種部隊的任務是透過陸、海、空的方式潛入敵軍戰線，並支援當地民眾對抗其獨裁政府。

但是在越南的情況並非如此。第一，根本沒有所謂「戰線」，我們的敵人北越軍隊和越共到處都是，因此我們也得如此。第二，許多我們原本應該要支援的當地人民，反過來與我們對抗。第三，許多越南人認為我們在占領他們國家。

其他一切就是典型的戰爭狀況。美國軍機轟炸了越南村落，美軍長途跋涉，穿越一片泥濘地和雨林攻擊越軍，越軍也在做同樣的事，對美軍進行伏擊。所有人都盡全力要殺死對方。（這場衝突的商業行為也是一場典型戰爭——美國工廠將子彈販售給美國人來射殺越軍，世界各地的工廠也販售子彈給北越，供他們射殺美軍。）

儘管如此，我們的任務還是很特別。關於我們的一切都是最高機密。我們通常是透過祕密行動，用直升機被送進寮國或柬埔寨執行最高機密任務。進入降落區域，也就是雨林間的一片空地時，是最令人恐懼的行動之一。我們的直升機在降落之際非常容易遭受攻擊。我想即使是停留在較高處的武裝直升機，也非常容易遭受攻擊。如果越共事先得知我們會抵達該地點，我們可能就會死。

越共怎麼會得知我們要來呢？從許多我們所訓練並帶著一起出任務的傭兵口中得知。這些人通常是當地設法養家活口的部落男子，沒有人知道他們的忠誠度如何。我們將他們留在營區裡，讓他們隨時準備好，一收到通知便可立刻出發（如此他們就不會事先知道有任務），然後盡可能隔離他們，以防止他們獲悉我們的計畫。我們會在清晨天未亮時與他們在直升機前會合，出發執行任務。他們只知道要按照我們訓練的方式去戰鬥。

有一次的任務是要在一條泥土路旁安裝隱藏式移動偵測裝置，那條路就是所謂的「胡志明小徑」（Ho Chi Minh Trail）這個大型網絡的一部分。這個裝置會在卡車經過時傳送訊號，收到訊號的待命攻擊機會立即升空，前往轟炸該裝置（以及觸動它的卡車）。這項任務從投入到撤出大約要花上一天半的時間。

我變得很疲倦，但是不能休息。地面很堅硬，我的恐懼高漲。我在夜晚會偶爾閉上眼睛，但身體卻不肯睡，似乎知道自己置身險境。寮國任務（我們的任務）的代號是「草原之火」。我們被告知，只要發出草原之火的緊急狀況，呼叫「我們被發現！」就能立即將空中的所有攻擊機轉向，來支援我們，並讓待命的攻擊機出發保衛我們。我相信。我曾見過飛行員祕密奔向直升機，以回應草原之火的緊急狀況呼叫。他們會盡一切努力讓草原之火團隊從緊急狀態撤離。

如果行動不成功，我們便不會獲得進一步的援助，我們也不會期待援助。我們的制服沒有任何徽章，我們沒有身分。我們武器上的序號已經被磨掉，而且有許多是國外製造的。總統詹森經常否認寮國與柬埔寨有美軍出現，在正式紀錄上，我們是不存在的。如果我們被抓，只會被當成傭兵看待。

入伍成為美軍、自願成為特種部隊、請求參與越南任務、安裝移動偵測裝置等，都是我舊有的勇氣使用方式。更多例子包括在布拉格堡[7]的黑夜背著裝備從直升機跳傘躍入沖繩外海。我勇氣十足，卻從未想過自己是如何使用勇氣的。我有股強烈衝動去從事這些令人膽戰心驚的危險之事，而且一再地做更多這類事，但其實不太明白到底為什麼，我不讓自己有片刻的思考空間。

我做這些事是為了讓人欽佩仰慕。回顧過去，我做這些事是為了被愛。我當初並不明白，自己希望受到仰慕、認可、重視的需求有多強烈。是那些需求讓我從哈佛出走、入伍從軍，然後讓我置身寮國的土路旁，這些都在我不自覺的情況下發生。我太害怕了，以致不敢去體會自己其實很害怕。這條路的名字就叫做「男子氣概」。

我現在依然擁有勇氣，但是會慎重思考如何運用它。同樣的這份勇氣曾經讓我在一架飛行中的C-130運輸機裡，「起身，鉤好，慢慢移動到艙門[8]」，跳入我和下方遠處降落區之間的虛空裡，現在勇氣讓我能用過去以為不可能的方式檢視我自己。

現在，我**每一天**都在運用我的勇氣，但是以新的方式運用它。當我心中爆發出憤怒的火花，要求我採取行動時，我反而會用勇氣選擇從人格中最慈愛的面向採取行動。當嫉妒緊鎖我的心門，我會用勇氣從人格中最慈愛的面向採取行動。我會在想要殺死某人或殺死自己的時候，用勇氣從人格中最慈愛的面向採取行動。當我感受到情緒所帶來的身體痛苦時，在**感受到這些痛苦的當下**，我會用勇氣選擇從人格裡最慈愛的面向採取行動。這些例子都是在說明勇氣的新用法。

我從未想像過，要有意識地進入我的生命需要多大勇氣。當我開始深入內在檢視自己，我發現起初是恐懼——害怕失敗、害怕無法達成父母的期望、害怕無法達成自己的期望、害怕被拒絕、害怕被拋棄等等。我慢慢領悟到，帶著正直誠懇的心去看待自己的恐懼，所需要的勇氣比面對軍隊裡的任何危險更多。

當我周圍有人突然暴怒，一心想要報復，或我人格裡源自恐懼的部分突然暴怒並一心想要報復的時候，我做夢都沒想到，竟然需要那麼大的勇氣才能以慈悲心採取行動。當世貿大樓倒塌成一片血肉模糊的廢墟，紐約市有位電影明星建議我們以慈悲心來回應。廣大影迷對他噓聲連連，群起攻之。我欽佩他。我曾聽過一個故事：有位西藏僧侶剛從虐待他的中國監獄獲釋。他告訴達賴喇嘛：「我有危險了。」達賴喇嘛隨即問他：「什麼危險？」僧侶回答：「我正處於快要對中國人失去慈悲心的危險之中。」我問自己：「這位僧侶到底需要多大的勇氣才能對虐待他的人懷抱慈悲心？」我至今依然會這麼問自己。

最大的痛苦是想要獲得歸屬感卻不屬於任何地方；想要被愛卻覺得自己不配被愛；想要愛卻覺得無法去愛；不想讓任何人看見你的內心，如同你看自己的樣子，以免他們討厭你；覺得與生

7 譯註：Fort Bragg，美國軍事基地，位於北卡羅萊納州。

8 譯註：這句話出自美國一首軍歌歌詞。

俱來有瑕疵、天生有缺陷。這些都是一種無能為力的痛苦。每一個人，包括五官人與多官人，內在深處都埋藏著這種痛苦的無力感。五官人會藉由試圖改變世界來粉飾痛苦，這就是追求外在力量。多官人則會檢視自己的內在，藉由改變其內在來源來永遠改變痛苦，這就是創造真實力量。

創造真實力量需要賦予勇氣新用法。

新意識

我從未想像過，要有意識地進入我的生命需要多大勇氣。當我開始深入內在檢視自己，我發現起初是恐懼——害怕失敗、害怕無法達成父母的期望、害怕無法達成自己的期望、害怕被拒絕、害怕被拋棄等等。我慢慢領悟到，帶著正直誠懇的心去看待自己的恐懼，所需要的勇氣比面對軍隊裡的任何危險更多。

靈魂的意圖：和諧

靈魂的意圖十分重要。

若沒有多官知覺，便無法辨認出靈魂的意圖。同樣地，若沒有多官知覺，也無法理解靈魂的意圖。有了多官知覺，這些意圖便能開啟一個看待人類經驗的全新視野。

儘管五官知覺無法感知到和諧，和諧卻是物質世界的反映。五官人會談論生態系統、平衡、永續等，但以我們星球的自然世界為主的和諧（這裡的自然指的是人類之外的領域），其實擴及到超越他們肉眼所見之處。那是生命所有面向都各得其所的一種精細、微妙的和諧。生命有數不盡的面向，即使是我們星球上的昆蟲數量都數不盡，遑論各種微生物，然而它們也都各有其位置。

這些指的不是我們以物質角度想像的較大位置或較小位置。生命所有的面向都是珍貴而平等的。每一個面向對宇宙的慈悲開展都是必要的。這種知覺與認為越大越好、越大就是越多的五官知覺截然不同。即使五官人和其他生命形式比起來，在軀體上並未顯得較大或較多，他們卻是這樣看待自己的。

多官人視自己為生命的一部分，他們視動物、植物、礦物為生命的一部分，他們將最小與最大的生命形式都視為同等重要。五官人無法理解這一點，只認為那是個恢弘的概念。要親身體會這件事，著實難倒他們了，但多官知覺能讓他們敞開自己去深入體驗。創造真實力量能引領他們深入這種體驗。

真實力量是人格與靈魂的一致，意思是多官人格與其靈魂意圖的一致。當我們開始將和諧理解為靈魂的意圖，我們會看見，和諧單純地就是那「如是」的反映。地球學校裡的一切，對五官知覺來說看似幾乎都不和諧，因為那個場域的目的就是要讓人格學習愛與恐懼的不同之處，如此他們才能選擇愛而非恐懼。整個宇宙都是和諧的，或說平衡的，但那卻是超乎人類經驗之外的。

接觸這份和諧的最佳方式是透過親身體驗，也就是從情緒方面入手。在你與地球學校的其他學生互動時，那些互動會活化你人格裡的一些面向，而每一個面向都是一種感知特定情緒領域的方式。恐懼的領域之下包括許多個子領域，它們全都表達出恐懼，例如嫉妒、暴怒、怨恨、優越、自卑等等。這些經驗對創造真實經驗的多官人來說會感到很熟悉，它們也是令人痛苦的。至於愛的領域，如果愛可以被稱為一個領域的話，底下也包括許多子領域，例如感謝、欣賞、關懷、滿足，以及對宇宙的敬畏，這些體驗是充滿喜悅的。唯有親身體驗這兩種領域，才有可能創造真實力量，因為唯有用你的意志，你的自由意志，才能選擇你覺察中的哪個領域會啟發你——愛或恐懼。若你能覺察到自己對愛的體驗，覺察到你的建設性意圖以及它們所創造的結果，那麼你會開始體驗到宇宙的和諧。

宇宙間存在的事物，從宇宙的觀點看來，沒有一樣是不和諧的。這份和諧沒有協商的餘地。

宇宙不和它自己的任何面向協商。宇宙的各個面向之間也不會和彼此協商。諸如一隻動物的死亡餵飽了另一隻動物，或是從一種能量轉換到另一種這樣的事，顯然無法透過協商而達成，因為要跟誰協商呢？

五官人會協商出一個最小衝突的情況。最小衝突的情況在各方面都完全迥異於流經宇宙各個面向的愛的情況，這份愛能聯合、重新排序、消融、重建、重生——愛重組著愛，或換句話說，「生」重組著地球學校裡的五官知覺生命形式。

多官人會在人我互動時培養一己內在的愛、挑戰恐懼，這同時也是在自己內在創造真實力量，藉此在過程中達到一種高頻的共鳴狀態，那就是在地球學校我們稱之為和諧的狀態。那種頻率比協商出一個最小衝突情況的頻率不只是高出一點點，而是更高到無法用言語形容的程度。在那種互動裡，所有參與之人的需求都被考慮到，都獲得尊重，愛的需求排在優先順序第一位，恐懼的需求則排在最末位，除非它們在一些創造真實力量的人身上能夠發揮區別愛與恐懼的功能。

在我們這部分的物質宇宙，很小一部分，和諧處處可見。隨著每個新的早晨來到我們星球，對太陽的新知覺也到來了，它的溫暖與光明讓我們所知的地球生命得以延續——生長所需的糧食，以及和我們相伴生長的物種。這份和諧對五官人而言是不可見的。他們只看得見對自己有利、剝削動物、剝削彼此和地球的做法。多官人面對這相同的處境，看到的是和諧精妙的動態呈現。他們在與他人起共鳴時（不是他人的需要或慾望，而是他人的本質），體驗到自己在地球學校生活領域裡的和諧。

從人類情緒的角度而言，這就是當我們關懷彼此、對彼此感興趣、追求彼此的幸福安康時，在彼此身上體驗到的感受。那是地球學校裡的甘露。那就是和諧，那就是在等待著我們的全新潛能，一種超越滿足、甚至超越喜悅的潛能。那就是生命本身的美、圓滿具足，以及豐富。這種體驗是認知到我們屬於生命的一部分，他人也屬於生命的一部分，他人屬於我們的一部分，我們也屬於其他所有人的一部分。

你的靈魂意圖在地球學校以和諧進行創造，而當你讓自己與該意圖達成一致，便能將自己往前推進到一個新領域。這些領域超越五官知覺的經驗，但並未超越多官知覺的經驗。它們正在呼喚多官人進入宇宙人類的經驗。宇宙人類就住在這些領域裡。

新意識

真實力量是人格與靈魂的一致，意思是多官人格與其靈魂意圖的一致。當我們開始將和諧理解為靈魂的意圖，我們會看見，和諧單純地就是那「如是」的反映。

靈魂的意圖：合作

當競爭不再主導意識，邁向合作就是個自然的走向。這和當恐懼不再主導意識時，愛是成為自然走向是同樣的道理。合作需要的是主動接觸他人，需要的是傾聽他人，欣賞他們的才能與智慧。而競爭需要的是對他人樹立障礙，不管他們想要什麼、給予什麼，取而代之占據你意識中心的是你想要什麼、你需要從他們身上獲得什麼，以及如何獲得的念頭。

競爭的假設是只有一方能贏，可以這麼說，只有一方能勝出站到頂端。而合作假設的是沒有贏家或輸家，只有合作者，也就是那些立定意圖要匯聚他們的創造力、才能與智慧以達成共同目標的個人。

五官人能合作追求外在力量。確實，這就是他們在競爭時的做法。舉例而言，公司等相互競爭的實體，會鼓勵（事實上是要求）自己的員工合作。一個公司內部是一個集團，另一個公司又是另一個集團，一個集團內的員工，也會在集團內合作，但重點只是為了確保僱用他們的實體（公司）能競爭成功。

多官人會合作，但那是一種特殊的合作，是一種「共同創造」或「共創」。共創是靈魂對靈魂的創造，這種創造是為了彰顯愛，其中沒有彼此競爭的個人或實體，只有地球學校裡的學生和學生團體。當所有人的利益成為結合一己創造力、才智與慈悲之多官人的主要目標，那就是共同創造。

共創在某些方面所帶來的滿足是合作無法達成的。合作讓個人以創造性的方式接觸彼此，然而該合作目標可能有違所有參與者的利益。舉例來說，這個目標可能是發展一種核子武器，或是為達成更高市占率所做的廣告活動。

多官人不會從這些角度看待這件事，他們視彼此為靈魂，也努力用造福生命的方式來運用自己的創造力，而就他們所能獲得的滿足感、意義、喜悅與目的之達成來說，報酬是豐厚龐大的。這裡所謂的「大」不是指衝擊巨大或令人印象深刻那種「龐大」，而是指內在深處的心滿意足、感激與欣賞之情，它源自心靈，也能觸動他人心靈。

共創是多官知覺的個人以注定的結合方式結合在一起，正如合作是五官知覺的個人以注定的結合方式，即追求外在力量，結合在一起，因為追求外在力量能確保他們的生存，而生存是他們進化的唯一必要條件。多官人進化的必要條件是靈性發展，而靈性發展的必要條件是超越恐懼的需求、恐懼的知見和慾望，以及恐懼的目標，即人格恐懼面的目標。

多官知覺的進化必須帶著靈魂的意圖去創造——例如和諧、合作、分享、對生命懷抱敬意等。當一個人與另一個人共同創造，他們會將這其中至少一個意圖融入其存在本質。他們的共創是為了體驗和諧；他們的共創是為了分享；他們的共創是為了對生命懷抱敬意。

為了利益生命而共創的經驗有個十分殊勝的副產品，可以這麼說，那就是和諧的體驗。我們在前一章探討過和諧的議題，和諧的體驗是無邊無際的，因為愛沒有邊際，而共創就是通往愛的體驗之途徑。多官人生來就是要與人共創的。他們自然就能與人共創。阻礙他們共創的唯一障礙，就是他們的人格恐懼面。但是在辨識、體驗、挑戰一己人格恐懼面的過程中，他們能夠超越。換言之，創造真實力量會導向共創，促成共創，然後共創本身也會變成個人想要達成的目標。

合作者為了達成物質目標而合作，共創者則為了體驗其創造力、才智、智慧與喜悅的結合而共創。共創的過程對他們而言比目標更重要。目標只是將多官人匯集在一起的媒介，共創則讓他們得以往那個目標邁進。而當他們一路邁進時，會以開放，徹底開放的方式前進。他們不會受到該目標的限制，不過最終如果選擇達成目標的話，他們也能辦到。旅程的經過對他們而言和目標一樣重要、一樣意義非凡且帶來滿足。共創者是為了共創的實現、為了共創的喜悅而共創。

當多官人創造真實力量時，共創經驗變成了甜美的副產品，那是他們渴望、努力已久，並有意識地讓它出現的東西。當他們擁有真實力量，共創會變得像呼吸一樣自然。當他們的心靈以愛對他人的能量做出回應，會變得和微笑一樣自然。他們的合作會轉變為共創，而且來自達成五官目標所帶來的二維的、黑白狀態的滿足感，也會被來自共創那多官的、色彩繽紛的滿足感所取代。共創不僅為地球學校帶來了靈魂的能量，也帶來了宇宙的能量。

共創者想要更多的共創體驗。這不是一種渴求，不是人格的需求，而更像是一種自然傾向，好比花朵會向著陽光生長。合作者合作時，他們是在一個有限的開放範圍內合作，因為他們不想分享那些可能在未來利於其他合作者的東西。合作者在充滿互相競爭之實體的背景下合作，這些實體內的聯盟或實體之間的聯盟會出現又消失，因此，一個合作者不會讓未來可能會對他不利的資料分享出去，例如可能會被其他合作者拿去申請專利的點子。

共創者不會受限於這種做法。愛是沒有祕密的，它是透明的。缺乏一顆開放的心，共創便不可能實現，若能擁有開放的心，就能帶來無限的滿足與圓滿。共創的必要條件是關心他人，必須顧慮到他人和集體的利益。讓我們這麼說吧：共創沒有偏好，它是共創者之間愛的自然流動。共創者雖然不一定會從這個角度來思考，但是當他們發現共創的喜悅之際，那將會是他們的切身經驗。

新意識

多官人會合作，但那是一種特殊的合作，是一種「共同創造」或「共創」。共創是靈魂對靈魂的創造，這種創造是為了彰顯愛，其中沒有彼此競爭的個人或實體，只有地球學校裡的學生和學生團體。

靈魂的意圖：分享

分享是真實力量的核心，分享是一種愛的自然表達。若愛不存在，分享就不可能發生。表面的分享是可能的，但那是由恐懼製造出來的活動，例如分享最終是讓某個分享者受益的情況。

分享會讓人覺得健康、有益、感覺良好。分享來自對宇宙的信任，它來自一種信任：信任地球學校的經驗對參與者來說都是最適當的，他們已被賦予做決定的智慧。

從靈魂的觀點來看，什麼東西被分享了？在地球學校，那是愛。沒有什麼其他能分享的東西值得下這番工夫。其他所有的東西都是在追求外在力量。在許多情況下，當禮物被給予或東西被分享的時候，有可能隱藏著一份利己的動機。有時候，甚至連像教育那麼重要的一份禮物，背後都可能帶著利己的動機。父母經常會參與這類的互動型態卻不自覺。他們想讓孩子接受教育，好讓自己給人正面的印象。為了自我宣傳的目的或創造一個慈善家或慷慨之人的形象而捐錢給募款活動，也是這種利己之互動型態的一部分。

這些都不是分享。分享是自發性的，有時一次分享的執行需要經過思考規劃，例如為孩子的未來或某個重要事業的未來進行規劃，但是分享的決定是由心靈所做，不過這決定比較像是被認出，而非被做出。分享是一種靈魂的意圖，靈魂只知道分享。靈魂不會有所保留。靈魂隨時準備好支持他們的人格，以非關個人的觀點在支持著他們的人格。這些必須透過請求得來，而靈魂永遠都在。

敬意（reverence）透過你的靈魂來與人建立關係。敬意能早你的人格一步，讓你的人格與靈魂連結起來。它涉及的是與生命接觸的一種形式與深度，但那又是超越形式外殼且深入本質的。它接觸的是每個人、鳥兒、植物、動物與東西的本質，接觸的是地球的本質與所有其上與其內的一切，它接觸的是其存在的內部。懷抱敬意是接受生命的神聖原則，無論你如何定義神聖都無妨。敬意是體驗到一切生命就其本性而言都有其價值，萬事萬物都是生命。

這一切都是分享。這種分享不是行動，而可說是一種環境、一種氛圍，可以這麼說，就像我們呼吸的空氣不是共享的嗎？是的，我們不需要提出請求，也不需要去接受它。它是一份禮物，如同我們的世界如其所是那般。分享就如同靈魂如其所是。

當你分享的時候，你會將一己靈魂的能量直接帶入地球學校，那就是為何選擇分享而不帶隱藏動機的行為能夠創造真實力量，能讓你的人格與靈魂達成一致。地球學校一直不斷在為每一個學生提供機會，讓他們能發現自身人格裡需要挑戰的恐懼面，以及需要培養的慈愛面。靈性伴侶關係能加速這個過程。對所有這些方式而言，分享都是最根本的。若沒有分享，你在靈性之路上哪裡都去不了，然而為了分享，你卻必須踏上靈性之路。

在你踏上靈性之路後，你會對分享產生一份全新的理解。五官知覺對分享的理解比較接近於出借的概念，而不是真的給予。那也是分享，但是這種分享或給予通常另有目的，或許是為了給予所帶來的滿足感，或如我們討論過的，或為了創造一種慈善的自我形象。這種分享並不會創造出建設性的結果。

多官人對分享的知見與五官人非常不同。五官人視分享為財富的給予，例如贊助慈善單位、公益活動或建物。但是對多官人而言，那並非分享的準則，他們唯一的準則是愛的意圖。

分享和給予相同，而若沒有隱藏目的，給予和分享也是相同的。當愛就是靈感的時候，愛就是那個給予者。愛也是接受者。你所能給予他人的最偉大禮物之一，就是接受他們的愛。這意思不是要剝削他們的愛，而是對他們必須給予的愛敞開你的心門。他們之所以敞開心門並非為了給予你愛，他們敞開心門是為了圓滿自己，為了讓生活有意義、有所目的並充滿喜悅，然而他們若另有所圖，就做不到這件事。儘管如此，他們在培養能力來接受你分享的愛時，以及培養能力來分享他們想給予你的愛時，自己也能獲得靈性成長。

大自然裡的萬事萬物皆以分享為基礎。每一個生態系統都在示範如何分享。你呼吸的時候，所吸入的氧氣是植物王國創造給你的，而你吐氣的時候，就給了植物王國二氧化碳，而那又是製造氧氣所需要的，如此循環不息。分享永無止盡，表面上看似在分享的，其實是在給予，而表面上看似在給予的，其實也是在分享，因為這兩者無法分開存在。

當你發展出不另有所圖的分享能力，你的分享就會變得像是太陽放出的光芒，或太陽發送的暖意。太陽沒有任何隱藏的動機，不要求任何條件，只是一直給，一直給，一直給，完全地分享。最終太陽內部的能量會自己耗竭，但那是發生在宇宙間無盡的給予和分享過程中的另一個活動，可以這麼說。

即使你懷著恐懼創造，為自己製造出痛苦的後果，也影響了別人，那也是一種分享。他人會體驗到有個人懷著恐懼創造，並從那人學到如何懷著愛來創造。這是靈魂的非個人觀點。而從人格的觀點來看，知道你的分享或給予背後是否另有所圖已經足夠。換句話說，不要自認有權做出魯莽或殘酷之舉，只因他人可以從源自你人格中未經挑戰的恐懼面之魯莽與殘酷中學習到什麼。

你的意圖瞞不了宇宙——只是有時瞞得了你自己和別人。當你一次又一次轉生到地球學校，宇宙的因果法則，或說業力法則，會一直幫助你辨認出你的意圖，直到辨認出所有意圖為止。那是一條漫漫長路，而創造真實力量能大幅縮短這條路。當你發現自己內在的多官知覺，會進入這個已加速之靈性發展的潛能中，因此你能夠比五官人進化得快很多。

我們之前指出，創造真實力量並了解如何去做就像是擁有一份藏寶圖，然而你若不將這份藏寶圖分享給他人，它就沒有任何用處。你越是頻繁使用自己按照地圖發現的寶藏，就會越想要與他人分享這份寶藏。而你與他人分享得越多，他們就越渴望或越能學會與你分享。而當他們與你分享，就會更渴望分享。這是對宇宙本質的一種微觀瞥見，其中施與受、好與壞，都融合成一個無始無終的善的互動。

有一些你必須分享的禮物可能會讓你感到驚訝，其中一個是喜悅，就是你對生活單純的享受。那是一份無價的禮物，而且你無法在不將它給予他人的情況下給予自己這份禮物。對創造真實力量的支持，也是你給予他人的禮物。換句話說，你在創造靈性伴侶關係時，你致力於靈性發展，並置於一切之上，而你的伴侶關係是與一個致力於靈性發展並置於一切之上的另一個人所建立的，那麼你會發現自己的角色是發揮支持功能，因為你無法為他們創造真實關係，但是你的支持對他們而言彌足珍貴，正是透過你的支持，他們才能辨識出自己人格中需要挑戰的部分，進而超越恐懼對他們的控制，而那可能是他們自己無法觀察到的。

你和你的靈魂是不可分的，你的靈魂與分享也是不可分的，創造真實力量能幫助你去體驗這些事情。

然後你就能分享。

新意識

大自然裡的萬事萬物皆以分享為基礎。每一個生態系統都在示範如何分享。你呼吸的時候，所吸入的氧氣是植物王國創造給你的，而你吐氣的時候，就給了植物王國二氧化碳，而那又是製造氧氣所需要的，如此循環不息。分享永無止盡，表面上看似在分享的，其實是在給予，而表面上看似在給予的，其實也是在分享。

靈魂的意圖：對生命懷抱敬意

談到敬意，你會談到宇宙。談到宇宙，你會談到敬意。你可能會從五官知覺的角度想像，宇宙在一面鏡子前，被反映在鏡子裡面，但這樣的方式很難區分出何者是映像，何者是被反映的。其中的差別在於，被反映的不需要映像就能存在，而映像則否。

敬意就是那個映像，宇宙是被反映的。換言之，宇宙不需依賴我們的體驗，以這個例子而言就是不需依賴你是否體驗到敬意。宇宙純粹如是。人類能夠反映宇宙的最大程度，就是敬重世界。他們敬重宇宙，世界是它的一部分。他們敬重彼此，也敬重自己，也就是說，他們禮敬自己。他們將自己、彼此、世界與宇宙都視為神聖的，超越價值的估量，一如高山超越人們的讚嘆。那就是敬意。

你會在自己拋開評斷、憤怒與怨恨的那一刻，短暫體驗到敬意。換句話說，就是當你拋開恐懼的時候。恐懼並不是那麼容易拋開，但是恐懼被拋到九霄雲外的經驗卻是許多人都經歷過的。那是一種恩典的體驗、安樂的體驗，一種生活中不費力、恐懼全然不存在的感受。不會出現評斷的念頭，不會出現對與錯的念頭，因為它們根本不存在。

你生來是為了創造一個永恆的恩典狀態，可以這麼說，而實踐的工具就是創造真實力量。當你創造真實力量時，當愛漸漸成為你覺察的一部分，進而變成你的覺察本身時，你的生命會充滿恩典。你會充滿恩典。你將透過這份恩典來感知你的體驗、你的生活，以及宇宙。那樣的知覺、那樣的體驗，就是敬意。

敬意是你靈魂的其中一個意圖，對生命的敬意，因為一切敬意都是對生命的敬意。你無法對一個人懷有敬意卻對所有人沒有敬意。你無法對一朵花懷有敬意卻對所有的花沒有敬意。你無法對一條蟲懷有敬意卻對所有的蟲沒有敬意。你無法對生命的任一面向懷有敬意而對生命的一切沒有敬意，因為你的敬意是一種反映的映像。宇宙、意識、愛與生命，就是那個被反映出來的。

若缺乏敬意，你的經驗會變得空洞、膚淺，缺乏實質性。若缺乏敬意，你的目標會由恐懼來決定，你的志向也會受到恐懼的驅動。若缺乏敬意，世界會是殘酷野蠻的。若缺乏敬意，你也會是殘酷野蠻的。缺乏對一切生命形式、一切行動、一切思想懷抱敬意的能力，你會變成自己評斷的對象。換句話說，如果你無法對那些野蠻、殘酷的人懷抱敬意，你也會變成他們。

對生命懷著敬意就是對生命的一切懷著敬意，因為生命就是一切所是。你在自己內在所遇到的殘酷、野蠻、無知的體驗，亦即恐懼的體驗，你也會在這個世上遇到。當你對世界懷抱敬意、對自己懷抱敬意，沒有什麼能立足於你的敬意之外，因為沒有什麼能立足於宇宙之外。因此，當你評斷他人是殘酷的、野蠻的，敬意的體驗就會在你內在終止。宇宙的神聖、宇宙的善，宇宙那奇蹟般的開展，不會終止。只有你內在的映像會在你做出評斷的時候終止。那是對外在力量的追求。

評價某個東西就是對它下評斷。你給予的評價越高，對它的評斷就越正面，敬意就越大。對某樣東西懷抱敬意，並非以平等的態度敬重它。「平等地敬重」是個無意義的語詞，那是五官知覺的產物。從多官知覺的觀點來看，萬事萬物皆珍貴——而非平等地珍貴，沒有較不珍貴，也沒有較珍貴這種事。一切皆珍貴。

當你在辨別一個活動的時候，你不是在評斷它。你一評斷它，你就失去了力量。若評斷它，你便沒有敬意。當你評斷的時候，你是在允許自己體驗痛苦。你敞開自己接受無力感的痛苦。當你在辨別的時候，你能夠對清楚辨明之事懷抱敬意，因為宇宙間的每一個體驗，也就是地球學校的每一個體驗，都有其價值、有其目的。在地球學校，那個目的就是你的靈性發展。

創造真實力量能讓你的人格與靈魂達成一致。當你創造真實力量，你的人格會成為宇宙精準的反映映像。你會變得越來越輕盈，你會越來越有覺察力。愛將取代恐懼。光明將取代黑暗，而你將能夠高飛，不再匍匐前行。然而高飛與匍匐前行兩者皆是宇宙的一部分，也需要你懷著敬意對待。

那和獲得高評價是不同的。對地球學校的一切事物懷著敬意，就是對一切存在的事物懷著敬意，因為沒有一物是立足於宇宙之外的。你在創造真實力量時，便挑戰了恐懼，你挑戰恐懼時，便培養了愛，而當你培養愛時，會開始反映出宇宙。

愛與敬意是無法區別的。靈魂對靈魂的連結與敬意是無法區別的。通往真實力量的途徑就是通往覺察、愛、敬意的途徑，換句話說，也就是通往直接經驗宇宙的途徑。然而，沒有任何一種對宇宙的知覺能涵蓋全宇宙。那個被知覺到的，透露出知覺者的結構，而知覺者不計其數。更精確來說，可能的知覺之點是不計其數的。

你的靈魂對它們全懷著敬意。

新意識

你生來是為了創造一個永恆的恩典狀態。當你創造真實力量時，當愛漸漸成為你覺察的一部分，進而變成你的覺察本身時，你的生命會充滿恩典。你會充滿恩典。你將透過這份恩典來感知你的體驗、你的生活，以及宇宙。那樣的知覺、那樣的體驗，就是敬意。

幻相

若你從人格的恐懼面來行動，你會被困在幻相裡。它似乎很真實，而你相信其想法，承受其痛苦。換言之，幻相透過你痛苦的情緒，成為你顯得真實的表象。

舉例而言，想像有個孩子無意識地躺在人行道上。那不是個幻相，那是一個情況。從更開闊的觀點，以靈魂非關個人的觀點來看，這可以被稱為是幻相，但從地球學校的觀點來看，這是一件實際發生的事。然而孩子的父母所體驗到的恐懼、焦慮與其他難受情緒與這個情況並沒有關係。這個情況激發了父母心裡的**內在動力或動態**（internal dynamics），是這些動態（**不是情況**）創造出他們的痛苦情緒。

整個痛苦情緒的領域都是個幻相。每當有人看似引起你內在的痛苦情緒，你的體驗其實與那人毫無關係。那人只是激發了你內在動力，而那種內在動力創造出你心中的痛苦情緒。內在動力是你人格的一個恐懼面向。情緒是你內在的獨立能量，可以這麼說。

當你經歷一個人格恐懼面的身體痛苦與煩惱念頭，你會進入幻相之中。而你若對它們做出慣性反應，就會跌入更深的幻相。你以為表面看似引起痛苦的那人若改變，換言之，若你能改變世界，你的痛苦就會消失。在幻相裡，事情有時就是如此。舉例而言，若你能改變那人或改變情況（利用憤怒、眼淚、講理、威脅、咆哮等）來滿足人格裡的一個恐懼面，身體的痛苦與評斷念頭雖然會消失，但只是暫時的。引起這些痛苦的內在動力其實仍在你心中保持完好無損，等待未來再度被激發。

創造真實力量的時候，這是在引發愉悅身體感受（人格慈愛面）的內在動力，以及創造痛苦身體感受（人格恐懼面）的內在動力之現實上運作的。你要如何利用對這個現實的認識呢？首先，你要認出你的體驗的本來面目——**你內心**動態的產物。改變外在世界無法影響這些動態，改變自己才會。

其次，你可以選擇不去對這些內在動力的身體感受與念頭做出反應，那表示不去對關係裡激發出它們的那人做出反應式的行動。那是一種慣性反應。你反而可以選擇從內在創造出愉悅身體感受與喜悅的人格慈愛面做出回應。那是一種適切回應。當你能回應而非反應，你便是在創造真實力量。

舉例而言，想像有個朋友因為你拒絕為她做某件事而生氣。她困在了幻相裡。她人格裡的一個恐懼面處於痛苦中，因為恐懼無法得到它想要的，但她卻相信是**你**導致了她的痛苦。事實上，她所感受到的痛苦與你沒有關係。她自己必須為持續體驗到痛苦情緒而負責，因為她試圖改變你，而非處理為她創造出痛苦的內在動力。她追求的是外在力量。

你的決定不會，也無法在他人內在創造出痛苦情緒。他人會藉由對幻相做出反應行為，而在內在創造出痛苦的情緒體驗與煩惱——換言之，他們想要藉由改變世界來逃避痛苦。人格裡的恐懼面向既固執又強硬。如果你拒絕朋友的請求，因為你的正直讓你拒絕了，那麼她人格裡的一個恐懼面會要求**你**拋開你的正直，以解救**她的**痛苦！她人格裡的那部分被困在幻相裡，她相信這個幻相。幻相裡唯一可能的情緒就是痛苦情緒，例如憤怒、怨恨、失望、羞辱、挫折等。

幻相這個場域，就是痛苦情緒發生而且被用來怪罪外在世界的地方。恐懼會在你停留在幻相裡時，扭曲你的經驗與關係，讓你無法分辨你人格慈愛面的實相與恐懼面的幻相。創造真實力量能帶領你超越幻相。

新意識

整個痛苦情緒的領域都是個幻相。每當有人看似引起你內在的痛苦情緒，你的體驗其實與那人毫無關係。那人只是激發了你內在動力，而那種內在動力創造出你心中的痛苦情緒。內在動力是你人格的一個恐懼面向。情緒是你內在的獨立能量。

超越幻相（一）

一個缺乏真實力量的人會被他的人格恐懼面所控制。也就是說，他大部分的情緒體驗都是恐懼的情緒體驗，而且通常他自認是慈愛的體驗，也包含著需求的成分，亦即恐懼成分。一個擁有真實力量的人格則在各方面都完全相反。那是一個沒有恐懼的人格，不受恐懼的束縛，沒有恐懼的記憶，帶著一顆開放的心在地球學校裡活動，不執著於結果。

擁有真實力量的人格具有四個特徵：謙虛、清明、寬恕，以及愛。

* * *

謙虛是一種舒適，實際上是愉快的經驗。這是無法被動搖的特質之一。在謙虛的體驗裡，一個人視地球學校裡的每個人都走在和自己一樣艱難的道路上。謙虛之人走在一個友善的世界裡。從這個觀點來看，世上所有人在這個世界上都有適合的位置。所有人都是地球學校的學生，每一個人都具有人格的恐懼面與慈愛面。

追求外在力量的個人會將焦點放在人格上，他們的互動是人格對人格的。他們著眼於自己的人格需要什麼、想要什麼，然後盡全力去獲得，也著眼於遇見的人格需要什麼、想要什麼，然後盡全力去獲得。換言之，他們也在他人身上看見外在力量的追求。

多官人創造的是真實力量。他們在地球學校看見的是靈魂。地球學校是安慰、愉悅、快樂，以及喜悅出現的所在，因為所有靈魂都是自願進入地球學校的。他們都在追尋有形身體的經驗，好讓自己獲得靈性成長。他們在轉生前就已經知道地球學校的本質——屬於時間、空間、物質與二元對立的。有二元對立就必須選擇，那表示有「此」就有「彼」，而每一個選擇不是讓「此」成立，就是讓「彼」成立。如果這個選擇是無意識的，那麼其中一個就會無意識地成立。無意識選擇的結果總是令人驚訝。當你碰到其中一個時，你會想：「為何這會發生在我身上？」或者「我做了什麼要落得如此下場？」或者「我不是有意要創造出這一切的。」事實上，你是，但是你在選擇「此」或「彼」時，並未覺察到你的意圖，那就是沒有力量之人、缺乏覺察力之人、受到人格恐懼面所控制之人所過的生活。

一個謙虛的人會將這些事看得一清二楚，看見不斷做出有意識選擇的困難之處，因為那需要情緒的覺察力。因此，他能夠很自然地成為別人的朋友，也自然地將別人視為朋友。一個謙虛的人格不可能處於有陌生人的地方，因為對它而言沒有陌生人，它能以愛回應所有的邂逅。它的生命是喜悅的。

一個謙虛的人格不關心外表。對他人而言，這可能顯得很古怪、不理性，或愚蠢，但是對於體現謙虛的人格來說無足輕重，因為它關心的是如何不去追求外在力量。它不關心如何利用經驗或他人來獲益，而是關心如何支持他人，而且帶著喜悅支持他們。

謙虛不是個智性的過程，不過你可以將它想成一種自然的喜悅，沒有止盡、無邊無際，也是對一切存在的好奇心與開放之心。

＊　＊　＊

清明是一種多官知覺，不過是一種已獲得認知並利用的多官知覺。許多人偶爾會有多官知覺的經驗，或對多官知覺的短暫瞥見，但他們並未認出它的真正面貌，一點也不想嘗試使用它。那不是清明。舉例來說，我記得自己還是個青少年時，祖母在她自己的葬禮上握著我的手，站在我身旁。我因一些有趣的事發笑時，她會將我的手用力往下拽，以前她對我失去耐心的時候也經常這麼做。她想要享受自己的葬禮！當時我並未認知到這樣的體驗是不尋常的，不過我後來才和父母說起這件事。我知道他們一定會以為我出現幻覺。這個經驗就是個多官知覺，但是我沒有認出來，也沒有使用它，所以那不是清明。

許多人對他人的生命會有一些瞥見，例如，他們知道某人的一些事，但對方的五官感知並未向他們揭露這些事。他們能清楚見到一些事，也認知到自己的經驗是一種多官知覺，那就是清明。舉個和清明不同的例子：將自己內在因太痛苦或羞恥而不願承認的面向投射在另一個人身上，如怨恨、嫉妒或憤怒等。清明不是投射。清明純粹是一種知覺。

清明與謙虛息息相關，因為清明是做為地球外衣之人格的多官知覺，以及它對穿著這外衣的靈魂所抱持的興趣。清明的所見超越表象的外殼或形式，直透本質。它讓本質對本質的體驗、靈魂對靈魂的體驗得以發生。例如，它讓生命對生命的體驗成為可能，例如一棵樹、一座森林、一座懸崖、一條溪流、一隻鳥、天空的生命，以及你與它們的關係。這類體驗對缺乏清明的人，也就是五官人格來說，毫無意義。清明帶來敬意，而敬意就是清明。

一個擁有清明的人活在對本質的覺察之中——每個人的本質，以及每個人所邂逅之人的本質，一個本質的世界，一個本質的宇宙，而那個本質就是生命本身。

新意識

多官人創造的是真實力量。他們在地球學校看見的是靈魂。地球學校是安慰、愉悅、快樂，以及喜悅出現的所在，因為所有靈魂都是自願進入地球學校的。他們都在追尋有形身體的經驗，好讓自己獲得靈性成長。

超越幻相（二）

寬恕是跨出恐懼的限制，是拋下評斷、帶著清明與生命面對面的能力。一個擁有清明的人並不了解寬恕，也不需要寬恕。因我們呼吸的空氣而獲得寬恕是什麼意思？因腳下的土地而獲得寬恕是什麼意思？因輕柔的微風吹拂我們而獲得寬恕是什麼意思？這些皆為本是如此的體驗。「寬恕」它們任何一個或它們的來源不但不需要，也沒有意義，因為它們來自宇宙。它們來自做為宇宙一部分的地球學校。

若以這個視角看待經驗，以這個視角看待地球學校，以這個視角看待人格，那麼它們就只是如其所是。它們需要選擇——選擇慣性「反應」或適當「回應」。舉例而言，有一輛車子朝著路口的停止標誌前進，但駕駛人似乎沒有看見它，一個自然的選擇是離那個十字路口遠一點。那是個選擇，但其中沒有寬恕的必要。

人格的恐懼面則有不同感受。它們會評斷、批判那個駕駛人或交通標誌，或那個十字路口。會受到冒犯，變得怒氣沖沖，感到害怕或心煩意亂。只有對這些體驗而言，「寬恕」這個詞才有意義，因為這些體驗創造出距離。它們阻擋了謙虛的體驗，它們是缺乏清明的體驗，而只有在這樣的脈絡下，稱為「寬恕」的情況才可能存在。

寬恕是去挑戰你人格的一個恐懼面向，並選擇以愛回應該面向在你內心創造的體驗。你人格該面向的體驗是個幻相。寬恕與他人毫無關係。寬恕是**你**內在的一種**能量動力**。它影響的是你。當你寬恕，你便挑戰了自己批判他人的一個人格恐懼面。你選擇不再繼續活在幻相裡——不再繼續評斷、不再耽溺於怨恨、報復、正義感或憤怒中。超越人格恐懼面控制所獲得的自由，就是從我們所謂的「寬恕」體驗獲得的。

寬恕，換句話說，就是愛的體驗。

✲ ✲ ✲

愛是「最大的」（the Big One），寬恕是去愛的決定，那是對你人格恐懼面的直接挑戰。寬恕的決定就是真實力量的創造。因此，寬恕是一個具備真實力量之人格的一部分。你可以說，寬恕是一種再平衡。如果謙虛的體驗中有過失，如果清明之中有過失，那麼寬恕能消除那個過失。它能消除謙虛裡的缺口，它能消除清明裡的缺口，重新建立起兩者。寬恕讓你回歸愛的和諧、健全、滿足，以及創造性體驗。

愛是地球學校裡和宇宙達成一致之人的最自然狀態。宇宙是活的、有智慧的、有意識的。宇宙是慈愛的。沒有一件事的發生是缺乏有意識之利益的。誰的意識？宇宙的意識。那個即是宇宙的意識。宇宙、意識、生命與愛之間沒有區別。愛就是進入這樣的一致性當中。

這樣的一致性並非像在路上開車，必須注意路面，好讓車輛保持在車道上的情況。愛是一座海洋。海上的旅者不需要擔心會跑出海洋外，像車子駕駛人必須擔心偏離車道的情況。潮溼就是海洋的本質。有海洋的地方，就是潮溼的。現在，想像海洋就是宇宙，而潮溼就是愛。宇宙和愛是無法分開的。因此，愛是一個擁有真實力量之人格的特徵。

愛是真實力量的終點與起點，是真實力量的創造與真實力量的體驗。愛是人格的誕生，也是靈魂返回非物質界的回歸。愛是一個劊子手的殘酷，愛也是被處死者的驚懼。愛是無法被滿足的貪婪，驅策著許多人投入無止盡的競爭與剝削行為。所有這一切都是愛。沒有什麼不是愛。

你的覺察是愛。你可以引導你的覺察，你引導覺察的能力是愛。愛沒有終點。愛也沒有起點。沒有可以從愛離開的出口，也沒有進入愛的入口。說愛是一個擁有真實力量之人的特徵，意思是擁有真實力量之人覺察到他自己和愛沒有差別，然而在這件事上，語言是失敗的，其實沒有「他自己」，唯有本是的存在。

那就是愛。

新意識

寬恕是去挑戰你人格的一個恐懼面向，並選擇以愛回應該面向在你內心創造的體驗。你人格該面向的體驗是個幻相。寬恕與他人毫無關係。寬恕是你內在的一種能量動力。它影響的是你。當你寬恕，你便挑戰了自己批判他人的一個人格恐懼面。

誘惑

在愛與恐懼之間做選擇就稱為誘惑。

五官人誤解了誘惑，他們以為這個邀請是來自外在的、負面的、邪惡的來源。他們所謂的「邪惡」，指的純粹是破壞性、惡意的東西。多官人對此有不同的理解，因為這份理解根據的是他們對自己、世界和宇宙的不同知覺。多官人將誘惑理解為一個機會，讓他們能在一己人格的某個恐懼面落實其計畫之前，先看見那些計畫。

那些計畫永遠都是追求外在力量的方式，因為沒有其他意圖對人格恐懼面同等重要。這個理解上的巨大差異，導致人們在面對誘惑所採取的行為也呈現出同樣巨大的差異。一個五官人會將這個經驗詮釋為受到一個惡意的外在事物吸引或操弄，多官人則將它詮釋為一個詳細探索人格恐懼面的機會，如此才能挑戰並改變這個面向。

這個所謂「誘惑」的起源，若從五官知覺來看，會將責任推給外在於個人的某個事物上，某個希望對此人造成傷害的事物。但若從多官知覺來看，這個所謂「誘惑」的起源，責任落在個人自己的人格恐懼面，這表示若要對此負起責任，所採取的行動並非改變世界或為了捍衛自己而與世界對抗，而是去探索製造出這些體驗的人格恐懼面。

創造真實力量就是成為你自己生命的權威。一個多官人必須選擇對誘惑做出慣性反應——懷著恐懼並緊縮、捍衛自己對抗外在敵人；或是選擇以愛和信任做出適當回應——探索這個誘惑，這個人格恐懼面企圖落實的計畫，然後看看最可能出現什麼樣的結果。

換言之，從五官知覺的觀點來看，誘惑是件負面的事，而從多官知覺的觀點來看，誘惑是件正面的事。從五官知覺的觀點來看，誘惑是個危險，而從多官知覺的觀點來看，誘惑是份禮物，而且是一個讓你培養慈悲心與清明的機會，也就是獲得靈性成長、創造真實力量的機會。

你可以將誘惑看成一個負面業力事件的彩排。彩排是一齣戲劇製作準備公開演出前的最後一個步驟。這種處境和誘惑的狀況一樣。誘惑相應於彩排，它是人格恐懼面落實計畫前的最後一個階段。這是一個檢視該階段製作成果的機會。在那個時間點，該戲劇只有那些需要看的人看過，而在誘惑的例子裡，那個人就是你。一旦這齣戲公開演出，可以這麼說，劇院就會敞開大門，觀眾蜂擁而至，這齣戲就會走進這個世界。它會前往你自身體驗與能量領域之外的地方，進入他人的體驗與能量領域裡。那就是業力被創造出來的時刻。

因此，透過關注這場彩排，欣賞種種細節，你便能避免伴隨它而來的痛苦後果，這意味著你將能夠以一個出於愛的決定，而非出於恐懼的決定來塑造你的生命。誘惑並非僅僅是吸引了你的人格恐懼面，更是該恐懼面的傑作，可以這麼說。

舉個例子，假設人格的一個恐懼面想要和另一個人發生性關係。讓這個情況更寫實一點好了，假設對方已婚，或對方與另一個人處於靈性伴侶關係中，而他們雙方都同意，與其他人的性互動對其伴侶關係是不恰當的。人格恐懼面會提供這場互動是什麼樣子的畫面，或可能會是什麼感覺，或會多麼具有吸引力，或對方會多麼迷人，再加上一些錯覺、幻想，賦予這些互動誇大而不切實際的意義，例如代表真心的結合，或只是代表滿足成癮的渴望而無任何連結。

無論你的人格恐懼面計畫做些什麼，它都會在誘惑中將該計畫呈現給你，而那誘惑會非常吸引人。它會是個完整的、預先計畫好的故事，具備了為何應該發生的種種理由，還具備每個大大小小行為的合理化辯詞。

再舉另一個例子：例如想要從雇主那裡偷東西的慾望。說得更明確一些，假設這個員工是一名擁有銀行帳號存取權的會計。在這個例子裡，人格恐懼面會提供一部影片，可以這麼說，只是這部影片不止傳達聲音與對話，還有感覺，還有觸覺。它會顯示錢如何被偷、整場操作如何進行、如何掩飾，竊取者，也就是貪污者的獲利會有多少、這筆貪污款項能為貪污者帶來什麼好處，以及貪污款項會帶來多大的滿足與快樂。或許能解決貪污者欠下的債務，或許能為貪污者買些什麼他認為對追求外在力量很重要的東西。

這一切都會顯現在誘惑裡。誘惑並不是某個外在於你的惡魔的傑作。誘惑是你人格恐懼面的創作。

新意識

你可以將誘惑看成一個負面業力事件的彩排。誘惑相應於彩排，它是人格恐懼面落實計畫前的最後一個階段。透過關注這場彩排，欣賞它的種種細節，你便能避免伴隨它而來的痛苦後果，這意味著你將能夠以一個出於愛的決定，而非出於恐懼的決定來塑造你的生命。

誘惑帶來的禮物

有些多官人尚未了解到，當自己第一次能夠認出自己是人格也是靈魂，認出靈魂的意圖即和諧、合作、分享、對生命懷抱敬意，並認出製造出其對立面的人格恐懼面意圖，因而認知到自己有責任在愛與恐懼之間，在人格的建設性面向和破壞面向之間做出選擇時，會是個多麼震撼與意義重大的事。

隨著多官知覺在五官人身上逐漸顯露，他們開始發現追求外在力量與生活中的一切空虛、無意義與痛苦狀態有所關聯。而當痛苦情緒變得越來越強烈且難以承受時，他們終將確立這樣的關聯。因此，對多官人而言，能擁有一個方法去探索他們即將擁有的內在體驗會非常有幫助——包括體驗到靈魂是真實存在的，體驗到自己是不免一死的人格，也是不死的存在，以及體驗到擁有力量即是讓自己不免一死的面向與不死的面向達成一致。

誘惑有助於這個過程的進行。大多數人會從嚴重違背道德的角度來看待誘惑，例如偷竊、通姦或謀殺等。多官人則是會在每一次人格恐懼面被激發時看見誘惑，換言之，也就是每一次暴力、疏離的情緒，以及評斷、比較的念頭進入人格的覺察之中時。當多官知覺在他們身上出現，對他們人格中不同面向的覺察也會同時出現。

一個人格恐懼面的每一種體驗，在能量上都等同於一種誘惑。它源自恐懼，例如想要對的慾望、掌控的需要、取悅的需要、優越與自認有應得權益的感覺、自卑感等等。當你對一個人生氣，你的憤怒不只是因為想到你不喜歡對方的地方如此單純。那是一種**能量動力**，而且是痛苦的那種，你能藉由將注意力放在自己的能量處理中心而體驗到它。這就是情緒覺察。當你將自己的覺察力放在能量處理中心時，會感受到痛苦或愉悅的身體感覺。這些不僅僅是念頭而已。

一旦你領悟到人格恐懼面的每一種體驗都是誘惑，就會認知到誘惑的**動力**對靈性成長是多麼不可或缺。誘惑是一塊磁鐵，能從你的意識中吸引出負面能量，將它放在你的覺察螢幕上，讓你看清楚。

《新約聖經》裡有一個很明顯的矛盾之處困惑了許多人，包括基督徒。一方面，它將邪惡呈現為外在的、惡意的，也將誘惑呈現為該邪惡的工具。因此基督教最有名的禱詞（〈主禱文〉）懇求基督教的神保護基督徒不受誘惑，明確來說就是保護他們遠離邪惡，再更明確地說，就是不允許他們受到誘惑。而另一方面，《新約聖經》也指示人們不要抗拒邪惡。這些矛盾是五官人無法調和的，他們的智力只能將它理解為矛盾。

從多官知覺的角度來看，這其中並無矛盾。邪惡只是光的缺席，是愛的缺席。「抗拒邪惡」是一種將它置於自身之外的取向。不抗拒邪惡就是一份邀請，邀請你去探索這種缺席，而非對它採取行動。換言之，這個指示並非邀請一個人對誘惑採取行動，而是去探索它做為自身人格恐懼面的本質。

誘惑在邀請你，不要抗拒體驗你的人格恐懼面在你的能量處理中心創造出來的身體痛苦——去體驗你身體上的感覺。這是一份邀請，請你不要抗拒自身人格恐懼面的念頭，而是去覺察它們。這是一份邀請，請你清楚觀察自己內在這一切，如此才能挑戰自身人格的恐懼面，並了解自己正在挑戰的是什麼。一旦你能認清誘惑只是人格恐懼面的產物，前方的路就會豁然開朗——當你培養出情緒覺察能力並練習做出負責任的選擇時，你便能很快認清這一點。這個過程是在挑戰恐懼，培養愛。

你和外在世界並非處於交戰狀態。外在世界是地球學校的一部分，而地球學校是為了你的靈性發展而存在的。你和邪惡並非處於交戰狀態，並沒有一種叫做邪惡的東西，有的只是你的無知，你對自身的**內在動力**缺乏覺察。誘惑會將你大力推向那份覺察，接著，就是你如何使用那份覺察的問題了。那就是負責任的選擇開始介入之處了。

誘惑是在地球學校裡學習的一部分，地球學校是個二元對立的領域，而二元對立需要選擇。地球學校裡的基本選擇是在愛與恐懼之間做選擇，而在誘惑的案例中，這樣的選擇會被凸顯。決定對誘惑採取行動不會遭致懲罰，只會創造出後果，那些後果會帶來破壞性的、痛苦的體驗。選擇不對誘惑採取行動也不會有獎賞，因為轉而從人格慈愛面來行動也只會創造出後果，那些後果會帶來建設性且極其喜樂的體驗。只有在看待體驗時納入了賞罰論，才會從賞與罰的觀點來看待事情，而那樣的觀點是恐懼的觀點。

宇宙不會給予懲罰，也不會給予獎賞，宇宙支持你的靈性發展。你的靈性發展是你轉生至地球學校的目的。當你做出讓自己的人格與靈魂達成一致的選擇，你便會更全然地邁向健康、邁向意識，更徹底地邁向愛。這些都是誘惑帶來的禮物。它們是送給你的。

新意識

你和外在世界並非處於交戰狀態。外在世界是地球學校的一部分，而地球學校是為了你的靈性發展而存在的。你和邪惡並非處於交戰狀態，並沒有一種叫做邪惡的東西，有的只是你的無知，你自己對自身內在動力的缺乏覺察。誘惑會將你大力推向那份覺察。

無形的動態系統

無形的動態系統（nonphysical dynamics）能支持你獲得靈性成長（創造真實力量）。換言之，它們能支持你選擇愛。即使你不認得它們，它們也會支持你，而如果你認得它們，它們甚至會支持你忘掉它們。你永遠可以依靠它們。

宇宙的吸引力法則

宇宙的吸引力法則會將和你具有相同能量的人帶進你的生命。

有一次我在舊金山電報山（Telegrah Hill）地區的北灘（North Beach），一間我最喜歡的咖啡店裡坐了幾小時。我每天都會和朋友在那裡碰面、聊天。義式濃縮咖啡和卡布奇諾的甜美香氣讓我全身都暖和起來，我愛極了。我們大多聊物理學、哲學，其他人和我們自己。我是個知識份子，態度傲慢（恐懼）而且帶著優越感（恐懼）談論我們聊到的人，而且通常是在貶損他們。我們會一起開懷大笑，自得其樂。如果我當時知道如何從我的體驗後退一步，看清楚這個體驗，我就會注意到我所有的朋友也都是知識份子、態度傲慢，而且帶著優越感。他們肆無忌憚地嘲笑他人、他人的理論、他人的做事方式。我們每天都在咖啡店大放厥詞，引人注意，我們是貴族——但只有對自己而言是如此。

我們周圍的其他人一邊啜飲著咖啡一邊談笑，或針對一些嚴肅議題進行嚴肅對話，或閱讀。現在我知道其他人當中有許多是充滿愛並關懷他人的。他們當時對我而言只是隱形人。我們小團體裡的人關心的是我們自己，我們只會和自己，以及其他和我們相像的人產生連結。當時我正體驗著吸引力法則，而自己絲毫不曾覺察。

宇宙的吸引力法則不會問你想要體驗什麼樣的能量。它會將你**正在體驗**的能量顯示予你。

有對年輕夫妻造訪佛蒙特州的一座小鎮。他們詢問一位坐在門廊搖椅上的老人：「這裡的人都是什麼樣子？」他反問他們：「你住的地方，人們都是什麼樣子？」這對夫妻回答：「他們不關心其他人。」於是老人告訴他們：「這裡的人也是這樣。」隔了一個星期，又有另一對來訪的夫妻問了老人同樣的問題：「這裡的人都是什麼樣子？」他反問他們：「你住的地方，人們都是什麼樣子？」這對夫妻回答：「他們親切又友善。」老人說：「這裡的人也差不多是這樣。」他了解宇宙的吸引力法則。

這個世界總是在證實你的信念——它會反映你的能量。如果你相信世界是慈愛的，一個慈愛的世界就會包圍你。如果你相信世界是殘酷的，一個殘酷的世界就會包圍你。五官人會想：「我若看見了就會相信。」而多官人知道：「我若相信就會看見。」

宇宙的因果法則

宇宙因果法則是一個訊息傳遞系統，會傳遞你所發送的訊息。你的訊息永遠會在正確的時間與地點送達，即使接收者搬家了，也會在正確的時間與地點送達。即使接收者過世了，也會在正確的時間與地點送達！每一次你帶著一個意圖採取行動時，你就是在發送出一個訊息。由於你總是在行動，由於你的每一個行動都有意圖，所以你總是在發送訊息。你所有的訊息都寫著一個地址：「退回寄件人。」

換個方式說好了，當你採取的行動激發另一個人產生某種體驗，宇宙的因果律也會發送給**你**相同的體驗。舉例而言，如果你背叛了你的未婚妻或未婚夫，那麼宇宙因果法則也會送給你和對方同樣的體驗。你會體驗到同樣的驚訝、困惑與痛苦。在另一個時間與地點，你的未婚妻或未婚夫也可能會背叛你，但這不一定。你軍中的排長可能在戰鬥中拋棄你，或一個朋友可能盜用你的錢。當你的訊息送達時，你可能無法認出外面的包裝，但是你一打開它，就能立刻認出它。你遭到背叛了。

你可能在昨天、十年前，或四個世紀前送出你的訊息。如果你帶著愛送出訊息，那麼它抵達時會帶來美好感受，而如果你帶著恐懼送出訊息，那麼它抵達時會帶來傷害。儘管相信它。宇宙的因果法則完美無瑕地運作著。將你發送的每一個訊息都想成是你的一場私人溝通，透過雷射引導的迴力鏢傳送給你自己，可以這麼說。

換言之，**你的一切體驗都是業力上的必然**。當你看見這一點，你會開始注意自己發送的訊息，接收到訊息時，也不會再怪罪或感謝他人。宇宙因果法則是宇宙這位非人導師對於責任的教導。

宇宙因果法則不會評斷你的訊息。它也不會讀取你的訊息，不會討論你的訊息。它只是傳遞訊息。

新意識

宇宙的吸引力法則不會問你想要體驗什麼樣的能量。它會將你正在體驗的能量顯示予你。

你的一切體驗都是業力上的必然。當你看見這一點，你會開始注意自己發送的訊息，接收到訊息時，也不會再怪罪或感謝他人。

宇宙的因果法則如何運作

業果（業力結果）的體驗是你的一個意圖與行為在他人身上所激發的情緒體驗。那個體驗可能會以鏡像反映的方式來到你身上。換句話說，你們扮演的角色可能相同但卻對調。例如你曾是個雇主，而你曾用現在雇主對待你的方式來對待某個員工。那些同樣的靈魂會參與其中。這種情況並不常見。重要的核心概念是，背後由某個行為與意圖所支撐的體驗在另一個人身上被激發，而現在回到了你身上，好讓你也能體驗來自另一個觀點，亦即相反觀點的同樣能量。

當你在創造真實力量時，你會變得有能力藉由情緒覺察辨識出痛苦的體驗。那些體驗是你的人格恐懼面活躍時所創造的。這些體驗可能看似不同於你或你靈魂的另一個人格對他人所採取的、在他人內在激發出類似或同樣恐懼面的行動與意圖。

換言之，做出反應的你的人格恐懼面，是針對它們自己或你靈魂的另一個人格對他人的體驗做出反應。舉例而言，你遭到一個朋友的背叛。你以為他很關心你，但其實沒有。你以為他是在支持你，但他其實在計畫剝削你。現在事情真相大白了。當你體驗到這件事並挑戰一己人格恐懼面做出的反應時，你會開始擺脫這些恐懼面的控制。當你擺脫這些控制，就會進入愛之中。當你進入愛，就能改變你的業力。你能改變自己以意圖和行動創造出來的後果。

重要的不是在你和朋友間的經驗找出是什麼樣的能量交換造成的。需要關注的是那股**能量**本身，而那股能量就是恐懼。當你持續帶著恐懼的意圖與他人互動，例如剝削他人、證明自己是對的、掌控他人、從他們身上獲得什麼，那麼你就會持續為自己創造出痛苦的後果。若你能在人格恐懼面活躍時去挑戰它們，以人格慈愛面的意圖取而代之，你就能改變那一刻的能量交換——意思是你必須在人格恐懼面活躍時，選擇從人格慈愛面來採取行動。當你選擇愛的意圖並盡一己之力從愛來採取行動，而非懷著恐懼做出反應的那一刻，你就是在讓自己擺脫那個做出反應之人格面向的控制，也就是當你遇上時，會為你製造出痛苦後果的面向。

重點是當你選擇一個意圖注入你的行動或話語時，會創造出什麼樣的能量，當你選擇的意圖是恐懼，就會激發出他人的恐懼面向。這會在對方內在製造出反應。它在另一個人身上所創造的反應，就是啟動這場業力交換的你，會在你的生命中或你靈魂另一個人格的生命中經歷到的體驗。當你改變自己與他人互動的能量，你就改變了整個動態，或者說整個動態其實從過去到現在都不過是如其所是，只是因為你將意圖從恐懼轉變成愛，意圖在你身上創造的體驗，便出現了根本上的改變！

當你選擇從自己所能接觸到的人格最健康面向來回應，而不是從人格恐懼面來反應，你便為自己創造出不同的業。換句話說，你內在的每一種痛苦情緒體驗，都是你或你靈魂的另一個人格在過去與他人互動時抱持恐懼意圖的結果。以愛回應那份經驗，而非以恐懼對它做出反應，能在你內在創造出愉悅的情緒體驗，並防止你創造出更多痛苦的結果。

當你創造真實力量並讓人格與靈魂達成一致的時候，你就進入了一個地球學校的全新體驗階段。你即將迎來的這個旅程階段，也是地球學校所有人正在進行或即將經歷的旅程階段，就是學習如何帶著一個充滿力量的心靈在地球學校活動，卻不執著於結果。這表示你在做所有事情時都能擁有一顆清明的心卻不執著。執著的心一旦介入，痛苦就介入了，那和提及恐懼介入是一樣的。「一個充滿力量的心靈，卻不執著於結果」，這樣的說法其實是多餘的，因為一個充滿力量的心靈從來就不會執著。但是說出這些字眼是有幫助的，因為這能凸顯出讓你易於辨認與了解的重要元素，那就是：心靈能量，亦即愛，以及阻止心靈能量的東西，亦即恐懼。

從一個充滿力量的心靈出發，你可以說：「這不適當，」「我們馬上停止吧，」「我們開始吧，」或者「讓我們試試看，」這些都是在不執著於結果的情況下，以愛做選擇的時候可以採取的選項。愛的選擇並非為了某個人或其他人而做，儘管愛不知何謂區別。這個選擇是為了挑戰你人格的恐懼面而做。

無論他人做什麼或不做什麼，都無法介入這個選擇。那是你在自己內在發現或再次認出的內在動力，你帶著完全超越它的意圖去挑戰。他人只是在為你服務，可以這麼說。地球學校的每一個人在和你互動的時候，其實都是在為你服務。他們激發了你人格的恐懼面或慈愛面，好讓你能區別它們並創造真實力量。

愛的回應永遠是「謝謝」。

新意識

當你選擇從自己所能接觸到的人格最健康面向來回應，而不是從人格恐懼面來反應，你便為自己創造出不同的業。換句話說，你內在的每一種痛苦情緒體驗，都是你或你靈魂的另一個人格在過去與他人互動時抱持恐懼意圖的結果。

無形導師

對一些多官人而言，要了解無形的導師很容易，因為他們第一次接觸的經驗是明確的。他們知道發生什麼事，也能感受到事件的價值。不是所有成為多官人的人都擁有這樣的經驗，或那樣認識無形導師的機會。無論你的體驗是什麼或將會是什麼，無形導師都能恰當地協助你。

人類意識從五官蛻變為多官的過程，包括了對無形導師的覺察與接觸，以及來自他們的支持。

一位無形導師是一種非個人的能量動力。有時候我們會試圖藉由為他們命名，例如麥可或基迪恩（我編的），但他們其實並不是那些。他們存在地球學校裡，但不屬於它，如同父母存在孩子的經驗裡，但不屬於它。父母的觀點和孩子的不同。他們能看見更多，也知道更多。他們的意識和經驗是孩子無法理解的。無形導師們永遠與你同在，知道你的一切，並在靈性成長之路上支持著你。

有一些方式能讓你嘗試體驗無形導師的存在。第一步是去了解他們確實存在，而且一直存在著。五官人擁有過無形導師，但因為自身經驗的限制而未能察覺到他們。現在人類已經逐漸擁有多官知覺，所有人都能逐漸覺察到無形導師的存在。如同其他多官知覺，這些體驗是全新的。你每次提醒自己他們是真實的時候，便是邀請一份對無形導師更深刻的理解來到你身上，那意味著提醒自己我們的新創世故事，而且你參與其中。

接觸無形導師最簡單的方式就是在自己說話或行動前問自己一個問題：「我的意圖是什麼？」尤其是當自己不確定意圖為何的時候。你不會等不到答案的。答案可能會立刻出現，幾天後出現，或在該出現的時候出現，要有耐心。要了解，當你請求無形導師指引的那一刻，答案就湧入了。你可能需要放鬆一些才能接收到答案。你可能需要在大自然裡走走，或出去辦個事，只要不是在讓自己轉移注意力就好。答案可能會以一個洞見或新的想法來到你身上，可能會伴隨一種興奮感。你可能會聽到一些話語。或許一份記憶會浮現在你的覺知裡，或是一首歌、一個事件。讓那首歌、那個記憶、事件或話語的意義顯現予你。

這也是一個與直覺搭上線的過程，因為直覺就是無形世界的聲音，就形而上而言，無形體的世界就是無形導師的家園。當你越來越能夠覺察到你無形導師存在的現實，你就可以開始詢問無形導師越來越多的問題，特別是當你感到迷惘的時候，意思是當人格恐懼面活躍的時候。當你能夠平靜下來，當你挑戰自己的人格恐懼面時，你會發現自己更容易接觸到直覺，接觸到無形導師。

如同我們討論過的，無形導師在你生活中支持著你的靈性發展。他們會回答你的問題，但你必須對他們提出問題。要意識到你提出什麼問題。對你來說是很重要的問題嗎？你會如何運用與無形導師同在的時間呢？無形導師會回答你所有的問題。他們不會失去耐心，可以這麼說。

當你出現一個洞見，或覺得有個念頭或記憶，或有一首歌激發了你的某種理解，可以假設那份理解就是來自無形導師，請讓自己更深入這份連結。無形導師不會告訴你該怎麼做，但會提供你洞見，或顯示一些你或許沒想到的可能性。你必須決定是否要接受或嘗試這個你覺得是無形導師與你分享的洞見。如果你覺得自己收到指示去做這個或做那個，務必要知道，你並**不是**在與無形導師溝通，而是接觸了你的人格恐懼面，這就是情緒覺察與負責任的選擇該介入的時機了。隨著你投入這個過程，你會變得越來越自在，事實上，會越來越有自信。

不要擔心你會對無形導師產生依賴，享受這種依賴吧，開開心心地依賴，因為這是在依賴宇宙。依賴宇宙有什麼錯呢？可以對無形導師嘗試不同做法，他們是你莫大喜悅的來源，因為他們能幫助你超越恐懼、培養愛。

與無形導師一同創造的人，一直都置身在我們之間。每一個偉大的宗教都宣稱他們之中有一個或幾個是屬於他們宗教的無形導師。五官人無法覺察到無形導師，多官人正在逐漸覺察到他們。換言之，現在與無形導師互動，已經逐漸成為一個遍及整個物種的現象。

這與我們的新創世故事是不可分的。

新意識

當你請求無形導師指引的那一刻，答案就湧入了。你可能需要放鬆一些才能接收到答案。你可能需要在大自然裡走走，或出去辦個事，只要不是在讓自己轉移注意力就好。答案可能會以一個洞見或新的想法來到你身上，可能會伴隨一種興奮感。

境隨心轉

「心隨境轉」（as without, so within）對五官人而言似乎是世界自然的秩序。他們以世界的體驗為主，意識的體驗是次要的。也就是說，他們相信世界能決定他們的意識，因為他們努力改變世界，想藉此改變自己的意識。他們追求的是外在力量。而與此相反的「境隨心轉」(as within, so without)，是多官人世界的自然秩序。他們以意識的體驗為主，世界的體驗是次要的。意思是他們相信意識能決定世界，因此，他們會改變自己的意識，藉此改變世界。他們會創造真實力量。

換句話說，對世界的五官知覺體驗教導五官人關於**這個世界**的一切，例如山是高的、雨水是溼的，真空中的光速是每秒一八萬六千二百八十二英里。對世界的多官知覺體驗教導了多官人關於**他們自己**的一切，其中就包括我們的覺察與這個世界的關係。

這種知見上的戲劇性變化，劇烈地改變了人類對於自己與世界之關係的理解方式。五官人認為改變自己和改變世界是截然不同的兩件事，多官人則將這兩者視為相同。

改變你的意識不會改變地球，地球是個存在於我們內、外的活的存在體。我們如果無法覺察到自己與世界的關係，便無法從世界認識自己。而當我們對這份關係變得覺察，世界就會將我們自己一直不曾看見的人格面向顯示予我們。舉例來說，這份覺察會將我們自己不想看見的人格面向顯示給我們，那些是我們覺得太羞恥或太痛苦，以致不敢承認的部分。在我們開始覺察到自己內在的那些面向之前，我們會在他人身上看見這些面向！這稱為投射。

想像你遇到一個人品不正的人，或一個好色成性的人。如果你覺察到自己人品不正或好色成性的面向，然後去挑戰它們，你將能夠更正確地看待他們，知道他們是受到自身人格裡人品不正或好色成性的面向所控制。而如果你對自身這些恐懼面向不知不覺，或沒有去挑戰它們，或你覺得無法充分挑戰或根本辦不到，那麼你會試圖在你**自己之外**的地方，也就是在那些顯露出同樣恐懼面向的人身上挑戰它們。

情緒覺察的力量就是能夠辨認出自己的人格恐懼面，並在它們活躍時辨認出來，而活化它們的就是投射。換言之，那個需要療癒的，是你的內在。當投射過程在作用，表面上顯得需要糾正或挑戰的，會在你之外顯現。這就是內在與外在之間最密切、最強力的關係，這是根本的。這就是能夠讓情緒覺察幫助你獲得靈性成長的東西。

情緒覺察是一種區別你人格恐懼面與慈愛面的能力。你的人格恐懼面是那些強力影響你的，因為它們是痛苦的、強迫性的或令人上癮的。每當慣性反應存在（投射），就永遠會有人會藉由對外在世界採取行動來停止痛苦情緒或減輕痛苦情緒，卻徒勞無功。

以藥物、酒精或事物的上癮這種事為例。當痛苦情緒來襲（人格的一個恐懼面被激發），你不向內在看，反而將注意力導向外在，尋找各種方式來停止痛苦，例如採取某種修補手段，或喝酒、性、再吃一餐或再吃一份甜點等。從外在尋找的東西，是一種虛幻的療癒，因為需要療癒的是內在，意思是要挑戰它，超越它的控制。

透過投射作用與慣性反應來學習，也會在大型群眾之間集體發生，例如國家或國際群體。舉例而言，在一個外在力量強大的國家，人們若看見其總統或總理不正直，缺乏覺察力，行事製造出影響深遠的傷害，例如加速氣候變遷或引發核子戰爭，他們會在世上努力防止這些行為，卻沒有認知到這些行為所代表的意義是什麼——是他們自己人格裡不正直、持續處於戰爭狀態或持續發出毀滅威脅的恐懼面向。

若他們能認知到這件事，就能夠挑戰這些人所負責的活動或政策，而不會把這些人視為惡棍，也就是不會將自己的力量交出去，如同甘地對英國政府所採取的行動，或金恩博士面對白人至上主義者的做法。若能如此，他們就能成為真正發揮效力的行動主義者，便不會再從嘲笑、鄙視、貶低他人等手段尋求掩護，或將自己對人格恐懼面的嫌惡發洩在他人身上，這些都是毫無益處的。

反之，他們能檢視自己內在，看看自己所蔑視、拒絕並覺得嫌惡的東西是什麼，然後在內在挑戰這些蔑視、嫌惡與拒絕的體驗。當他們能超越這些受到他們在世上所見而激發出來的人格面向之控制，就能立定改變世界的意圖，但不是為了讓自己感覺更好，也不是為了將別人變成惡棍，而是以一個充滿力量的心靈為世界做出貢獻，但不執著於結果。

這份投射與反應的動力會持續在我們身上作用，直到我們在自己身上發現讓自己做出反應的東西、直到我們了解到自己是在將**自己**的一些面向推得越來越遠。於是我們的心會軟化，對那些排拒我們的人打開，因為我們可以從他們身上認出自己內在也有的部分，那是我們之前看不見的，然後會感謝他們將這些面向顯示予我們。

每一次見到世界與我們所做選擇的關聯，世界就會教導我們認識自己。例如，我們看見颶風越來越兇猛、乾旱越來越嚴酷、野火季更長了、大火一發不可收收。我們看見北極冰雪消失，冰川融化、島嶼沉入海底、沿海城市洪災頻繁。我們看見經水力壓裂[9]的有毒含水層、殺蟲劑、滅鼠劑、殺菌劑等讓我們生病。我們看見海洋裡充斥著塑膠微粒、農產歉收、飢荒蔓延、地球學校的學生挨餓死去——而領悟到是我們創造了這一切。若不是我們所做的選擇，這些都不會發生，也不可能發生。這是集體的學習。

當我們檢視這一切，看見宇宙的因果法則將我們的選擇對他人生命造成的影響，帶進我們的生命經驗中，也看見除非我們改變選擇，否則體驗不會改變。這是個人的學習。在集體層面上見到這些相同的事，便是集體學習。

當越來越多的飛彈被製造用於對抗、更多炸彈投擲出去、更多屍體在殘破的瓦礫堆中腐爛、更多水龍頭流出來的水必須噴進火場，數百萬的多官人對自己宣告：「我不再協力促成這些刻畫人類經驗的殘酷事件。」

這個世界處處反映出我們，好讓我們能在內在培養愛、挑戰內在的恐懼，並給出我們生來注定要給予的禮物。過去我們怎麼會看不見自己與世界的這份關係？現在我們又怎麼能視而不見呢？世界和你之間的界限在哪裡？

你和世界之間的界限在哪裡？

新意識

每一次我們見到世界與我們所做選擇的關聯，世界就會教導我們認識自己。我們看見海洋裡充斥著塑膠微粒、農產歉收、飢荒蔓延、地球學校的學生挨餓死去——而我們領悟到是我們創造了這一切。若不是我們所做的選擇，這些都不會發生，也不可能發生。這是集體的學習。

9 譯註：水力壓裂技術（fracking）為廣泛應用於開採頁岩油與頁岩氣的技術，所使用的化學物質會污染水源。

下行上效

「心隨境轉」是一種陳腐的概念，一如將力量理解為操弄與控制能力。這兩者是並行的，它們都是舊意識的一部分，那樣的意識正在垂死中。「上行下效」（as above, so below）這句話也屬於同一個令人誤解的類別。當人類仍依賴五官知覺時，這句話是正確的，而其中沒有明說、未經合理推論也未被承認的假設，就是外在世界能決定個人的意識。那也是一個舊意識的陳腐概念。

從新意識的觀點來看，多官知覺的觀點，也就是相反觀點，才是你現在正在運作的現實。那個現實狀態就是「下行上效」（as below, so above）。那是什麼意思？意思是你身為地球學校的個體，是微觀個體，而宏觀總體是人類的集體經驗。然而，是微觀個體在決定宏觀總體。那是五官知覺的觀點無法辨別的，也是智力無法理解的。

你是包含了愛與恐懼的微觀個體，而宏觀總體也是一個包含了愛與恐懼的容器，可以這麼說。從五官知覺的角度來看，微觀個體與宏觀總體總是被一道牆分隔開來，那個屏障就是「裡面」和「外面」的區別。那就是現在正在消融中的屏障，因為世上那些你想要改變的愛與恐懼，與你內在的愛與恐懼是一樣的。現在，你已經有能力，也有力量去改變內在的愛與恐懼。那就是真實力量。

分辨你內在愛與恐懼的能力、藉由選擇從人格慈愛面來行動以挑戰恐懼，而非從人格恐懼面做出反應、在你領悟到愛源自於人格慈愛面時去培養愛——這些都是真實的。恐懼不是真實的。所有這些做法都是在創造真實力量。因此，說微觀個體改變宏觀總體已不再是個正確的說法，因為微觀個體與宏觀總體之間沒有分別，這就是智力無法理解之處。美洲原住民拉科塔族的智慧宣稱，宇宙的中心遍布一切所在。那是正確的，宇宙的中心就在你之內，它就在我之內。

從宇宙的中心改變宇宙，從舊觀點來看可能會理解為由內而外改變宇宙，如果這種事存在的話。但這種事不存在，一如由外而內改變宇宙這種事不但不存在，也不可能存在，因為你和宇宙並非分開的。你是宇宙的一部分；宇宙是你的一部分。

隨著你邁向多官知覺的領域，你的理解廣度會擴大許多。從這個觀點來看，雖然你無法體驗到宇宙和你的一致性，依然可以偶爾感覺到。那就是當你消失，一切只剩下你所見事物之際。然而你的所見既在你之內，也在你之外。舉例而言，你在日落時見到高山上的晚霞，從大地色系、冰雪色系逐漸轉變為粉紅色，然後開始發光，再變成紫色，接著隨著夜幕籠罩而轉為各種紫色漸層，你佇立在那裡深深為之著迷。你全神貫注融入這樣的美麗景色裡，置身在這份美之中，而這份美也存在你心中。那就是讓你產生敬畏、欣賞感激、圓滿具足與完整感受的事物。

將陳腐的說法「上行下效」與「心隨境轉」反過來成為「下行上效」和「心隨境轉」能提醒你，改變世界的力量就是你所擁有的改變自己的力量。你所擁有的改變自己的力量，就是去除阻止你去愛的障礙，那是你與生俱來的能力，換言之，也就是去除人格恐懼面，那是當你靈魂的某個面貌轉生在地球學校時，靈魂賦予人格的。

改變自己並非一件微不足道的小事，這再重要不過了。那是你生來注定要完成、體驗並運用的蛻變——不是從一個人格的知覺出發，而是從愛的擴大知覺出發。從那樣的擴大知覺來看，愛就是愛——外在、內在沒有區別。當你發展出貢獻愛的能力，當你發展出區分愛與恐懼的能力，並進而發展出培養愛的能力（要做到這點就必須去挑戰恐懼），當你的覺察開始被愛填滿，最終你會變成愛，而且你會認知到，愛就是一切所有，但不是藉由推論，不是藉由總結，也不是藉由假設而得知，而是從你的經驗得知。這些倒推的說法只是一些提醒，你現在在地球上所做的工作，包括挖掘出你的恐懼、一個一個挑戰它們，然後超越它們的控制，是能夠改變世界的。

不要試圖填補智力的線性邏輯缺口，因為沒有什麼能填補。那些缺口無法反映世界的缺口，或屬於心靈之高階邏輯與理解的缺口，只能反映出智力的局限。智力只是一件工具，設計來做一件事：收集、評價、從五官知覺提出建議的資料來協助人格追求外在力量。

放下它吧。利用你的智力學習科技所創造的工具，例如運用五官知覺的研究所發現的生物學知識來讓所有生命獲益。然而，你生來注定要為所有生命做出的貢獻，就是從一個恐懼、無意識的生命蛻變為充滿愛並有意識地貢獻愛的生命。

「下行上效」以及「境隨心轉」的概念並不是在糾正五官知覺的陳腔濫調，而是將它補充完整。因為若不認識「下行上效」，「上行下效」就是不完整的；而若不認識「境隨心轉」，「心隨境轉」也是不完整的。當你創造了真實力量，不只是變得完整而已，你會變成那個完整本身。

耶穌基督以他一己愛的意識之力量，轉變了恐懼的集體意識。這是他的偉大禮物，一份他生來注定要給予的禮物，他的人生就是模範。五官人想到耶穌基督的時候，想到的是在水上行走、變出食物與酒、治癒疾病、讓瞎眼的恢復視力，而且能讓死人復活，變成一個充滿活力、活生生的血肉之軀。而當我想到耶穌基督，我想到的是他那句鏗鏘有力的陳述，清晰篤定，明白無誤，震撼人心——你可以做到所有我做過的事，**甚至更多**。

你相信這句話嗎？你的第一步會是什麼呢？

耶穌基督在人類的五官知覺時代行走在地球上。現在我們正在轉變成多官知覺。我們對自己、世界、宇宙和力量的理解已經不同了。我們的能力不同了。我們進化的方式不同了，需要的是改變「下」與「上」，以及「內（心）」與「外（境）」——也就是我們自己與世界。需要我們藉由一己愛的意識之力量，去轉化恐懼的集體意識。需要我們用每一個愛而非恐懼的選擇、每一個愛而非恐懼的行動、每一句愛而非恐懼的話語，每一個愛而非恐懼的念頭，去做這件事。

甚至更多。

新意識

你身為地球學校的個體，是微觀個體，而宏觀總體是人類的集體經驗。然而，是微觀個體在決定宏觀總體。那是五官知覺的觀點無法辨別的，也是智力無法理解的。

朋友會有期待，而這些經常是潛在的（與無意識的）既定看法，例如心理上的既定看法（要確認我的需要、感覺、決定），物質上的既定看法（協助我建立事業、通過考試、照顧小孩），情緒上的既定看法（讓我覺得自己很可愛、安全、值得）、財務上的既定看法（協助我賺錢、借錢、找工作），以及其他種種。當朋友無法滿足他們的既定看法，也就是當他們無法滿足彼此的期待時，友情便瓦解了。舉個例子，如果有個朋友不再有時間陪你，說你的閒話，說關於你的謊話或對你說謊，你還會將那個人當成朋友嗎？

朋友是盟友。他們會說：「依靠我，然後我也會依靠你，」但是親密不是必要的。朋友通常會共享一些表面的興趣，做一些無實質內容的互動、沒有深度的交流。他們聊的是工作、家庭、度假或缺少度假、計畫、其他人、健康、孩子等主題。他們會努力讓雙方覺得舒服。若無法成功辦到這些，朋友關係或友誼就瓦解了。

換句話說，朋友追求的是外在力量。他們會問：「這其中有什麼是給我的？」如果答案是「沒有」，便不可能建立一段朋友關係。群體也會追求外在力量。他們會問：「這其中有什麼是給我的？」這其中有什麼是給我們工人、專業人士、父母的？有什麼是給我們美國人、歐洲人或日本人的？有什麼是給我們白種人、黃種人、黑種人的？如果答案是「沒有」，那麼就不可能結成一個聯盟。

這些動力對五官人而言是看不見的，但多官人可以看見。五官人無法看見（也不相信）朋友關係與追求外在力量之間的關聯。因此，他們無法看見朋友關係與氣候災難、物種滅絕以及人類生存威脅之間的關聯。

新的意識正在改變這一點。

我們活在一個擁有雙重視野的時代。在舊視野，也就是五官知覺的視野裡，我們必有一死而且是個別獨立的存在。世界是我們苦難與喜樂的來源。我們是渺小的，是受害者，要透過他人尋求圓滿。宇宙是了無生氣的（死的）。我們會依附一些人或憎恨他們，而死亡就是終極災難。

在新視野，也就是多官知覺的視野裡，我們遠不只是身體與頭腦，世界會將我們反映給自己，宇宙是有智慧的、慈悲的。我們是博大的、擁有力量的，但是並未比其他人更博大或更有力量。我們的掙扎奮鬥是有意義的，圓滿是一種選擇。我們創造自己的經驗，而死亡是走過地球學校這趟旅程的完成，是靈魂的返鄉。

這些視野現在是重疊的。有時候，新視野會呼喚我們，就像雲霧裡浮現的一張臉或流水中的樂曲那樣轉瞬即逝，虛無飄渺卻又存在著，溫和地塑造著我們的經驗。有時候，會大膽地帶領我們邁向新的價值觀與新的志向。無論是快是慢，是大膽或溫和，新的視野都為我們顯示了一個正在誕生的世界——一個擁有新的意義、新的理解、新的存在方式的世界。這世界的居民能創造真實力量。

舊視野顯示予我們的是一個追求外在力量、空洞的成功與乏味目標的陳腐世界。

這些是極大的差別。五官人的人際互動是朋友關係，而多官人的人際連結是靈性伴侶關係。靈性伴侶是一種新的原型。**靈性伴侶關係是一種為了靈性成長的目的而存在於平等個體之間的伴侶關係**。為了靈性成長的目的而存在於平等個體之間的關係，對五官人來說著實太過先進了。多官人知道他們擁有靈魂，知道會聚在一起有其原因，而那個原因與靈魂有關。他們會創造真實力量，並幫助彼此創造真實力量。靈性伴侶關係是新意識的一部分。

原型是一種能量動力。婚姻是一種古老的原型，是舊意識的一部分，它創造出能提高生存機率的自然分工。婚姻伴侶並非平等個體，他們不認為自己是平等的。他們不會分享自己人格恐懼面的體驗，例如他人對他們的性吸引力、嫉妒、憤怒、優越感與自卑感等。他們不會「破壞現狀」。「丈夫」（供應者、君主、擁有者）的能量與「妻子」（財產、奴隸）的能量，都是舊意識的一部分。多官人對自己的體驗並非這些。

靈性伴侶關係正在取代每一種五官的關係形式。靈性伴侶關係的動態是全新的，只要靈性伴侶之間能一起獲得靈性成長，就會繼續在一起。他們在關係裡會選擇自己的角色。對於他們最怕會破壞關係的事情，會說出來。[10]

靈性伴侶關係不僅適用於情侶，也適用於鄰居、同學、同事、家人、機構、團隊、公司、社群和國家。個人要在靈性伴侶關係中學習的東西，和團體、社群、國家要在靈性聯盟裡學習的東西是一樣的。

靈性伴侶關係是自願的。唯有在對靈性發展保持開放態度時，這種關係才可能存在。靈性伴侶會問彼此：「如果你認為自己看見了我人格的某個面向，但你認為我沒看見。你認為讓我看見會有幫助，你會告訴我嗎？」他們會刻意說「認為」這樣的字眼，因為他們知道，他們可能會將自己人格裡太痛苦、太羞恥而不敢承認的無意識部分投射在他人身上。

一場海嘯正在席捲人類經驗，將過去所有幫助我們進化的東西一掃而空，還在上面堆滿了我們當下進化所需的東西。消失的是外在力量，來臨的是真實力量。消失的是透過求生存而進化，來臨的是透過靈性成長而進化。消失的是朋友關係。

來臨的是靈性伴侶關係。

新意識

靈性伴侶關係正在取代每一種五官的關係形式。靈性伴侶關係的動態是全新的，只要靈性伴侶之間能一起獲得靈性成長，就會繼續在一起。他們在關係裡會選擇自己的角色。對於他們最怕會破壞關係的事情，會說出來。

10 欲獲得更多關於靈性伴侶關係的資訊，請參考祖卡夫的《靈性伴侶關係》。若想體驗靈性伴侶關係，請在生活中運用「靈性伴侶關係指南」。

對於社群的新知見

五官知覺的社群是由恐懼創造的。最大的五官知覺社群、最小的五官知覺社群，以及所有在中間的五官知覺社群，都是由恐懼創造的。五官人認為社群是集合了一群彼此互相支持、關心與欣賞的人，但那只是硬幣的其中一面，而每個硬幣都有兩面。隨著我們成為多官知覺的人，也會變得有能力看見所謂「社群」這枚硬幣的另一面。

硬幣的另一面是不自在、危險與脆弱。不在社群裡的人威脅著社群，例如，一個白人社群可以為白人成員提供安全、自在與保護，而非白人對這個社群的體驗卻不同，他們會覺得受到威脅，無論白人是否想要讓自己的社群具有威脅性都一樣。非白人的社群能為非白人提供安全、自在與保護，而白人對這個社群的體驗卻不同，他們會覺得受到威脅，無論非白人是否想要自己的社群具有威脅性都一樣。

追求外在力量會無止盡地製造這類問題。這表示恐懼會無止盡地製造各種社群。一些表面上看似將一些五官人團結起來的社群，例如以白人與白人文化、黑人與黑人文化、基督教信仰、佛教信仰、美國公民、中國文化為訴求的社群，其實並**無法**讓他們團結起來，但恐懼卻可以。任何表面上做為社群核心的共同點，例如集合知識分子、藝術家、運動員、學者、父母的社群，並非該社群的核心。每一個社群的核心其實都是對於異己的恐懼。

甚至是專業協會的會員，那些沒有理由對非會員心存恐懼的人，彼此在一起的時候一般來說也會感到比較舒服自在。牙醫跟牙醫在一起，比跟焊接工在一起舒服。水手、滑雪愛好者、學者、軍人、學生等，一般來說跟自己有相同經驗的人在一起時，也會覺得比較舒服自在。社群會出現，然後消失，規模變大或變小，但無論它們存在哪裡，都是因為恐懼而存在。

社群分隔了我們，將我們分開。沒有社群，「別人」無法存在，而沒有「別人」，社群也無法存在。五官人相信社群是圍繞著彼此的相似之處而成立的，多官人則看見社群是圍繞著相異之處而成立的。

當你出於人格恐懼面而發言（而非談論人格恐懼面），或允許他人出於他們的人格恐懼面對你說話（而非和你談論人格恐懼面），你便參與了社群的創造過程。你的人格恐懼面會尋求其他人格恐懼面的同意。他們會尋找那些與他們有共同幻相的人（例如認為黑人是危險的、白人會迫害他人、女同性戀不正常等等）。他們讓你遠離愛，無論你的社群看起來多麼有愛，或你希望它在別人眼中看起來多麼有愛都一樣。

如果你有勇氣的話，可以問問那些不在你社群裡的人（沒有共同幻相的人），是否對你的社群（幻相）感到舒服，或覺得受到威脅。如果他們有勇氣的話，他們會告訴你，你最重視的社群（幻相）是他們的人格恐懼面最不信任、最不喜歡或最痛恨的。

當你認同一群人時，你會參與社群的創建。恐懼就是將你和社群黏合在一起的黏膠，也是將所有社群裡的個體黏合在一起的黏膠。

每一個社群都是一個恐懼的監牢。有些是巨型的監牢，例如屬於白人、黃種人、黑人或棕色人種的社群，即使是最小型的社群，例如針對對偶友誼[11]的社群，仍是監牢。每一種社群經驗，諸如覺得安全、洋洋得意或有優越感，都是恐懼的經驗。

當你看見「社群」這枚硬幣的兩面，便可以用社群來為你顯示你的恐懼，如果你願意找找看的話。仔細觀察那些不在你社群裡的人，問問自己為何他們不加入。

新意識

恐懼會無止盡地製造各種社群。任何表面上做為社群核心的共同點，例如集合知識分子、藝術家、運動員、學者、父母的社群，並非該社群的核心。每一個社群的核心其實都是對於異己的恐懼。

11 譯註：dyadic friendships，指發生在兩個個體間的親密互動。

最大的社群

最大的社群一直以來都存在，也將永遠存在。它不會變得更大，也不會變得更小。我們的人格一出生，就在這個最大的社群裡面，當我們的人格死亡，仍將屬於這個最大的社群。要離開這個最大的社群是不可能的。

最大的社群包括了所有人與萬事萬物。這個最大社群裡的個人，在想法、外觀、說話方式、行為舉止與信念上，都以為他們彼此不同，而且經常會認為彼此南轅北轍。仁慈的靈感泉源德蕾莎修女，以及屠殺百萬人的野蠻人希特勒、史達林、毛澤東，都在這個最大的社群裡。住在豪華頂層公寓裡的人在這個最大的社群裡，睡在街邊人行道上的人也在這個最大的社群裡。探索荒野奇蹟的人與關押在水泥牢房、被殘酷的抓捕並受到以強光施加酷刑的人，以及他們的抓捕者，都同在這個最大的社群裡。

寬恕的人和譴責的人，滋育的人和剝奪的人，奉獻的人和拒絕的人，關心的人和不關心的人——全部都在這個最大的社群裡。

群山、大陸、地球，都在這個最大的社群裡。星辰、星球、隕石、星雲、岩石，都在這個最大的社群裡。整個物質宇宙都在這個最大的社群裡。這個最大的社群還涵蓋了更多事物。有無數的生命和意識領域，與我們的體驗迥然不同的東西，都在這個最大社群裡。

五官人沒有能力從社群的角度構思太空、銀河與星系，包括我們自己的星系。他們的理解仍局限在時間、空間、物質與二元對立的框架裡，而這是他們唯一能夠理解的框架。宇宙間有無數個其他框架，也同在這個最大的社群裡。宇宙中沒有什麼是無意識的。若我們非得要在體驗到意識時才承認它存在，那就好比盲人宣稱沒有「顏色」這種東西存在，或聾人宣稱沒有「聲音」這種東西的存在。偉大的納瓦霍族（Navajo）「美的祈禱文」變成了我們「無知的頌歌」。

我前方的無知。
我後方的無知。
我下方的無知。
我上方的無知。
我的周圍皆無知。[12]

這是從多官知覺看待五官知覺的情況。這是代表黑暗與破壞的「之前」，對比於光明與一體的「之後」。光明是我們對生命和宇宙之意義與目的、智慧與慈悲的第一個瞥見，而一體就是這個最大的社群，這兩者當前都迎面而來，而我們物種即將永遠改變。這個改變，也就是從五官知覺轉變為多官知覺的改變，正在數百萬人身上出現。他們渴望過一個相互扶持的建設性生活，他們也企圖創造這樣的生活。他們走在通往喜悅的旅途上，探索著何謂整體，並表達出全新的意識。

對於其他數百萬人來說，這同樣的改變來得很緩慢，或根本尚未發生。他們緊抓著外在力量，自認優越或執著於自卑感，炫耀一己成就，為勝利歡欣鼓舞，為失敗絕望喪志。他們的生命是一場企圖改變世界的無盡奮鬥，對身外力量的無盡乞求，以求能拯救他們擺脫無知無覺的無意識生活、擺脫內心已麻木的殘酷、擺脫貧窮與壓迫的無法承受之重，以及無可避免的人我差異。無論他們擁有的是多是少，總是惶恐地害怕失去所有，或被別人奪走所有。他們體現並表達出一種垂死的意識。

幾個世代之內，所有人類都會成為多官知覺的人，五官知覺的經驗將會留存在人們的記憶中，做為五官人沒有登上的最重要高峰。

五官人將他們的歷史填滿戰爭與反而用來毀滅自己的傑出科技。他們創作了藝術、音樂、文學，以回應心靈的崇高志向，但在大多數的情況下，他們並未朝著那樣的志向過生活。五官人不太在乎仁慈這件事。仁慈會阻礙他們追求外在力量，也沒有出現在那些知名大學的課程表裡。仁慈在五官人的教育裡是不存在的。五官人用血淚撰寫自己的歷史，雖然其中有高尚、英勇的部分，但仍是用鮮血寫下的歷史。

五官人並非負面的，而是受局限的。在舊意識的領域裡，對於慈悲的瞥見極為虛無飄渺，就

12 譯註：將「無知」以「美」取代，即為原納瓦霍族祈禱文的一部分。

像那些彩色軍旗，高高地飄揚在橫掃五官人歷史那紛至沓來的暴行上空，流轉過數不盡的邪惡殺戮戰場，留下的是戰後的無盡荒蕪，貧乏者占大多數，充裕者寥寥無幾，而如今已走到空虛的盡頭，生氣耗盡，潛能亦未能實現。人間的天堂是五官人最為耀眼的潛能——所有人一起創造足夠的水、住所、食物、安全與舒適給所有人。五官人沒有這麼做，反而將自己的創造力集中用在衝突與征戰。舊意識已經處於瀕死邊緣，它的潛能已經化為塵土。

電力不會讓蠟燭產生的光能變成負面的。蠟燭只是在適當的時機發揮了功能，五官知覺亦是如此。新人類意識的誕生，並不會讓瀕死的人類意識變成負面的，只是變得陳腐，阻礙人類進化。那些已經處於正在崛起的新意識之中的人，並沒有比那些仍受限於舊意識的人或拒絕釋放舊意識的人優越。我們都是地球學校的學生，都遵循著我們轉生前在無形導師的協助下所選擇的潛能路途前進。我們之中又有誰是較優越的，誰是較低劣的呢？

多官人帶著靈魂的意圖創造和諧、合作、分享，並對生命懷抱敬意的時代已經來臨。他們的故事述說著充滿勇氣的言辭、愛的行誼，以及在這個尚未認出靈性為何的世界所達成的靈性成就，還有對這個最大社群的貢獻。他們努力建立一個具有無窮力量與無邊和平的世界。

多官人會利用自己內在與從他人身上看見的不一致、競爭、囤積與剝削行為來挑戰自己內心的恐懼並改變自己，而非利用這些挑戰他人、改變他人。在最大的社群裡沒有他人。這個最大的社群不會、無法也永遠不可能只為「我們」存在而不為「他們」存在。「我們」和「他們」只有在五官知覺社群的框架下才能存在。他們是**因為**五官知覺的社群而存在的。一切過去所是的以及將來所是的，都在這個最大的社群裡。

它就是宇宙人類的社群。

新意識

宇宙間有無數個框架，也同在這個最大的社群裡。宇宙中沒有什麼是無意識的。若我們非得要在體驗到意識時才承認它存在，那就好比盲人宣稱沒有「顏色」這種東西存在，或聾人宣稱沒有「聲音」這種東西的存在。

過渡期

黑暗會在日出的瞬間消失，隱藏的會變得清晰可見。日出不會帶你到其他地方或到遠方，你仍在原來的地方，但是你的覺察卻能容納更多事物了。這就是當前我們從五官知覺過渡到多官知覺所發生的情況。多官知覺以或大或小的形式出現，但無論何時出現，都能擴展你的覺察。你感覺到自己不只是這副身心。你會在「偶然」的情況下，在「隨機」的事件裡瞥見意義與潛能。你的話語和經驗擁有了新的意義，你的生命變得更深刻、更豐富，就像你在觀賞的一部黑白電影逐漸變成了彩色電影。

你會開始看見一些五官知覺無法告訴你的、關於自己和他人的事。你會感覺到生命有個目的，而你渴望找到它。老舊的目標消散了，新的興趣取代了它們。人與情況變得更有趣了。無形的仁善存有變成你生命的一部分。你無法看見它，也無法觸碰到它，卻被它深深吸引。無論如何，這個世界有時就是感覺如此恰到好處。無論何時何地，總是有學習到更多事情的機會，而有時你會記得去尋找這種機會。

這些都是多官知覺，但還有更多。我們覺察到自己不但是人格，也是靈魂——我們覺察到自己的一部分是超越肉體的，那部分能看得比我們更多，而且活在一個更崇高的所在。與我們的靈魂共創、讓他人的靈魂先於我們的進行共創、與無形的智慧和慈悲共創——這些都成為可能。

新的洞見會出現。我們看見過去自己其實可以帶著敬意去追求外在力量，我們其實不需要無緣無故殺戮，為了生存而彼此殘害、折磨、挨餓受凍。我們不需要毀滅其他物種、讓生態系統崩壞、荼毒河流、污染海洋才能進化。我們會看見，追求外在力量如今只能製造出暴力與破壞。一份領悟撼動了我們底下的基礎：讓我們有能力生存、進化的那些事情，現在反過來在阻撓我們！我們的良藥已經變成毒藥。那無可想像的，就聳立在我們眼前，我們無可否認，也逃避不了。**追求外在力量現在已經妨礙了我們的進化，並威脅到我們的生存！**

只要愛、覺察、慈悲與智慧，就能帶領我們前往任何想去的地方。只要創造真實力量，就能創造出健康的未來，沒有其他途徑了。我們每個人都必須成為一己生命的權威，一己決定的裁決者，一己未來的決定者。沒有人能為我們做這些事，我們也無法為別人做這些事。

一種前所未見的意識正在誕生，呼喚我們朝著健康與完整、清醒與責任、意義與喜悅的領域前進。那舊有的意識，帶有腐蝕性又令人熟悉、虛耗精力又自以為正當、藐視生命、促進死亡。在這個特殊時刻，這個只橫跨幾個世代的特殊階段，這兩種意識雙雙圍繞著我們——有陌生的有熟悉的，有健康的有毒害的，有充滿活力的也有筋疲力竭的。一種意識推著我們向前，另一種意識已經帶著我們來到它能力所及最遠之處。一種意識是愛，另一種則是恐懼。

所有的規則都改變了。曾經帶領我們獲得滿足的，現在只能帶領我們來到空虛與痛苦。過去讓我們能夠生存的，現在卻讓我們的生存陷入險境。情緒覺察對人類進化是不可或缺的，它不是快樂的阻礙。意圖能創造結果——而不是行為或話語。我們眼後的，現在已經比我們眼前的更重要。這是一件顛覆遊戲規則的事。

我們是全新地圖的全新繪圖者。在這個令人意想不到的時刻，我們一腳踏在一個即將崛起的世界裡，另一腳則踏在一個即將崩解的世界裡。每一刻，我們都必須在這兩個世界之間做出選擇。多官知覺正在以驚人的速度取代五官知覺，而且來勢洶洶。

有數百萬人都在慶祝這些改變，他們歡迎這些改變，並對改變感到敬畏。然而也有數百萬人依然在追求外在力量。他們生於舊意識之中，否認新意識的誕生。五官知覺與追求外在力量**就是**舊意識。多官知覺與創造真實力量**就是**新意識。

我們渴望和諧、合作、分享、對生命懷抱敬意，但我們一覺醒來卻發現自己置身在一個充滿不和、競爭、熱衷囤積與剝削的世界——一個讓生命變成廉價商品的世界。

我們會怎麼做？

我們**可以**怎麼做？

我可以怎麼做？

新意識

一種前所未見的意識正在誕生，呼喚我們朝著健康與完整、清醒與責任、意義與喜悅的領域前進。在這個特殊時刻，這個只橫跨幾個世代的特殊階段，這兩種意識雙雙圍繞著我們——有陌生的有熟悉的，有健康的有毒害的，有充滿活力的也有筋疲力竭的。一種意識推著我們向前，另一種意識已經帶著我們來到它能力所及最遠之處。一種意識是愛，另一種則是恐懼。

我可以怎麼做？

你可以創造真實力量，無論在何處、無論在何時、無論你好不好。不管你是喜悅的、嚴肅的或正在受苦的，你都可以創造真實力量。在家時、工作時、在學校或在度假時，你都可以創造真實力量。無論是和關心或不關心的人、敏感或麻木的人、慈愛或憤恨的人在一起，你都可以創造真實力量。

當你有意識地讓自己變得更好，你就是在創造真實力量。當你試圖改變世界，好讓自己覺得更有價值、更安全，你就是在追求外在力量。追求外在力量無法改變世界，而且無法永久改變你的經驗。改變世界的唯一方法就是藉由創造真實力量來達成，而你能創造真實力量的唯一所在，就在你的內在。

我們的世界建立在外在力量之上。大企業獵捕顧客的能力比我們祖先獵捕麋鹿更有效率。它們不斷在獵捕，而我們也是。我們獵捕的是能夠對我們財富、智慧、外表或性行為造成影響的人，而他們也為了同樣的理由在獵捕我們。航空公司會不斷調整機票價格以獲取最大利潤，也會為了同樣的理由改變空位數量。我們會搜遍網路尋找特價品。我們購買由兒童、奴工、奴工之子，以及飽受勞役之苦的老奶奶、老爺爺所製造的血汗產品。貧窮就是一種奴役狀態，而貧窮處處可見。

基督教的十字軍，一群歐洲黑心王族的惡毒後裔，策馬疾馳大舉入侵穆斯林城市，野蠻地揮舞手中利劍，殺得屍橫遍野。哥薩克人（Cossacks）殘忍邪惡，策馬疾馳大舉入侵猶太村莊，野蠻地揮舞手中利劍，殺得屍橫遍野。美國騎兵、好萊塢的英雄，策馬疾馳大舉入侵美洲原住民部落，野蠻地揮舞手中利劍殺得屍橫遍野。這一幕幕情景中，唯一不同的只有馬蹄紛沓下的土地。美國軍隊帶著他們的武裝車輛，風馳電掣抵達中東，野蠻地以手中銳利的榴彈殺得屍橫遍野。

多官人看見這一切都是同樣的一齣戲，無止盡地在數千年裡重複上演。同樣的演員，在同一部劇作的不同場景中扮演不同的角色，有時扮演富裕的角色，有時扮演貧窮的角色。有時他們的角色剝削別人，有時遭到剝削。有時殺人，有時被殺。每個角色都是一個人格。人格來來去去——他們會出生，然後死亡。每個演員都是一個靈魂，靈魂不會死。他們一再進入五官知覺的領域——隨著他們在邁向完整的旅途中做出選擇，一再轉生，再轉生，進入地球學校。

換句話說，多官人開始在自己身上看見冷血銀行家那赤裸裸的貪婪、金融投機分子那麻木不仁的狡詐，以及納粹劊子手那堂而皇之的殘酷。他們也在自己身上看見仁慈、關懷、耐心、感激之情，以及對宇宙的敬畏。邁向真實力量的旅途中，我們必須挖掘出自己以恐懼創造的所有事物，和以愛創造的所有事物。在這趟旅途中走得越遠，就會越明白**我們的**愛和**我們的**恐懼，就是這個世界的愛和恐懼。我們會開始對他人的喜悅和苦難感同身受，如同自己的喜悅和苦難。

這就是我們覺醒的開端：我們領悟到周遭的問題並非在「它們」之中，它們並非在「世界」

裡。周遭的問題在「我們」的內在。我們無法透過改變他人或這個世界來解決問題。我們繼承自五官人的這個世界是建立在外在力量上之的，我們無法透過增添更多外在力量來改變它。追求外在力量改變不了任何東西。愛能夠立法來規範嗎？我們應該將那些不去愛的人關進監獄嗎？那能幫助他們去愛嗎？那能幫助我們去愛嗎？或者，這麼做反而點燃他們內心的怒火，而那也是存在我們內心、我們無法再忽視的東西？這世界上的種種折磨、痛苦與絕望，到頭來還能責怪誰？

前方的路只能從我們內在進入，進入藏著駭人野獸的最黑暗叢林，一路讓我們懼怕、絕望，處處險象環生，步步驚魂。那是我們都想速速逃離的景象，而它就在我們每個人心中。我們落荒而逃，轉頭追求成就、財富、性、食物、鬥爭心態、優越感、自卑感、復仇心、不斷獲得，以及苦行。我們以言辭和武器的炮火大肆抨擊，我們奮力控制、操弄任何需要操弄的事，以避免承受可怕的失去力量之苦、持續欲求不滿之苦、渴望愛與無能去愛的椎心之痛。

這份苦驅策著我們做出憤怒的行為，我們咆哮怒吼，退縮到絕望的沉默、無助的潮浪，以及如超新星爆炸般的悲傷毀滅裡。這是所有剝削、殘暴、不寬容與仇恨的來源，每當我們緊抓著對獲得賞識、性、食物與酒精的渴望，以及任何能永遠消滅這份無法承受的無助之苦的東西，我們就會製造出這些事情。光是逃避無法消除這種痛苦，也沒有什麼能預防。工作、玩樂、學習、獲得成就等，都無法保護我們免於它的傷害。它就潛藏在每一次的嗑藥恍惚與瘋狂興奮底下。就像一隻巨龍從蟄伏的巢穴爬出來，張大嘴噴出毀滅的火焰。那是我們的療癒需求在呼喚我們的注意。

若想要體驗愛的極致、志向的高峰、付出的愉悅、關懷他人的滿足、感激之情的禮物，或是一個微笑帶來的恩典，我們必須先經歷阻擋這些體驗發生的所有事。我們無法在穿上盔甲來隔絕內在那些自殺式、想殺人的、甚至想讓種族滅絕的黑暗的同時，又想沐浴在內在的陽光下。若不認識關於我們自己的所有事，就無法認識自己。

你有哪一座高山看似無法翻越？你的憤怒、嫉妒、怨恨、取悅的需要，或主宰一切的需要？你的性、酒精、藥物或食物的需要？你為了哪些經驗責怪他人？你的沮喪、狂怒、優越感、自卑感？你發表了什麼樣的評判？你的優越感？你的自卑感？你的信仰是比較好的信仰？最好的信仰？唯一的信仰？無家可歸的遊民不會感受到痛苦？你是什麼人的受害者？任何事情？宇宙？

當前人類進化需要的是內在的揚升，而非外在的征服。勝利和失敗兩者都會餵養外在力量的需求。當前追求外在力量已是死路一條，我們正在覺醒，正在認知到自己身負力量、擁有創造力的是慈悲與慈愛的心靈，並為我們創造的一切負起責任。我們能夠認出自己在地球學校生活裡的各種動態。

當我們害怕宇宙不會供應我們所需，懷疑它會不會這麼做，我們便是透過恐懼與懷疑學會智慧，我們活在痛苦裡。當我們熱愛生命，並且信任宇宙會與我們共同創造出最適合我們靈性成長的情況，我們便是透過愛與信任學會智慧，活在喜悅裡。我們將情緒視為另一邊傳來的訊息，魯米[13]如此優美地描述，每一個訊息都在為我們顯示人格裡一個讓我們去挑戰和改變的恐懼面，或是顯示一個讓我們培養的慈愛面。

---

13 譯註：Rumi，波斯的蘇菲派神祕主義詩人。

現在，我們的進化要求我們創造一個和諧、合作、分享，並對生命懷抱敬意的世界。如果你不創造出一個和諧、合作、分享、對生命懷抱敬意的生活，你就無法進化。真實力量就是我們進化的新工具與新目標，也是你轉生的目標與理由。沒有其他東西是足夠的、能滿足要求的。沒有其他東西能將你蛻變為一個宇宙人類。

這就是當前的最新形勢。**要想改變世界，你必須改變你自己**。你必須學習如何辨別自己內在的愛與恐懼，選擇愛，無論你內在發生什麼或外在發生什麼。然後，你必須再次這麼做。然後再一次。

新意識

當你試圖改變世界，好讓自己覺得更有價值、更安全，你就是在追求外在力量。追求外在力量無法改變世界，而且無法永久改變你的經驗。改變世界的唯一方法就是藉由創造真實力量來達成，而你能創造真實力量的唯一所在，就在你的內在。

智力的有限邏輯

智力是工具的創造者與潛能的編排者。它將來自五官感受的資料組織起來，供追求外在力量之用。它能辨認出優勢與劣勢，告訴五官人如何生存。

智力對新發明、新連結與新潛能感到非常興奮，會利用任何物質的東西操弄一切物質的東西。它能以同樣的滿懷熱情創造出更好的浴缸，以及更好的氫彈。它發明出創新的方式來治療身體，並且殺死身體。它對設計出有益的機器和射穿盔甲的子彈同樣感到愉快。智力對五官人來說，比力量、速度和耐力加起來更重要，它讓他們有能力生存下來。

智力能將各個點連接起來，例如寒冷的洞穴和被閃電擊中而燃燒的樹木——連起來！將燒起來的樹枝帶進洞穴裡。它能將銳利石頭和太硬而撕不開的動物皮毛這兩個點關聯起來。連起來！利用石頭裁剪皮毛。

五官人利用智力追求外在力量時，並未懷抱著敬意。智力原本可以在不傷害生命的情況下為五官人建造居所，讓他們吃飽穿暖，但是五官人沒有這麼做，反而利用智力創造出攻擊性的來福槍、航空母艦，以及核子武器。它原本可以為所有人創造出和平、食物與乾淨的飲水。五官人卻利用它創造出飢荒、無法飲用的水、無法呼吸的空氣、暴力與苦難。五官人從農業、科學、藝術與音樂中受益，但是並未讓地球或地球上的其他生命形式受益。

以不敬的方式追求外在力量的結果，將蒙古騎兵送進了中國，將羅馬士兵送進巴勒斯坦，將美國裝甲送進了中東。它創造出「神聖的」羅馬宗教裁判所，以及各種形式的殘酷行徑。它讓歐洲遍布納粹軍隊，讓中國遍布日本軍隊，建造出勞動營與死亡集中營，剝削動物、植物、礦物，將地球降級為一種「資源」，然後讓地球被鮮血染透。這其中沒有一件事對五官人的進化是必要的。

智力會以物質起因的角度來解釋物質結果，而物質起因反過來又是物質結果。它漠視沒有物質起因的現象，將之歸類為「偶然」、「隨機」、「上帝的旨意」、「意外」或「抽象」，而這全部意味著同一件事：它無法解釋。

智力無法回答我們最重要的問題。「我是誰？」「我為何在此？」「死亡是什麼？」「生命是什麼？」智力會將所有的「為何」轉譯為「如何」。例如，無法解釋為何一個酒駕者會撞死你的母親。它會計算車禍的衝擊發生時車子的動量，但是無法解釋為何是**她**死亡。它能重新創造出導致她死亡的情境，獨斷地隨意從某個時刻開始算起，但是無法告訴你，為何**她**會死亡。它不知道。它無法告訴你，你母親靈魂的其他人格經驗如何影響了你母親的決定，因為已經下了結論說你母親的靈魂和其他人格根本不存在。

多官知覺揭露出一件事：地球學校是宇宙的一部分，但不是較大的那部分。智力被創造出來，只是為了理解小的那部分，但是多官人的居留之處，可以這麼說，是在那較大的那部分。智力無法告訴他們任何有關較大的那部分宇宙，更遑論在其中引導他們了。

「開始」與「結束」是五官知覺的人造產物。宇宙從哪裡開始？又會在哪裡結束？五官人也看見了智力的局限，但他們不承認。他們會使用諸如「無限」和「永恆」的概念，儘管從未有人發現過任何無限或永恆的物質實體。

智力與五官知覺完美地達成一致，但無法與多官經驗完全一致。這不是規格或規模的問題。多官經驗並非因為太大、太小、太宏偉或太複雜而讓智力無法了解，只是與智力被設計來理解的經驗**不同**罷了。現在，我們正在進入一個智力過去不曾見過、未來也永遠不會見到的疆域。

那就是心靈的疆域。

新意識

智力無法回答我們最重要的問題。「我是誰？」「我為何在此？」「死亡是什麼？」「生命是什麼？」它會將所有的「為何」轉譯為「如何」。

高階邏輯與心靈領會

高階邏輯與心靈領會，是一種高階的理解、知見與領會。那是經驗與理解的融合，然而融入理解的經驗是多官知覺。多官知覺融入理解之中，讓多官知覺更為豐富。要促成這樣的融合，需要新的邏輯和新的理解，這些就是高階邏輯與心靈領會。多官知覺和高階邏輯與心靈領會的關係，就好比五官知覺與智力之間的關係那般親密。

高階邏輯與心靈領會和智力的邏輯截然不同，一如多官知覺不同於五官知覺。若試圖從有限的邏輯與智力去了解多官知覺經驗，是不可能充分且有效辦到的，只會在智力層面製造出混淆。混淆不難創造，卻無法解決問題。解決問題可以說是高階邏輯與心靈領會的一個功能，而解決方案從五官與智力的觀點來看卻經常是矛盾的。

換言之，有多重真相或多重經驗存在，但是從五官知覺和智力的理解角度來看，卻是互斥的。無時間性的進化是其中較為明顯的一個，因為靈魂是在無形界的實相裡進化的，而時間只存在於地球學校。智力對進化的理解，以及五官知覺對進化的理解，都需要時間概念。從它們受限的觀點來看，進化隨著時間改變。然而在無形界的實相裡，存在的是一種朝著自由與覺察不斷增加的活動，或說動作或取向——免於恐懼的自由越來越大，以及能夠覺察越來越多事物。

換言之，從多官知覺的角度來看，進化是一種無時間性的經驗，一種新取向，只是從五官角度來看，進化無法被定向。多官知覺本身就是它的取向。它就存在那裡，不需要解釋或證明，但若要針對它進行溝通，若要完全理解多官知覺的深度與力量，就必須依賴高階邏輯與理解，而那需要借重心靈的能力。

心靈擅長容納，智力擅長比較。心靈擅長包含，智力則擅長排除它所創造的每一個內含物。心靈的包含能力無限，這對五官知覺來說是不可能的，對智力而言更是無法理解。心靈對於一切所是感到歡欣，這對五官知覺與智力而言也是一件不可能的事，因為它們的取向是朝著求生存發展，而求生存意味著操弄與控制能力。任何能提高生存機率而被視為值得操弄與控制的事物，就會被認為是優越的、更值得關注並付出努力的，反之則否。換句話說，評斷已經內建在五官知覺裡，以及將力量認知為外在的理解裡，可以這麼說。

從高階邏輯與心靈領會的觀點來理解力量，就是人格與靈魂的一致，載體與創造載體者的一致，而那個載體就是為了達成這個一致的目的而創造的。這對智力來說似乎聽起來很累贅，其實不然。真實力量因而既是手段，也是目標。在五官感知與智力的領域裡，一個目的要靠手段來達成，但手段與目的並不相同，目的無法不藉由手段來達成。然而從高階邏輯與心靈領會來看，真實力量就是人類進化的手段與目的。

邁向靈魂的旅程是一趟沒有距離的旅程。不行經任何地面，不路過任何里程碑，但我們經常會談到路途上的里程碑。我們經常談到旅程這回事，那也是真的。如果旅程沒有距離，沒有起點也沒有終點，那又怎會是真的呢？要了解這些事需要借重心靈。要清楚說明這些事，不可能不產生一些意義上的衝突或用詞上的不一致。然而，在心靈的高階邏輯裡，這些沒有任何不一致，沒有衝突。存在的只有如是，而如是就是完美的。

這也同樣是智力無法掌握的，五官無法知覺的，因為完美是用一個想像的標準來衡量。然而也是無法想像的，誰能想像出一個完美形體、完美思想、完美動作？從多官知覺與心靈領會的角度而言，沒有任何動作、思想或形相是不完美的。

人類意識從五官知覺與追求外在力量過渡到多官知覺與創造真實力量的轉換是完整的，意思是沒有重疊。堅持保有完美標準、道德標準、行為標準、思想標準、善良標準、野蠻標準等，都只是受限的經驗領域的一部分，而人類正在超越它，前往一個新的經驗領域。

當五官與多官知覺之間有差異時，請嘗試優先選擇多官知覺，不是因為它是對的、另一個是錯的，而是因為它較不受限，另一個較為受限。智力的有限邏輯與心靈的高階邏輯有明顯不合或衝突時，請嘗試保留心靈的高階邏輯做為指引或為你指出方向的北極星。因為當你益加趨近那顆星，你會體驗到它包含了萬事萬物，一切事物皆完美。然而一切事物也在進化中，一切都是獨樹一格、獨一無二的，然而一切即一。一切即神聖。

在高階邏輯與心靈領會裡，沒有「是的，但是……」這回事，只有「是的，而且……」。沒有「彼」與「此」之分，只有那如其所是的。沒有「較多」、「較少」、「較大」、「較小」之分，只有那如其所是的，而那如其所是的完美地超越了所有的完美標準，不具所有完美標準，亦包含所有完美標準。

人類自起源以來就知道這一點。然而這卻不被理解，而且令人害怕。五官知覺的敬意不僅是敬畏，還是一種恐懼。對宇宙的敬畏、對宇宙的驚奇，都是人類經驗的一部分，然而伴隨那種渺小感而生的是恐懼。從高階邏輯與心靈領會的觀點來看，渺小並不存在。巨大也不存在。只有一切所是，而同時無有一物。換言之，一切所是包括了一切所有和一切非有。

五官人因為視力量為外在的，所以無法理解、無法知覺、無法接受這一點。而心靈和多官人則讚揚它，因為他們切身體會到它，並努力透過高階邏輯與心靈領會去理解它。

思考這些事情，但也思考過度。只要讓自己沉浸其中，不要害怕自己無法理解，也不要害怕自己的無法理解。不要害怕，這是高階邏輯與心靈的領會。在你努力理解之際，會朝著你想要旅行的相反方向移動，但同時，你絲毫沒有移動。你就在你所在之處。

祝你玩得開心！

新意識

從多官知覺的角度來看，進化是一種無時間性的經驗，一種新取向，只是從五官角度來看，進化無法被定向。多官知覺本身就是它的取向。它就存在那裡，不需要解釋或證明，但若要針對它進行溝通，若要完全理解多官知覺的深度與力量，就必須依賴高階邏輯與理解，而那需要借重心靈的能力。

信任

當我們說：「我信任什麼，」我們的意思是我們信任的事情（或人）顯然會或必定會做到我們信任它會做的事。我們甚至會說：「我不需要看見它發生，我信任它會發生。」早晨太陽升起就是一個例子。我們信任太陽會升起，經驗在在告訴我們會升起。當然，我們知道過去的表現並不是未來表現的保證，但是我們在沒有保證的情況下往前進，卻覺得舒適。我們若思考這件事，會了解到自己正在做的是憑著信心縱身一躍，但是期待明天早上太陽升起完全不是這種感覺，那甚至是一件不值得思考的事。

儘管如此，憑著信心縱身一躍正是一切痛苦情緒的來源。當我們縱身一躍卻飛不起來的時候，當我們摔落到底下的岩石上時，當我們疑惑地說：「怎麼會這樣？」的時候，我們會赫然發現自己的信心用錯地方了。我們並不是像自以為的那樣站在地面上。我們在空中的某處，而摔落恰好正確無誤地顯示了地面的所在。

這就是所有痛苦情緒的來源。我們執著地相信人或事必然會如何，然後發現事實不然。我們以為是永遠的伴侶的那人說：「我不愛你了。」醫生說：「你的孩子快死了。」醫生說：「**你**快死了。」在經歷伊莉莎白．庫伯勒－羅斯（Elisabeth Kübler-Ross）所描述的悲傷五階段——否認、憤怒、討價還價、沮喪之後，我們終於走到接受的階段（如果我們還能覺察情緒，而沒有逃進酒精、藥物、性、食物或工作等裡面的話）。我們發現了地面的所在。那就是我們的縱身一躍去到的地方——當下這一刻，當下的境況，以及我們當下的經驗。它猛然將我們的覺察帶到當下。

這個經驗太痛苦，以致許多人用它來合理化不信任的態度。他們宣布：「我永遠不會再信任別人，我不會再讓自己受傷。」他們完全搞錯重點了。他們依然在信任。過去，他們信任事情會如他們所願，而現在，他們信任事情不會如他們所願。在這兩種情況裡，他們都是以無知在信任。這是很普遍的五官經驗。

五官人的無知是缺乏對事實的覺察。多官人的無知是缺乏對一己經驗起因的覺察。世界上有數不清的事實是你覺察不到的。從多官知覺的觀點來看，經驗只有兩個起因——愛與恐懼。對一個多官人而言，覺察就是在當下覺察到他的經驗是源自愛或恐懼。例如，如果你心生感激，你的經驗是源自愛，而如果你很生氣，你的經驗是源自恐懼。

五官人信任的是，如果人、事、信念、宗教等外在境況依他們所願重新安排，便能讓他們覺得有價值、覺得安全。換個方式說，也是最重要的說法，五官人「信任」這些事情能掩飾自己人格恐懼面害怕事情無法如他們所想、所需或所期待的恐懼。人格的這些面向害怕的是被拋棄、沒有能力照顧自己、失去朋友、下地獄、死亡等等。他們在這個變動不居的世界裡尋找一個可以立足的穩固所在，他們想在未知裡尋找安全感，而未知永遠逐漸迫近，而且很嚇人。

最終，他們領悟到這個世界，包括人、境況、事件、信念、宗教等，都無法提供他們一已恐懼面在尋找的安全感。他們不知道未來其他人會做何選擇，也不知道未來**自己**會做何選擇。甚至連他們的無形導師都不知道未來地球學校的學生會做何選擇。**這些都無法預先知道**。

因此，當沮喪消沉的黑暗包圍你，害怕失去的恐懼籠罩你，對死亡的恐懼一步步逼近，你能信任什麼？尤其是，當你**需要**信任、需要希望、需要看見光亮或至少擁有看見光亮的機會時，還剩下什麼可以信任？

你可以信任宇宙。你可以信任你的生命過程，你可以信任你的經驗來支持靈性發展。甚至當你的人格恐懼面不想要它們遭遇的經驗時，你依然可以信任宇宙。你可以信任的是：你所有的經驗，包括最艱難的經驗，都是設計來將你的靈魂覺察帶入你的人格意識裡。

當你信任這些事，你便是信任宇宙。你從靈魂的非個人觀點來看待事情。感謝之心浮現，有時就像一座大教堂裡的一道小燭火，漸漸擴大。有時候，它會像超新星一般突然出現。欣賞感激、耐心與滿足，忽然在你的覺察裡閃現，或像太陽一樣冉冉升起。你放鬆進入當下時刻，你在生活中感到安適，在世界上覺得自在，在宇宙間滿懷喜悅。這些都是真實力量的體驗。

你生來就是要創造真實力量的，你可以信任的是，萬事萬物都在支持你創造真實力量。對宇宙的信任能帶領你邁向完整。當你信任父母、神職人員與同儕告訴你的話，只因為那是他們說的，恐懼就潛伏在你的信任裡。當恐懼潛伏在你的信任裡，你會摔落，而摔落會讓你學到教訓。當愛潛伏在你的信任裡，你會翱翔，而翱翔也會為你上一堂課。

你若信任生命的過程，你若信任自己在地球學校的經驗，你若信任你自身的圓滿具足——你若信任宇宙，你就可以前往唯有愛能帶領你抵達的地方。

新意識

你可以信任宇宙。你可以信任你的生命過程，你可以信任你的經驗來支持靈性發展。甚至當你的人格恐懼面不想要它們遭遇的經驗時，你依然可以信任宇宙。你可以信任的是：你所有的經驗，包括最艱難的經驗，都是設計來將你的靈魂覺察帶入你的人格意識裡。

多官的祈禱

多官的祈禱經驗與五官的祈禱經驗迥然不同，這是因為多官知覺認為力量是人格與靈魂的一致，而五官知覺則認為力量是操弄與控制的能力。

多官祈禱是一種共創，是和宇宙的共融。多官祈禱是與「神聖智慧」直接的雙向溝通。多官人信任宇宙，他們知道自己要在其中扮演一個角色，並確實這麼做。他們會創造真實力量——培養情緒覺察、練習做出負責任的選擇，並諮詢他們的直覺。他們盡力而為。再來就是祈禱了。

五官人尋求的是訴諸一位他們覺得高高在上、遙不可及，卻又好似在他們之內的神祇。他們既害怕這位神祇，同時又依賴祂、指望祂。他們的懼怕和神性或神聖智慧絲毫沒有半點關係，那只是一種投射，他們將自己在五官有限領域裡對力量的理解投射出來——力量就是操弄與控制的能力。由於五官人拚命追求外在力量，因此想像神祇也如出一轍。換言之，他們是根據自己的樣子創造出神祇的形象。他們將操弄與控制，包括人類、地球學校、宇宙等周遭一切的需要投射在神祇身上。

換句話說，他們想像外在力量集中在一個源頭上，然後稱這個源頭為某某神。因此，他們害怕祂，他們會哀求祂，他們對祂提出請願，那些請願就是他們的祈禱。他們的祈禱是關於操弄與控制，如同他們的投射。當他們為他人的健康、他人的幸福安康祈禱的時候，其實他們真正祈求的是解除自己所經驗到的痛苦無力感。

舉例來說，當五官人祈禱生病的父母能夠更長壽，他其實是為自己祈禱。他父母的靈魂將會回家，在他所選擇的一個適當時間回到無形界。五官人的祈禱是希望解除他因為擔心一個靈魂離開地球學校或人格死亡而產生的焦慮、悲傷或失親感受。

多官知覺與對力量的多官理解，在各方面都與此完全相反。例如，想像一個五官人將自己的人格慈愛面投射到他們的神聖形象上，也就是他們心懷感激、欣賞、耐心、關懷、對生命懷抱敬意，而且他們很自然地將這些視為生命的一部分。想像五官人將他們對耐心，以及支持自己和他人獲得靈性成長這件事投射到他們的神聖形象上。想像他們投射的是願盡一切所能支持他人以健康的方式獲得靈性成長。五官人不會投射這些事，因為他們沒有活出這些。換言之，如果他們的生命是不斷體驗自己人格的慈愛面向，他們看待宇宙的方式和他們對神性的理解很自然地也會是如此。

因此，他們在祈禱的時候會溝通，會分享自己的抱負、分享自己的恐懼。他們會和自己的神性形象討論他們的人格恐懼面，因為那阻礙他們的靈性成長、阻擋他們全心去愛，而他們其實渴望去愛，也有能力去愛。

想像有個人完全不會遭受無力感之苦。目前還沒有這種事，但是在進化的過程裡，這樣的人將會出現。這樣的人對神性的理解是慈愛的、有欣賞感謝之心的、有耐心的、關懷的，因為他自己**就是**如此。人類進化正在朝著那樣的方向前進。超越多官人的，就是宇宙人類，而再進一步超越的，是覺察與自由之其他開闊領域的其他階段。

人格的慈愛面不會將他人視為分開的個別存在。他們將彼此都視為源自宇宙的靈魂，而且他們和所有源自宇宙的事物一樣，**就是**宇宙。多官人在創造真實力量時，培養自己人格的慈愛面。他們有意識地將自己的意志集中在愛與共創的意圖上，同時了解神性會將愛與共創反映回自己身上，而非反映他們人格恐懼面的經驗。他們的祈禱是歡慶。

多官人的祈禱伴隨著喜悅、開放的心胸與愛。恐懼不存在。五官人在恐懼中祈禱，以便滿足他們那活在恐懼中的人格恐懼面。多官人的祈禱與五官人的祈禱差別，在於愛與恐懼的差別。多官人祈禱的時候，他們會更深地進入愛，而且更有意識、帶著更多覺察，伴隨著更開放的心胸。而五官人祈禱的時候，所做的事剛好相反。他們會更深地陷入恐懼、緊縮與無助狀態。

創造真實力量的最後一步就是將你自己的力量釋放到一個更大的力量之中。沒有比愛更大的力量了。宇宙就是愛。宇宙中的所有一切就是愛。當多官人與這個事實溝通、對這個事實敞開心胸並與它共創，他們就是在祈禱。當他們在創造真實力量之中請求幫助，他們的生命已經變成一場持續的祈禱。最終，他們尋求的不是支配或消除人格恐懼面，而是好好運用這些原本就注定要被利用的人格恐懼面——指出自己需要改變的地方，才能無所限制地愛。

這就是多官人祈禱的方式。

新意識

想像有個人完全不會遭受無力感之苦。這樣的人對神性的理解是慈愛的、有欣賞感謝之心的、有耐心的、關懷的，因為他自己就是如此。人類進化正在朝著那樣的方向前進。超越多官人的，就是宇宙人類，而再進一步超越的，是覺察與自由之其他開闊領域的其他階段。

慈悲

首先假設一切經驗都源自於慈悲，宇宙的慈悲。當地球學校的一個經驗觸發了恐懼，便觸發人格中一個沒有慈悲的面向。然而，該人格面向卻是以慈悲創造的，是你的靈魂塑造了你的人格，並在轉生至地球學校成為你的時候，諮詢無形導師所創造的。

那些源自恐懼的人格面向，是設計來將人格的覺察帶領至那些清楚呈現出必須做出改變的面向，以便超越被控制。人格受到控制時，便無法體驗慈悲，無法體驗溫柔，無法體驗對他人的關心。它無法敞開自己去體會他人的體驗，去感同身受，因為只能將他人視為與自己分離的個別存在。換句話說，它只能將他人視為客體。

換個方式說，當人們透過自身的能量中心體驗到人格恐懼面的身體痛苦，或批判性、評斷的、無法寬恕的念頭時，他們便是體驗到自身缺乏慈悲的面向。那些面向只關心他們自己，而且會受到恐懼的驅策而試圖改變外在世界。那是在追求外在力量，追求外在力量的時候沒有慈悲。

情緒覺察是這個過程的一大部分。當一個人運用情緒覺察辨別他們人格的恐懼面與慈愛面時，便可以挑戰恐懼面、培養慈愛面，他們會讓自己朝著慈悲的方向發展，因為當一個人格恐懼面持續受到挑戰，該面向的控制力就會減少，一旦如此，殘酷、冷漠、缺乏關懷、缺乏慈悲等控制著人格的狀態也會跟著減少，人格會更趨向於愛的柔軟、療癒的能量，而在這個時刻是有慈悲的。

因此你可以運用你所學到的一切關於真實力量的知識，並做為基礎來學習關於慈悲的事。你可以很簡單地開始從另一個療癒的觀點，來看待真實力量的創造，也就是從內在培養慈悲的觀點。

在缺乏覺察與意志力的情況下，一個人無法挑戰人格恐懼面。若缺乏這兩者，靈魂轉生時賦予人格的人格恐懼面會在人格停留在地球學校的這段時間保持頑強，而且創造力旺盛。當人格在缺乏覺察的狀態下創造，等同帶著恐懼創造。換言之，會創造出痛苦、破壞性的結果。接下來，當無法利用覺察與意志力來承受這些經驗時，又會因無知，也就是無意識，而創造出更多相同的結果。

若宇宙不是慈悲的宇宙，這些動力就不會發生或不可能存在。佛教徒稱這種業果的持續創造為「輪迴」。它不停地轉動。創造真實力量能讓這個輪子停止轉動，不再製造痛苦與破壞性結果。

誘惑的經驗本身——亦即我們已經看過的，在將人格恐懼面的計畫付諸行動前覺察到它——也是一個體驗宇宙慈悲的經驗。透過誘惑，宇宙為人格顯示出對那些面向付諸行動後會創造出什麼樣的後果。宇宙讓它試運轉，進行一次預演供它考慮，以便選擇要執行那些計畫或是挑戰自己那個想要執行計畫的恐懼面。換言之，誘惑給予人格一個機會，在恐懼面尚未蔓延至地球學校其他學生的能量場域並創造出恐懼的痛苦業果之前，能夠不去從人格恐懼面付諸行動。

簡言之，誘惑容許以愛行動，來創造有意識的、建設性的結果，而非以恐懼行動、以無知行動而帶來無意識的、破壞性的結果。這一切都與慈悲有關，你也可以將這一切融入你的生活。你所做的一切關於創造真實力量之事，都與創造慈悲有關，因為若不為自己創造慈悲、不在自己內在創造慈悲，你就無法對他人慈悲，那是不可能的。

因此，你若對自己人格的恐懼面仍不知不覺，或縱容它們，就是容許自己繼續生活在痛苦中，而那個痛苦的生活會表現為對他人缺乏慈悲心，因為這兩件事是一樣的。如果你沒有真實力量，你就受控於那個帶著痛苦與破壞性能量來創造的人格恐懼面。你所學到的關於創造真實力量的一切，都是一份慈悲的禮物。

地球學校的學生一般認為慈悲與他人有關，事實不然。慈悲與他們自己有關，因為當他們對自己慈悲，意思是當他們學會辨識出內在恐懼並去挑戰它，而非縱容它，他們就開始以愛行動。當他們以愛行動，他們就成為慈悲的來源。

慈悲無法藉由只是打算或想要變得慈悲而創造出來，好比只是打算或想要變成慈愛的，並無法創造愛。首先你必須在自己內在找到並消除所有妨礙你體驗愛的東西。可以這麼說，創造真實力量能為你進行一次導覽，讓你看見自己人格中尚未體驗到宇宙之愛、尚未體驗到宇宙之慈悲的那些面向。

請探索這個觀點。當你以這種方式接近慈悲，可以說你不需要從頭開始。從你初次瞥見真實力量或真實力量的概念開始，你就已經開始了。你現在可以在了解慈悲的這個脈絡下，發揮學到的關於真實力量的知識。

換句話說，你不需要從頭學習所有事情，因為已經學過很多了。你已經學到關於目前正在進行的人類意識蛻變這件事。你已經學到關於直覺的事。你已經學到何謂負責任的選擇。而你是在創造真實力量的框架下學到所有這些事情，現在，你要做的只是轉移自己的知覺，好讓你能用不同方式來看待它的一切。並非它有任何改變，只是以不同方式被看待，或說容許不同的知覺存在。

隨著你每一次挑戰人格恐懼面、每一次做出負責任的選擇並以愛行動（做出有意識回應，而非慣性反應），慈悲的經驗將會生起，一種慈悲生活的知覺或知見也會漸漸形成。而隨著你每一次對人格恐懼面的放縱，亦即每一次選擇忽略或放棄一個人格慈愛面的經驗時，以及每一次體驗到不去挑戰毫無慈悲的痛苦生活時，缺乏慈悲的經驗以及一種缺乏慈悲之生活的知見將會漸漸形成。

簡言之，沒有什麼新東西要學，你只需要從一個稍微不同、但仍有其根據與深刻洞察的觀點來審視你已經知道的一切。給予你生來就要給予的禮物是一個慈悲之舉。為了達成你人格恐懼面的慾望而操弄、控制他人或世界，則是缺乏慈悲的舉動。

最終你會變得對他人懷抱慈悲心。而在那之前，你可說是繼續轉動著輪子，在對自己缺乏慈悲心的情況下試圖對他人懷抱慈悲心。你的人格恐懼面沒有一個能對你或他人懷抱慈悲心，為何要浪費時間轉動輪子呢？你只是一再地以人格恐懼面來行動，一再地不帶慈悲心去創造。創造真實力量能讓你的輪子漸漸剎車。

隨著我們的物種變為多官物種，有越來越多人發現了創造真實力量的工具，但有許多人並不重視這些工具能為他們創造的東西，而我們一直稱為真實力量的東西，和慈悲是一樣的。

如果你想要變得具有慈悲心，而那份慈悲沒有延伸到你自己身上，你便還不合格。

新意識

若宇宙不是慈悲的宇宙，這些動力就沒有一個會發生或可能存在。佛教徒稱這種業果的持續創造為「輪迴」。它不停地轉動。創造真實力量能讓這個輪子停止轉動，不再製造痛苦與破壞性結果。

正心冥想

真實力量就是一種冥想。它能將你的注意力引導至內在動力——也就是你對它們的體驗、伴隨而來的思想，以及你對它們付諸行動或進行挑戰時所選擇的意圖。同時，它能將你的注意力引導至世間活動——這些活動刺激你的情緒體驗，在內在為你指引出哪些東西需要挑戰並改變、哪些需要培養，才能履行你和宇宙的神聖契約。

創造真實力量發生在全新意識的全新框架下。對五官人來說，創造真實力量是不可能的，因為五官人將力量理解為操弄與控制的能力。一直以來，有一些人是不受五官限制的，他們認真專注於自己的內在動力，以及那些動力與外在經驗的關係。

當新意識取代舊意識，這種情況將會普及全人類。然而目前仍有極大的差異存在，因為所有人類正在轉變成多官人。他們能夠以靈魂的非個人觀點看待地球學校的運作，將靈魂的覺察帶進人格的意識中。人格所伴隨的智力與對外在力量的追求，是人類在新意識誕生前的普遍經驗。人格與靈魂在地球學校環境下的一致，則是新意識與新人類的新內涵。

心靈位居創造真實力量的中心，這等於說愛位居創造真實力量的中心，也等於說宇宙以及對宇宙的直接經驗位居創造真實力量的中心。五官人的靜心冥想可以稱為正念（mindfulness），因為它以覺察和了解填滿心智或心念（mind）。多官人的靜心冥想可以更精確地稱為「正心」（heartfulness），因為它將覺察填滿心或心靈（heart）的體驗。這些是必要的。[14]

對靈性成長所做的承諾，是一種衷心（正心）的承諾。許多人在創造真實力量的過程一開始，意識中並未出現這樣的概念，因為他們展開這過程的原因是覺察到生活中痛苦情緒的高漲，以及對消除痛苦的無能為力，那也是多數人最初踏上靈性道路的時刻。隨著他們學會創造真實力量，他們也學會了辨別內在的愛與恐懼，辨別幸福、健康、感覺良好、建設性的愛的體驗，以及痛苦、破壞性、緊縮的恐懼體驗，並且去培養愛。隨著這些情況發生，愛會開始更清楚、更頻繁地進入覺察之中，最終開始占據意識中越來越大的位置。

五官知覺與智力要轉換至多官知覺與心靈，和視力量為操弄與控制能力轉換至視力量為人格與靈魂的一致相同。

真實力量的創造是一種持續的正心冥想。在這樣的冥想裡，所有的情緒經驗都會獲得注意與觀察，其身體感覺會在能量中心被感受到。在這種正心冥想裡，愛的能量流得到了認同與培養。在這種正心冥想裡，人格恐懼面的控制會消散，取而代之的是圓滿的、療癒的、充電的、使人充滿活力的、創造性的心靈能量。

這不表示在特定階段從事特定的冥想沒有幫助，只要有助於創造真實力量，也可能十分有助益。許多人藉由靜心冥想來逃避世間生活，他們從事五官的冥想，或以正念為主的冥想，當成一種讓自己從痛苦中分心的方式。換句話說，他們冥想是為了超越自身人格恐懼面的痛苦情緒，他們很快認知到這沒有效，但是在能超越痛苦的控制之前，他們仍意圖如此。

真實力量的創造截然不同。它重新定義了「超越」的過程，界定為一種進入心靈能量的鮮明經驗。透過冥想帶你進入世界，當你全然進入世界之後，你會挑戰那些五官人奮力逃避的人格面向，然後有意識地超越這些面向的控制。

意圖是首要之務，意圖永遠是首要之務。當一個多官人從事正心冥想，他要進入一己人格恐懼面的痛苦情緒經驗，以它們注定要被運用的方式、以多官人所理解的運用方式，去消除內在那些阻礙他們給予生來注定要給予的禮物、阻礙他們過愛的生活、阻礙他們有意識去愛的面向。

當覺察到了一定程度，你便不需要意志了，但是要達到那種程度的覺察，意志力卻是必要的。換言之，有意識地選擇意圖是必要的。創造真實力量就是有意識地選擇愛，以及學習如何持續做出那樣的選擇。

如同我們之前討論過的，五官人的歷史裡一直存在著努力對心靈保持覺察的多官人。而一旦心靈的覺察是從經驗上獲得了解，便與心智的覺察無法區分了。傳統上，東方的冥想最終會引導人們朝著心靈的經驗，朝著連結，朝著與一切所是合為一體的目標前進。創造真實力量一直持續在做這件事，而宇宙人類正是這個過程的產物。宇宙人類是人類進化的一個階段，屬於超越多官知覺、超越多官人的崛起以及視力量為真實力量等的階段。

創造真實力量會一刻接著一刻地轉化地球學校的經驗，成為一場冥想。這些經驗在冥想介入

14 譯註：作者在這裡是用了雙關，原文 mindfulness 由 mind-ful 組成，字根意思可解讀為「心智－充滿」，heartfulness 也是由 heart-ful 組成，字根可解讀為「心靈－充滿」。這裡的 heartfulness 譯為「正心」，以對照「正念」。

前，原本都在沒有覺察的情況下發生。當冥想就是創造真實力量，那就是正心冥想。從靈魂的非個人觀點來看，正心冥想並未轉化個人，個人是透過創造真實力量將以一己的覺察帶至心靈的能量上，藉此轉化自己。

如果你將從一個點開始、繼續、最終返回原點的過程視為一場循環之旅，那麼這個過程會看似在繞圓圈。不過那只是其中一種看待圓圈的方式，另一種看待圓圈的方式是從完成的角度來看。在這個圓圈上，沒有一個點不是所有其他點的開始與結束。那就是你之所是。你是完成的，然而當你體驗這個圓圈時，你會變得覺察到這個圓圈、覺察到它的完成與你自己的完成。五官的冥想有很多名詞稱呼這件事，其中一個是「開悟」。

正心的冥想帶領你走向生命的一體與完滿。那是對生命過程的覺醒，然而當你有意識地運用它，喚醒你的將會是你的生命過程。

新意識

真實力量的創造是一種持續的正心冥想。在這樣的冥想裡，所有的情緒經驗都會獲得注意與觀察，其身體感覺會在能量中心被感受到。在這種正心冥想裡，愛的能量流受到了認同與培養。在這種正心冥想裡，人格恐懼面的控制會消散，取而代之的是圓滿的、療癒的、充電的、使人充滿活力的、創造性的心靈能量。

正心冥想與正念冥想

正心冥想與正念冥想是為不同對象設計的。正念冥想是為五官人設計的，是舊意識的產物。正心冥想是為多官人設計的，是新意識的產物。

如我們所見，創造真實力量是一種冥想。一切關於創造真實力量的事都與心靈有關，那是關於愛，以及在地球學校的一個人類生命裡創造愛。正心冥想的開始與結束都在心靈，涵蓋所有的人類活動，但是在心靈的脈絡下。心靈的脈絡意味著愛的脈絡。愛是地球學校裡基本二元性的其中一面，另一面是恐懼。創造真實力量就是辨別愛與恐懼，並選擇愛。因此，那是一種正心冥想。

要創造真實力量，我們必須認出愛與恐懼在各方面的差別，意思是包括身體上的感覺、身體上的情緒浪潮，以及思想方面的差別。五官人與五官冥想者已經了解創造性能量與破壞性能量的差別，然而他們的重心仍單純地放在能量的辨認上。

正心冥想同時作用在這兩種能量上，亦即愛與恐懼，學習如何利用愛的能量去挑戰恐懼的能量。正念冥想允許個人對經驗抱持超然，包括身體、心理與情緒經驗。這將他們的注意力帶往外在世界，也將他們的注意力帶往他們的內在經驗，並依不同的正念冥想形式而有不同做法。創造真實力量也同樣這麼做，只是在愛的脈絡下進行。

正心冥想會進行以上所有程序，而且在下一個脈絡裡再更進一步——在這個脈絡裡，轉生是刻意的，靈魂能量根據其業力的義務以及它想要達成的可能性而選擇轉生。這不僅僅是見證地球學校的生命過程，而是有意識地參與這些過程，但這種參與是在不執著於結果的情況下完成的。

正念冥想強調對結果抱持超然，正心冥想也是如此，但一樣是在愛的脈絡下進行。正念冥想強調的是允許念頭與經驗自由流動，允許個人去觀察地球學校生活的動態，以及每個人內在如何支持其他人的生活動態。同樣地，正心冥想也是如此，不過是在愛與刻意選擇愛的脈絡下進行。

正念冥想類似於享受一趟汽車的自動駕駛之旅。你不需要專注於駕駛，你只要覺察到整趟旅行即可。正心冥想則是坐上駕駛座，直接操控車子。它將冥想者放到方向盤前，讓他去辨別那些以破壞性方式駕駛或駛向破壞性目的地的意識部分，和那些以建設性方式駕駛或駛向建設性目的地的人格部分，然後讓人格的那些部分，亦即慈愛的面向，來控制方向盤。正心冥想的目的不只是要享受這趟旅行，不只是體驗這部車子，而是將強調重點從觀察與保持超然，轉換至觀察、保持超然，然後專注在意圖上但不執著於結果。

所有的冥想在某種程度上都是刻意的。決定要冥想這件事本身就是一個意圖。東方文化裡的冥想著重在意圖性。例如，佛陀解釋了慾望如何成為一切受苦的根源，然後解釋了該怎麼處理，然而祂的解釋並非在愛的脈絡下所做。那是在五官知覺的脈絡下所做的，祂的解釋是為了那些藉由追求外在力量來進化的五官人所設計的。

正心冥想重新發現「慾望」這個字眼，以簡單明瞭的詞彙，解釋為地球學校裡所有人最核心的恐懼，解釋為無力感的痛苦。換言之，正心冥想超越那個正確的主張，亦即慾望製造出一切痛苦的主張，然後以更精確的詞彙解釋為恐懼製造出一切痛苦。恐懼製造出所有慾望，對外在力量的追求製造出所有慾望。

正念冥想聚焦於對意圖的結果保持超然。正心冥想也聚焦於對意圖的結果保持超然，再加上辨別出愛的意圖與恐懼的意圖。正心冥想的目標是讓個人能帶著充滿力量的心靈在地球學校活動，對結果不執著，超越恐懼的控制，能夠毫無保留、毫無限制地表達愛，也能毫無限制、毫無保留地接受愛。

正念冥想的焦點是心智，一切都假設在心智之中開始並結束。所有經驗的來源據稱是一個原始的心智（本心）。而從正心冥想的觀點來看，所有經驗的根源可以說是源自於一個原始的心靈，因為宇宙並非一個心智。它不是思想，它是意識，它是愛。

正念冥想將意識與其他一切分開，這種方式等於說意識就是其他一切。正心冥想闡明同樣的道理，但也闡明意識、愛與生命是同樣的東西。正念冥想努力將所有經驗包含在心智的脈絡下，在一種對心智的擴大理解與經驗之中。正心冥想則是在愛的脈絡下包含所有人類可能發生的經驗，但那是一種擴張的、清晰的愛的脈絡，與實為恐懼經驗的那種多愁善感的愛的經驗截然不同。

正念冥想涵蓋了所有意圖，對意圖的結果保持超然。正心冥想將焦點放在愛的意圖，對愛的意圖的結果保持超然，並進一步消除恐懼的意圖。正心冥想帶有目的性，反映出一個物種的誕生，這個物種以新的眼光理解自己在宇宙中的位置，並且願意接受這份新的理解，願意去嘗試。

正念冥想的目的是與一切保持超然，並且去體驗它。特別是，正念冥想不會去和能量流、思想和行動達成一致。正心冥想的目的則是讓人格與靈魂達成一致，讓人格與靈魂的意圖，即和諧、合作、分享、對生命懷抱敬意等狀態達成一致。這是一種訓練，讓你學習如何帶著那些意圖去創造而不執著於結果。

正心冥想闡明了宇宙為愛的來源，愛存在於宇宙的所有面貌裡、所有經驗裡。正念冥想會說：事實上，一切所是，即如是。正心冥想會說：一切所是，即是愛。

冥想的所有形式都有其價值，因為能讓個人對一己經驗、思想與情緒保持超然。正心冥想對新崛起的多官物種特別寶貴，因為能讓該物種有意識地利用這份超然去創造真實力量、培養愛，並挑戰自身阻礙愛的所有面向。

正念冥想的許多形式都是一種持續一生的修習，目標是覺察與超然。正心冥想也是持續一生的修習，目標是愛，以及持續自然地創造愛的結果。正念冥想的目的是對你一己生命的本質變得覺察。正心冥想的目的是在你的生命中成為權威。

如果你是多官人，如你所是的，你已經開始體驗生命的本質了——超越了物質面向，是更大實相的一部分，更大實相會影響你生命的本質，生命本質也會影響那個實相。正念冥想的目標是獲得這些領悟，而正心冥想亦納入了意圖、有意識的引導，並有意識地運用所有新覺察帶來的發現讓人格與靈魂能量達成一致。這是一個持續的、可終生修習的冥想，焦點放在心靈，目的地就是心靈，它抵達目的地的手段也是心靈。

它的核心就是心靈。

新意識

正念冥想涵蓋了所有意圖，對意圖的結果保持超然。正心冥想將焦點放在愛的意圖，對愛的意圖的結果保持超然，並進一步消除恐懼的意圖。正心冥想帶有目的性，反映出一個物種的誕生，這個物種以新的眼光理解自己在宇宙中的位置，並且願意接受這份新的理解，願意去嘗試。

第二部

Our New Social Structures

我們的新社會結構

什麼是社會結構？

群山從大地拔起、形成，群山與大地是不可分的，大地是根源。人類的社會結構是從人類經驗形成的，人類的社會結構與人類經驗是不可分的。人類經驗是它們的根源。

山岳的形成十分戲劇性。熾熱的熔岩從裂縫中石破天驚地噴發，或長久以來被視為安全山峰上的火山口，穩固矗立於大地上，卻猛然爆發。當熔岩流向海洋，如同島嶼上的火山爆發經常看到的現象，它在引發巨變的水火衝撞之間，為大地進行建造工程。山岳成長、島嶼成長，土地隆起而且停留在隆起的樣貌。在其他例子裡，和大陸一樣大的板塊構造互相撞擊，擠壓出全新山岳，往不設防的天空推高。山岳憑空出現，而且停留在推高後的樣貌。

群山的形成與發展塑造了地球的樣貌。山脈橫跨了大陸——包括內華達山脈、喀斯喀特山脈、洛磯山脈、庇里牛斯山脈、阿爾卑斯山脈、安地斯山脈、喜馬拉雅山脈等等。群山不容忽視，地球是它們的母親。當美國的拉森火山（Mount Lassen，屬於喀斯喀特山脈）於一九一五年爆發，超高溫的火山灰噴向三萬英尺高空中的平流層。當聖海倫火山（St. Helens，也屬於喀斯喀特山脈）在一九八〇年爆發，有高達一千三百英尺的山坡瞬間消失！

我們可以在山上建造公路與飯店，開鑿隧道穿越一座山，挖山取礦直到山變得光禿，砍伐森林，但我們無法改變造山過程。和造山過程比起來，我們的活動根本微不足道。只有改變地球，才有可能改變造山過程。

人類的社會結構也是以類似的方式發展出來的，經過努力再努力，從人類經驗中形成。原本以原始工具探索物質世界，歷經千年終於蛻變為以次原子粒子加速器來探索世界。拓荒的落腳處也蛻變成了大都會。

正如山岳的形成與發展塑造了地球樣貌，人類的社會結構在形成與發展時，也塑造了人類經驗。它們不容忽視。人類經驗是社會結構的母親，跨域了文化、習俗、時代與地理的隔閡，塑造了人類活動。舉例來說，商業的社會結構在亞洲、歐洲、印度和非洲都一樣。無論在拉丁、高加索、佛教或原住民文化裡，都是一樣的，永遠是當下無數人追求外在力量的頂點。今天，我們將其中的一些追求稱為商業。

醫療保健的社會結構是千百年來無數次嘗試逃離疾病與死亡的頂點。我們可以使醫療保健國有化或私有化，但無法改變醫療保健的社會結構。我們可以用社會主義取代資本主義，但無法改變經濟的社會結構。我們可以用民主取代獨裁，但無法改變統治的社會結構。我們可以用奠基於信仰的課程取代奠基於事實的課程，但無法改變教育的社會結構。和產生社會結構的過程比起來，我們的改變根本微不足道。只有改變人類意識，才可能改變產生人類社會結構的過程。

那樣的改變已經發生了！人類的意識已經蛻變，情況超乎五官人的理解或想像。這個蛻變徹底改變了人類的經驗，改變了我們看待自己、看待彼此、看待世界和宇宙的方式，改變了我們的社會結構。

新的人類意識是史詩級的、空前的，正在以一個建構於多官知覺與真實力量的世界，取代建構於五官知覺與外在力量的世界。它正在重新塑造我們祖先千百年來所熟悉的，也是祖先的祖先百萬年來所熟悉的地貌。它正在用多官的靈魂社會結構取代我們五官的人格社會結構。這件事**現在**正在發生！這是個偉大的時刻、偉大的日子、偉大的時代，而我們從一開始就參與其中。

五官人無法創造新的社會結構，因為他們用舊有的人類意識來創造。多官人能促使新的社會結構產生，因為他們以新的人類意識來創造，因為他們能創造真實力量。

當前我們這個逐漸瓦解的社會結構是五官人的傑作。如今，五官人正逐漸消失，他們的社會結構也是如此。我們的新社會結構是多官人的傑作。如今，多官人正逐漸崛起，而他們的社會結構也是如此。

這在過去是看不見的，但是現在已經顯而易見。

新意識

人類的意識已經蛻變，情況超乎五官人的理解或想像。這個蛻變徹底改變了人類的經驗，改變了我們看待自己、看待彼此、看待世界和宇宙的方式，改變了我們的社會結構。

為何我們的社會結構正在瓦解

我在北加州的海岸小鎮發現了一間曾風光一時的荒廢屋子。那個小鎮是我的新家所在，靠近舊金山，卻離城區很遠，這能讓我的都市生活步調稍微緩一緩。我喜愛小鎮的遺世獨立，它的社區感，以及它和大海的親密關係。我認為這些特色就是幾十年來吸引人們來到這裡，如今也讓我定居在此的原因。

這座屋子已被宣布為危樓。黃色封條圍著雜草叢生的院子和後方的寬闊門廊，圈起一條警戒線。那是一座維多利亞式建築，如同我在舊金山看見的許多房屋風格。薑餅裝飾連接著門廊上經車削加工的廊柱，圓形塔樓帶著圓錐形頂，賦予它一份優雅的特色。我可以想像窗戶裝上彩色玻璃的樣子。從我站立的人行道位置看過去，這座老屋持續散發出那個時代的花稍品味，顯然那是一個富有人家的夏季度假屋，有一種家庭氣息。

我一眼就喜歡上這座屋子，我知道後院的海景一定棒極了，實在難以想像為何這麼久都沒有人重新翻修。在我的幻想裡，我想像自己正在做這件事。我沿著蜿蜒小路朝著海灘往下走，想從另一個角度看看這座屋子。我往上一看，不禁倒抽一口氣。

這座屋子過去有一座大院子將它與懸崖邊緣隔開，現在卻危險地懸在半空中！整座屋子只剩下一個腐朽的基礎結構做為懸臂支撐，有一半飄浮在介於地板下方裸露結構和岩岸海灘間的空中。它似乎高高地飄浮在我頭頂上，彷彿就要朝著大海飛去，進行一趟熱氣球之旅。事實上，屋子隨時會崩塌墜落，很快便劫數難逃。

屋子在它的死亡時刻以驚人的姿態矗立在懸崖邊，彷彿一個高空鞦韆表演者，高高地懸盪在底下肅靜的觀眾上空。這個壯觀而愚蠢的超現實奇景與迫近的災難，就這樣懸掛在半空中。以警戒線圍起的海灘，在靜靜等待著這個巨型入侵者的降臨。隨著懸崖不知不覺地持續受到侵蝕，不知不覺地也有更多地板下的結構裸露出來。已經褪色的標示牌與岩石上的黃色封條，見證了這部慢動作電影漫長的壽命。

這些景象從懸崖上方完全看不見。封條與交通錐將路過的人阻擋在人行道上，蔓延的雜草掩蓋了屋子後面的大海，讓人怎麼都看不出懸崖消失這個問題。曾經它也是座快樂的建築物，而今只剩下破碎而哀傷的空殼，留在這個反倒令人愉快的街道旁。大海已經奪去屋子立足的土地，很快地，也會奪去這間屋子。它曾經如此堅實穩固，現在已經變得極不穩定而脆弱，可能很快就會承受不住自己的重量而坍塌。什麼也阻止不了這件事發生。

五官知覺就像從人行道上觀看的視野。我們從一個受限的觀點看待事物，因此看到的東西較少。我們望向四周，看見我們的社會結構運作不良。我們尋找著原因，卻無法看見運作不良底下那個更深層的原因，一如我們從人行道上根本無法看出那座房子為何被宣布為危樓。儘管如此，原因仍是存在的，無論如何分析、計算或制定新計畫，都無法消除。若不辨認出原因，我們根本不可能知道一次阻擋不了的崩塌其實已經在進行。沒有任何再生工程、裝修工程或改造能搶救得了這座屋子。它在劫難逃。

我們的社會結構也是同樣的道理。可以這麼說，從人行道這個角度來看，它們逐漸惡化的運作不良看似可以理解、可以修復，但是從海灘這個角度來看，拯救它們的希望完全破滅。現實抹去了痴心妄想。創造力會重新聚焦在可達成的目標上，而遠離那不可能的。以這座屋子為例，這意味著讓崩塌盡可能安全地發生、規劃崩塌後的清理程序，然後建造一座新的、更適當的房子。

以我們的社會結構為例，這意味著指望一種新的、不同的，建構在堅實穩固之基礎上的社會結構。這些新結構正要開始形成，已經可以看見新的基礎了。這些結構是全新的，其基礎亦是截然不同的。新結構將表達、顯示、具體呈現出人類物種的新潛能，也就是真實力量。

以譬喻來說，多官知覺帶領我們走向沙灘，為我們揭露了驚人的景象。我們社會結構的基礎已經不復存在！它消失了，完全消失了。就像那座老屋，飄浮在空氣上，凸出到半空中。等待著的未來只有一個：崩塌，而那就是它們正在經歷的。它們已無法挽救，因為走向這個終點的境況是不可逆轉的。沒有什麼能救回屋子下的懸崖，沒有什麼能重新打造出一度支撐我們社會結構的基礎。

那個基礎就是外在力量——操弄與控制的力量。我們的社會結構反映出外在力量、表達出外在力量，並且延續著外在力量。外在力量與我們的社會結構密不可分的程度，好比水和瀑布。這些建築、基礎設施，以及存在的理由，都是外在力量。外在力量決定了社會結構的形式與功能。它們是用外在力量打造的，也是透過外在力量的手段建構而成的，外在力量是它們的基礎。現在，追求外在力量只會導致暴力與毀滅。曾經支持著我們社會結構的基礎，正如那座危樓下的懸崖，已經消失無蹤了！

如同那座老屋，我們的社會結構目前正處於毀滅邊緣，而且是無可挽救的。一旦崩塌，就再也搶救不回來。不可能將那座危樓降低到下方的岩岸上，也不可能原地重建。我們的社會結構是一種垂死意識的產物，是無可挽救的。就像那座老屋，在劫難逃。它們形成的過程是如此漫長又令人熟悉，而現在全都會被全新的、完全不同的社會結構所取代，那些是建築在一個不同之堅實基礎上的新結構。

＊　＊　＊

想像有一部蒸汽火車頭沿著鐵軌轟隆隆地急駛過來，比面前的任何東西都更有力量——野蠻、強壯、勢不可擋。這是一個進步的象徵，一個新時代的具體呈現。火車頭後方是燃料車，裝滿了煤炭。一位工程師將煤炭推進鍋爐裡，鍋爐裡的水加熱後會產生蒸汽，蒸汽會推動巨大活塞，驅使火車頭向前走。後方是車廂，載著前往下一個新目的地的乘客。那些人不會去思考火車頭讓旅途成為可能這件事，只會讚賞它。

在火車裡，一起都是美妙的。鄉村風光一幕幕往後退，一小時接著一小時過了，速度比馬匹還要快。列車上供應餐點，乘客彼此相談甚歡，還有軟墊讓旅程更舒適。不動的軌道是刻意讓列車保持穩固的。無論裡外，火車都是一個美好與鼓舞人心的東西。

現在，想像火車頭的燃料用完了，而且無法再取得。最後一塊煤炭已經推進鍋爐，鍋爐也漸漸冷卻下來。沒有製造出蒸汽，因此巨大的活塞無法被推動。強大的慣性力量不會中止，火車的質量與速度讓它延續著動力，但這並非無限期的。巨大的引擎已經變得靜悄悄，而且終將冷卻。火車起初只有稍微變慢，然後明顯變慢。乘客感覺到了減速現象，開始議論紛紛。或許引擎沒有燃料了，他們猜測著，他們不知道燃料無法取得，以後也不再能取得。最後，火車終於停了下來。這一刻，乘客別無選擇，只能下車，尋找另一種方式繼續他們的旅程。

這就是現在發生在我們身上的事。火車頭就是那個垂死的意識，繼續向前進，只是因為慣性的關係。我們已經感受到減速了。我們看見了周遭運作不良的現象越來越嚴重。我們看見用舊有的方式處理事情只會讓事情更糟。垂死的意識已經沒有燃料了。燃料無法取得，而且將來再也無法取得。那個燃料就是外在力量。當前，追求外在力量已經帶著我們到達它能力所及的最遠之處，火車已經慢下來了。

垂死意識的產物正在瓦解。

> **新意識**
>
> 五官知覺就像從人行道上觀看的視野。我們從一個受限的觀點看待事物，因此看到的東西較少。我們望向四周，看見我們的社會結構運作不良。我們尋找著原因，卻無法看見運作不良底下那個更深層的原因。

如何取代我們瓦解的社會結構

多官社會結構與真實力量的關係，和五官社會結構與外在力量的關係是相同的。這樣的關係是海洋與潮溼的關係。海洋就是潮溼。海洋本身就是潮溼。關於多官社會結構的一切，它的內部，以及它產生的結果，都與真實力量有關。多官社會結構就是海洋，而真實力量就是潮溼。關於五官社會結構的一切，它的內部，以及由它產生的結果，都與外在力量有關。五官社會結構就是海洋，而外在力量就是潮溼。

五官知覺對五官人而言是看不見的，他們沒有東西可以比較，沒有東西能形成對比，讓他們能看見。因此，他們不會認為五官知覺是他們物種的一個鮮明特色，更遑論會認為五官知覺是根本上的局限。五官人的進化需要求生存，而他們的生存需要外在力量。這就是讓五官社會結構得以形成、成長的土壤，五官知覺與外在力量、老舊意識的領域——人格的領域。

多官人能辨別五官知覺與多官知覺的差異，他們知道多官知覺是他們物種的一個鮮明特色。他們進化需要的是靈性成長，而他們的靈性成長需要創造真實力量。這就是讓多官社會結構得以形成、成長的土壤，多官知覺與真實力量、新意識的領域——靈魂的領域。換句話說，五官社會結構與靈魂、靈魂的意圖或能量都沒有關係。它們是陳腐的、無法運轉的、無法修復的，而且十分危險。

之所以陳腐，是因為五官社會結構建構在外在力量之上，而我們必須創造真實力量才能進化。之所以無法運轉，是因為它們創造出不合、競爭、囤積與剝削，而我們需要創造和諧、合作、分享，以及對生命的敬意才能進化。之所以無法修復，是因為它們並非破損，只是在為一個期限已到的物種服役。之所以是危險的，是因為追求外在力量如今只能製造出暴力與毀滅。簡言之，我們的五官社會結構沒有搶救的價值。那不可思議的已經無所畏懼地來臨了，它就矗立在我們面前，毫無歉意，如如不動——**在我們周圍崩毀的社會結構不再能支持我們的進化了**。

多官社會結構如同春天萌發的小草，從人行道的裂縫鑽出來。以譬喻而言，人行道就像五官社會結構，萌發的小草終將使它崩裂，沒有什麼能阻擋得了。承擔社會責任的投資、公益公司（benefit corporations）、對基因改造作物的強力反對、替代（另類）療法的、有機食品與保健補充品急速增長的市場、取代犯罪懲罰的修復式正義（restorative justice），以及病患自我負責的概念悄悄滲入病患對醫生的關係等種種現象，都能讓我們瞥見靈魂的多官社會結構已逐漸形成。

✵ ✵ ✵

當我還是個住在堪薩斯州的小男孩時，我會用磨刀石將口袋小刀磨利，每個我認識的男孩都在這麼做。後來我發現打磨砂輪可以將這個工作做得更快、更好，簡直太讚了！刀刃接觸到砂輪的那一瞬間，火花會激烈地往下噴出。以此類推：刀鋒是外在力量，砂輪是對它的追求，火花則是追求的產物。

科學、科技、飛機、太空船、抗生素、電腦、網路等，是其中一些火花，五官人迷戀這些。多官人看見了其他的火花，例如他們看見保險公司優先考慮的是「醫療儲金」，其次才是「治療開支」，當投資人與企業高層在獲利時，顧客正瀕臨死亡。他們看見刑事法院裡的富有罪犯竟比貧窮的無罪者更安全。他們看見公僕（政治人物）毫不羞怯地索賄（捐款）。他們看見政府記錄了他們收到的所有電子郵件、簡訊與電話，以及發送出去的所有電子郵件、簡訊與電話。他們看見大型企業記錄了他們的每一筆消費、活動地點與滑鼠點擊，以便操縱他們，然後將這份資料販售給其他公司一起加入操縱他們的行列。他們看見的火花還包括寡頭政治、獨裁統治、核子武器、貧窮、奴隸、無盡的戰火、機構殺人，以及全球性的污染等等，這些都是從刀刃噴出的火花。

他們看見了顧客、投資人、權力、性伴侶等在轉動著砂輪。他們看見不合、競爭、囤積與剝削從輪子噴出。他們問自己：「為何要為即將被屠宰的牛隻研發抗生素？」他們看見牛隻的健康不是重點，利潤才是重點，剝削才是重點，私利才是重點。他們看見大公司汲汲營營追求每一季的獲利，投資人也汲汲營營要求獲利。他們看見員工、顧客、社群與國家的安康福祉根本無關緊要。生命無關緊要，重點是外在力量。他們看見這其中沒有一件事是健康的、是生命不可或缺的，或是令人感到圓滿的。

你在創造真實力量的時候，沒有輪子會轉動，也沒有火花飛射而出。你的體驗從無意識地選擇恐懼的破壞性結果，轉變為有意識地選擇愛的建設性結果。你的創造力不再支持瓦解中的、人格的五官社會結構，而會轉而流向全新的、靈魂的多官社會結構。

你不需要下決定這麼做。你只要做出愛的選擇就能促成屬於靈魂的全新社會結構，而你做出的恐懼選擇則不然。無論想去任何地方，愛都是一條最直接的途徑。而無論你的人格恐懼面想去任何地方，恐懼都是最直接的途徑。當你選擇愛，人格的五官社會結構便會停止從舊有的人類意識中形成，而靈魂的多官社會結構則會開始從全新的人類意識中形成。

要創造真實力量，你必須踏進恐懼的黑暗以及對黑暗的恐懼裡，有意識地超越它們，然後張開雙臂迎向愛的光明。

這是取代逐漸瓦解的社會結構的唯一方法。

新意識

你在創造真實力量的時候，沒有輪子會轉動，也沒有火花飛射而出。你的體驗從無意識地選擇恐懼的破壞性結果，轉變為有意識地選擇愛的建設性結果。你的創造力不再支持瓦解中的、人格的五官社會結構，而會轉而流向全新的、靈魂的多官社會結構。

外在力量這座大廟

有一個社會結構是所有五官社會結構的母親。和其他社會結構一樣，前提也是將力量視為操弄與控制的能力，而且製造出破壞性結果，和當前追求外在力量所創造的結果一樣，沒有例外，那就是這座「外在力量大廟」。

所有進入外在力量大廟的人，都在禮拜外在力量，而且沒有一個人不進去的。它的讚頌詩集吟唱的是外在力量的頌歌，它的經典解釋的是何謂外在力量，它的冥想啟發你將力量視為外在的，它的藝術彰顯出外在力量的榮光——古巴比倫廟宇、埃及金字塔、每個王朝的每一座皇宮、紐約的摩天大樓、上海、杜拜等等。還有更多建築仍在建造中，而且永遠會建造得更大、更令人驚豔、更昂貴。大豪宅、奢華服裝、令人目不暇給的珠寶首飾、豪華遊艇、私人飛機，以及很快就會出現的私人太空船，都是以較局限的方式彰顯出外在力量的榮光。

外在力量的門徒會祈求外在力量，甚至連男女修道院、科學院所、法院、醫院裡都是如此。他們能認出彼此，儘管從未思考過外在力量大廟這件事，或將力量視為外在這個概念，但他們透過修練認識彼此，而他們所有人都在從事同樣的修練。他們會估算自己創造的價值、他人創造的價值，以及如何交換。他們會以日圓、美元、披索等角度賦予東西意義。他們會以幾斤重的蘋果、幾籃莓果、幾船載貨量的穀物等角度來賦予事物價值。他們會根據自己接受的教育和他人接受的教育、自己接受的醫療照護和他人接受的醫療照護、他們體驗到的正義和他人體驗到的正義等來賦予事物價值。

外在力量的門徒不需要任何建築物或場地來提醒他們重要的事，他們從不會忘記，那些擁有更多錢、接受更高教育、享有更大名氣、過得更舒適、擁有更多食物、更安全的人會提醒他們。那些擁有較少的也會提醒他們。那些過著奢華生活、擁有一切的人，和那些生活貧困、一無所有的人，還有每個生活在這兩種極端中間的人，在在都提醒著他們。外在力量的象徵無處不在，制服和武器是外在力量的象徵；金錢也是一種外在力量的象徵；摩天高樓裡的高級辦公室是外在力量的象徵；乳牛、山羊、公牛與橄欖樹的數量也是一種象徵。那些擁有較少的門徒想要更多，而擁有較多的門徒也想要更多。對外在力量的飢渴永遠無法滿足，那是個無底洞，一種無止盡的需要。

外在力量的門徒追求以最小的損失獲得最多。別人越需要他們所擁有的，他們對那些東西的需求就越大，而別人越不需要他們所擁有的，他們對那些東西就要得越少。為自己帶來多少收穫與利益就是鐵則，這個鐵則定義了他們的每一次的互動、交易與努力。從最大規模到最小規模的事件，他們的互動都一樣（利己），他們的能量都一樣（操弄與控制），而他們現在所創造的結果也是一樣的（暴力與毀滅）。

我小時候很喜歡飛機，我的房間擺滿了自己精心製作的模型，將輕質木做成的框架黏合起來，然後在一些地方黏上紙片，再噴一些水，看著紙張漸漸乾燥緊繃，就像第一次世界大戰裡的飛機，有著布質蒙皮——「紅男爵」[15]在他的偉大空戰裡使用的飛機。我認得第二次世界大戰使用的每一種轟炸機和戰鬥機，還有韓戰使用的各種飛機，從我們知名的F-86軍刀戰鬥機到幾乎長得一樣的米格機都很熟悉。

從哈佛畢業之後，我便想加入空軍駕駛戰鬥機，或駕駛從航空母艦出發的海軍戰鬥機，但我不及格的視力阻礙了我。我的飛行初體驗發生在軍旅生涯期間，那是在沖繩的一個週末。當時我駕駛一架有著布質蒙皮的雙座飛機，很像我早年製作的模型飛機，從郊外一處兩個車道寬的起落地帶起飛。我飛掠過美得令人驚嘆的白色沙灘與清澈的碧綠海水，然後立即掉頭朝陸地飛去，以防萬一。接著，我想到降落這件事，頓時一陣恐懼湧上心頭，沒有人在那裡協助我降落，但我已經上癮了。

✳ ✳ ✳

退伍之後，我取得了私人飛行執照、商用飛行執照、儀表飛行執照、多發引擎執照，以及地面課程教官執照。我穩定地從駕駛簡單的單引擎單速飛機進階到S變速螺旋槳飛機，再進階到有多枚引擎和收放式起落架的飛機。我熱愛飛行，也熱愛從事特技飛行。在戰鬥中駕駛超音速戰鬥機帶來的舊傷痛依然伴隨著我，但後來我發現了一個驚人的真相。我過去以為，駕駛我能接觸到的簡單小型飛機和駕駛我所渴望的高性能飛機這兩種經驗，是處在兩個完全不同的宇宙裡，但我發現它們飛起來完全相同！

所有的固定翼飛行器飛起來都一樣！它們具備同樣的控制器，和根本上相同的儀器，都依賴相同的基本技巧和知識。較複雜的飛機有較複雜的程序，學習這些程序需要經過特殊檢定，但是一般的小型飛機與大型客機或商用貨機，甚至最快的戰鬥機，其空氣動力學都是**一樣的**。如果你懂一架飛機怎麼飛，就能懂得它們全部怎麼飛。

同樣的道理也適用於外在力量這座大廟。外在力量大廟裡規模最大的互動和外在力量大廟裡規模最小的互動，其背後的動力學都是一樣的。有些複雜一些，例如籌措資金建造一座摩天大樓，或國際貿易，要學會這些複雜內容需要特殊訓練，但是你若知道其中一個互動如何運作，就能知道所有互動如何運作。街頭小販、勞工、跨國企業、國家等，全都遵循著同樣的規則。財經市場與商品交換，都遵循同樣的規則。這個規則就是收穫最大化、利己最大化、利潤最大化。每當我們以犧牲他人為代價來獲取利益時，就是在遵循這個規則。

我們積極搜尋最便宜的價格，賣方也以優惠價、批量折扣、免運費等條件來引誘我們。世上最大的武器製造商在販售武器給各國政府的時候（包括他們自己的政府），也使用完全相同的手法——一如相同的空氣動力學讓大型噴射機起飛，也能讓車庫製造出來的飛行器起飛，這其中只有細節上的差異。

有一位參與我們活動的學員，一位來自歐洲貴族家庭的年長者，向我們描述她所收藏的一些

15 譯註：Red Baron，一戰的德國王牌飛行員外號，本名 Manfred Albrecht Freiherr von Richthofen。

精彩藝術作品——畢卡索、夏卡爾、莫內、林布蘭等大師作品。我不禁驚呼：「和這些畫作生活在一起一定很奇妙吧！」她很驚訝地回答我：「它們沒有放在我家，而是放在瑞士的保險庫。我牆上掛的是複製品。」起初，我以為只有非常富有的人家會將美麗的珍品藏在人們永遠看不到的地方，更不用說讓人欣賞了，但是我想起在我們那個堪薩斯小鎮的母親，她也會將家傳瓷器安全存放（隱藏）在人們看不到的地方。

我們都置身於外在力量大廟裡，但直到最近我們才領悟到這個事實。外在力量大廟是五官的領域。外在力量大廟的門徒馬不停蹄地追求利己的事，一刻都沒有停歇。他們不在乎這對他人製造出什麼後果。這就是追求外在力量。

當他們的互動涉及了商品與服務，他們的追求便創造出「經濟」。

新意識

外在力量的象徵無處不在，制服和武器是外在力量的象徵；金錢也是一種外在力量的象徵；摩天高樓裡的高級辦公室是外在力量的象徵；乳牛、山羊、公牛與橄欖樹的數量也是一種象徵。那些擁有較少的門徒想要更多，而擁有較多的門徒也想要更多。對外在力量的飢渴永遠無法滿足，那是個無底洞，一種無止盡的需要。

貢獻者與消費者

經濟體是一個商品與服務製造、分配並消費的地區。可以是一個涵蓋很廣的區域，例如整個大陸，也可以是小區域，例如一個村落，也可以是最大的五官區域——包含所有的國家與文化，所有民族、所有人，這就是全球經濟體。它是恐懼的一個殘酷無情、野心勃勃、兇暴又自私自利的產物，通常我們會聽到最多關於這個經濟體的事，但我們也深受各個國家、各州與各城市的經濟所影響。我們甚至可以認出鄰里、關係和家庭之間的「經濟」。利己主義和「經濟」的概念密不可分，那是每一種五官經濟（互相剝削）活動的基礎。

經濟學研究的是如何把握機會讓自己獲利——如何對它們進行「利用」、「資本化」、「剝削」與「貨幣化」。一七七六年，有位蘇格蘭人亞當斯密（Adam Smith）描述了他對「市場」那隻「看不見的手」的理解：「市場」是（現在仍是）各種貪婪意圖一個永遠可靠的交集點，它決定了所有東西的售價。每當有意願的買家同意一個有意願賣家的價格，一樁生意便成交了。

賣家可能願意出售她的房子，舉例來說，因為她的孩子正在挨餓，她生病的丈夫也需要醫療照顧，但買家不會考慮這些情況。事實上，買家尋求的正是這樣的情況，買家的意圖（利己）並不會受賣家的意圖（利己）所影響。謀求私利是每一個經濟體、每一個買家和每一個賣家的意圖。

目前還沒有一個經濟學家發現任何方式或理由去改變亞當斯密的主張，即理性的（無感覺的）利己主義（恐懼）與競爭（恐懼）會（五官的）導向繁榮。亞當斯密所建構的這個巨大的恐懼結構，就是建立在人們對每一個人格恐懼面的根本體驗上。他們都害怕無法獲得自己想要的，他們都害怕失去自己擁有的。他們都在追逐外在力量。追求外在力量等於搭飛機飛進一個相信操弄與控制能創造自我價值與喜悅的幻想裡，而「消費主義」就是這個班機的另一個名字。

消費者是每一個經濟體的驅動力，即使是業主或公司管理階層也是消費者。整個世界都是他們的消費品與服務來源，他們消費的是他們需要用來製造更多消費品與服務的東西。他們能決定自己公司要消費多少鐵礦、木漿、辦公家具、機械設備、資訊與投資資本。

消費者做的是拿取。他們讓別人無法獲得東西，無論是什麼東西，消費者都會把它用完——食物、水、電、汽油……每一樣東西。他們消耗、鯨吞蠶食、鏟除掉樹葉、搞破壞。他們盡可能搜刮東西，然後全部納為己用。消費者會囤積，因為他們擁有的永遠不夠。他們會和其他消費者競爭同樣的商品與服務。他們不信任宇宙會供給他們想消費的、需要消費的東西，因此迫不及待想消費。消費者就像跑步輪上的小倉鼠，跑個不停。

消費者對自己消費的東西不負責。他們是這個巨大系統（經濟）中，不需要為其消費負責的部分。消費者甚至將自己和他們的關係都視為消費品，他們會說：「我對她真是欲罷不能」、「她是智慧的來源」、「我想要跟他更親近。」

消費者會購買房子、公寓租約、車子、衣服，以及任何能購買的東西。當消費者同時也是製造自己所消費的商品與服務的「工作者」時，對經濟體便具有雙重的重要性。一些沒有「資源」去消費或不工作來製造消費品與服務的人，對經濟體來說是無用的。他們睡在厚紙板上，在人行道上挨餓，在橋下死去。

貢獻者添加、增進，讓別人也能獲得東西。他們創造、發明、分享。這個世界因為他們而更豐富、更圓滿。他們為地球學校帶來新的、有益的事物。他們的慷慨大度與慈悲心、無私英雄的行為、為他人慶祝的情操，以及充滿建設性的創意將他們結合在一起。他們眼光長遠，擁有考慮到未來七個世代的眼界。他們種下莊稼，讓未來的人收割，他們知道種子永遠看不見開花。貢獻者信任宇宙會供應適當的東西。

和我有收養關係的一位拉科塔族叔叔有一次問我：「侄子啊，你知道水牛幼仔總是處於牛群中央嗎？那是最安全的位置。老水牛會移動到牛群外圍，將自己貢獻給牠們的兄弟，狼群。」接著他反思了一會兒，說：「我現在就像老水牛。我的生命完全奉獻給人民了。」他指的是**所有**人民。

當一頭水牛將自己貢獻給狼群，世界會損失什麼？宇宙有可能增加或減少嗎？當火焰把木材吞噬掉，它會有所增減嗎？物理學家會說沒有。他們會說，火將木材的位能轉化為放射能（光）與熱能（熱）。當引擎燃燒燃料的時候，宇宙會有所增減嗎？物理學家會說，燃料的位能被轉化為動能（讓車子移動）與化學能（二氧化碳）。二氧化碳被植物和樹木消耗了嗎？生物學家會說，植物和樹木將二氧化碳轉化為氧氣。我們呼吸的時候將氧氣消耗掉了嗎？生理學家說我們將它轉化為二氧化碳（餵養植物和樹木），以及我們身體細胞成長所需的能量形式。事實上，他們告訴我們，每個生物都會轉化（代謝）能量。

印度一位偉大的神祇克里希納（Krishna，或譯奎師那）曾在世上最偉大的一場戰役前，告訴世上最偉大的戰士阿朱那（Arjuna）：「凡是認為自己可以殺人，以及認為自己可以被殺的人，都錯了。」他說的可能就是能量（我是這麼認為）。印度經典說：「火焰無法燒毀靈魂，刀劍無法劃傷靈魂。」人格的死亡會讓宇宙變小嗎？人格的誕生會讓它變大嗎？能量、生命、意識與愛的能量，從一種形式轉換到另一種形式的過程是無始無終的，能量無法增加或減少（這是熱力學的第一條定律），宇宙也是無法增加或減少的。

「消耗」是五官知覺的一種工藝品，如同「偶然」與「隨機」。「貢獻」則是多官知覺的實相。我們透過每一口呼吸和每一個動作貢獻（轉化）能量。每一個代謝過程都會利用並製造能量。化學能變成放射能，位能變成動能……等等。這種動態一直是我們本質與作為上的一大部分。

我們在追求外在力量的時候，會無意識地將恐懼（例如嫉妒）轉化為其他形式的恐懼（例如憤怒與怨恨），而我們在創造真實力量的時候，會有意識地將恐懼轉化為愛（例如感謝、耐心、欣賞等）。我們是一個擁有力量與創造力，懷著慈悲與愛的靈。我們帶著每一個愛的意圖與每一個恐懼的意圖做出貢獻。我們無法停止貢獻。每一刻，無論是在有意識或無意識的情況下，我們都在回答這個問題：「我將**貢獻**些什麼？」

貢獻愛不會為宇宙增添愛，貢獻恐懼也不會減少宇宙裡的愛。宇宙**就是**愛。我們的貢獻只是決定了我們在宇宙學校裡的**一己體驗**。當我們貢獻愛，我們體驗到的是愛，我們體驗到創造力、意義與喜悅，而當我們貢獻恐懼，我們的生活會充滿痛苦與絕望。

現在，我們正在變成**有意識的**貢獻者。

我們正在一個全新的經濟體中就定位。

新意識

消費者做的是拿取。他們讓別人無法獲得東西，無論是什麼東西，消費者都會把它用完。貢獻者則添加、增進、讓別人也能獲得東西。他們創造、發明、分享。他們為地球學校帶來新的、有益的事物。他們種下莊稼，讓未來的人收割，他們知道種子永遠看不見開花。貢獻者信任宇宙會供應適當的東西。

新經濟

新經濟與舊經濟的不同，一如多官知覺與五官知覺的不同、真實力量與外在力量的不同、我們正逐漸形成的新物種與逐漸淘汰的舊物種之間的不同。兩者的不同就像愛與恐懼之間的不同。舊經濟完全是五官人的產物，也完全不適合多官人。

舊經濟需要追求外在力量。追求外在力量如今只能製造出暴力與毀滅，這個障礙妨礙了我們的進化。舊經濟不是個障礙，追求外在力量才是障礙。舊經濟只是投射出五官人對於力量的理解，亦即認為它是操弄與控制，然後將這份理解投射至製造、分配、使用商品與服務的領域。

舊經濟將人類活動貶低至得與失，排除了人類經驗中的關懷與連結部分，並將參與者劃分為窮人與富人、有權與無權的、挨餓與飽足的、安全與脆弱的。無論從哪一方面來看，舊經濟都是破壞性的，它的基礎已經衰敗，它正在崩塌。

從多官知覺來看，舊經濟的整個結構就是人格恐懼面的無意識創作。它在集體經驗這塊畫布上，描繪出我們每個人內在最痛苦且具破壞力的動力，這幅描繪簡單得驚人，卻完全準確。

舊經濟是利己主義的無意識合流，那是「無法永續」最即時、最貼近現實生活的可怕定義。

它所根據的是不和、競爭、囤積與剝削，它是屬於人格的。我們用每一個恐懼與懷疑的選擇為舊經濟做出貢獻。凡是阻礙多官人進化的，就是舊經濟。

夏末的時候，奧勒岡州會出現滿坑滿谷的黑莓，沿著道路與河流生長，城市、鄉村、後院，包括我們家後院，都長滿了黑莓。它們生長得非常迅速，很堅韌而且帶刺。我們常開玩笑說，整個州底下長著一株巨大的黑莓根，這可以解釋為何即使我們已經到處拔掉這種植物，或已經拔掉數以萬株的黑莓，卻仍無法根除。跟我們州一樣大的那個根也必須拔除才行。

外在力量就是跟物種一樣大的根，埋藏在所有的五官社會結構底下。在拔除它以前，我們的社會結構將會持續阻礙多官人的進化，而我們唯一可以將這個根拔除的地方就是在我們的內在。這意味著在我們改變之前，社會結構不會改變。從多官的角度來看，世界反映的是我們內在的動態，一如鏡子反映外相。舊經濟就是我們的其中一個反映，顯示出我們人格中一些只會剝削而不貢獻的殘酷面向。

競爭、不和、囤積與剝削，都是屬於舊經濟的東西。它們**就是**舊經濟。換言之，舊經濟是一部學術上正式認可的劇本，專為從恐懼做出無意識選擇、追求外在力量的人格恐懼面所作。

和諧、合作、分享、對生命的敬意，都是新經濟的東西。當多官人做出負責任的選擇，也就是能創造出他們願意承擔責任之結果的選擇時，他們就會創造出這些東西。換個方式說，在將力量理解為人格與靈魂的一致，尚未取代將力量理解為操弄與控制的能力之前，新經濟都無法取代舊經濟，而這現在正開始發生。

數百萬之前只追求金錢獲利的投資人，現在想追求更多東西。他們在自己的投資加上了一個

「不傷害」的標準。例如，他們拒絕投資製造武器、製造不健康產品、污染環境或藐視人權的公司，例如那些企圖控制水和食物這兩樣生活必需品的公司。這稱為社會責任投資，是主流的投資活動。全球各地的學生正在要求他們的大學對不負社會責任的公司撤資，全球各地的工人也開始要求他們的退休基金從這些公司撤資。

新的投資人正超越被動的「不傷害」標準，進一步走向「有益」的標準。他們要求他們購買股票的公司為員工、當地居民、自己國家與環境的福祉做出貢獻。這是一種極具影響力的投資方式，而且正在成為主流。換言之，全球數百萬的投資者曾經無意識地一致貪婪，而現在正有意識地一致支持生命。

一種新經濟正在崛起。

* * *

樹木不只能形成森林，每一棵樹木都是許多物種、昆蟲和小動物的棲身之所。牠們藏身在樹皮裡和樹根底下，小鳥吃昆蟲，大鳥吃小鳥。一棵樹的貢獻不會停在它倒下的那一刻，當樹木開始腐敗（轉化），轉換為新能量形式，為更多動物、昆蟲和微生物做出貢獻，這時新的貢獻便開始，而且將持續下去。

森林的誕生、成長與死亡是不會停歇的。大火為新的樹木創造出空間，溼地成為草原，草原成為森林，而生態系統，亦即那個交織著生物一生與生死、互助與互惠的經濟體則繼續著，利益著所有部分，也接收著所有部分的利益。

新經濟也是一種生態系統，反映的是對多官知覺來說處處都清晰可見的恰當性。當每一個人類經驗都是一種業力上的必要（它的確是），什麼是匱乏？（沒有）。什麼是豐盛？（沒有）什麼是恰當的？（所有）。我們用每一個愛與信任的選擇來建構這個新經濟。

新經濟是真實力量的投射，投射至一個世間生命和我們彼此之間相互施受禮物的領域。在集體經驗這塊畫布上，描繪出我們每個人內在最健康、最喜悅的動態，這幅圖像簡單美好、永遠準確，而且持續在創造中。

對五官人而言，一個奠基於靈魂價值的經濟體是不可能達成的理想。而對多官人而言，舊經濟體才是不可能的概念，隨著它的瓦解，它製造出更多的暴力與破壞，阻礙我們的進化、威脅我們的生存，它體現的是外在力量，而我們的進化現在需要的是真實力量，那就是為何包括舊經濟在內的每一種社會結構都沒有未來的原因。

一陣新風潮已經吹起，它來自一個新的方向。

新意識

和諧、合作、分享、對生命的敬意，都是新經濟的東西。當多官人做出負責任的選擇，也就是能創造出他們願意承擔責任之結果的選擇時，他們就會創造出這些東西。換個方式說，在將力量理解為人格與靈魂的一致，尚未取代將力量理解為操弄與控制的能力之前，新經濟都無法取代舊經濟，而這現在正開始發生。

商業的新意圖

經濟體是外在力量大廟裡的其中一座祭壇，而商業是另一座。這兩座並排齊列。其中一座祭壇的禮拜者經常會去禮拜另一座。經濟體類似於外在力量的海洋，而商業類似於定期往返於外在力量大海上的漁船。

有些船隻很小，用小型漁網捕魚，而有些船隻十分巨大，可以撒出橫跨幾英里海面的拖網，那會毀掉幾乎所有生物。有些是局部地區的軍艦，會在需要時彼此開戰。船隻撒網不是為了要捕魚，而是為了獲利。魚對他們並不重要，牠們只是在獲利這件事情上扮演了一個角色。漁船捕獲的魚越多，他們就獲利越多。獲利是如此重要，因此他們會破壞無數的海洋生物來達成這件事。然而這些拖網漁船的船長們（企業主管）、拖網漁船的船員（企業員工），以及拖網漁船的擁有者（股東），並未遭到嚇阻。

在這個比喻裡，海洋裡的魚兒就是消費者與投資者，他們也在追求外在力量。消費者尋求好的交易，投資者尋求被低估的股票，拿其他投資人的福祉下賭注，一窩蜂地湧向能讓他們獲利的基金與公司，一旦它們無法做到便立刻棄之而去。正如顧客總是哪裡買得到最便宜的特價品就去哪裡買，投資人除了忠於自己的利益之外，毫無忠誠度可言。海洋裡所有的魚都是魚！

舉例來說，海上的船隻不會在空無一物的水域撒網或捕魚。有一個龐大產業專門吸引魚兒游向它們，那就是廣告產業。廣告產業對船隻的福祉沒興趣，它有興趣的是獲利，它也在捕魚。廣告公司是其他公司的顧客，例如電臺、電視、報紙、網路服務業者、平面設計師等等，而這每一個公司也是只對獲利感興趣，而且反過來也是其他只對獲利感興趣的公司的顧客。外在力量這片海洋裡的一切東西都只對獲利感興趣。這就是外在力量這片海洋的本質。

獲利就是過剩，是擁有比一間公司支付開銷所需更多的錢，換句話說，擁有比它需要支付給所有應付項目更多的錢。它多過需要付給員工、對它有販售行為的其他公司、每三個月付給投資人以吸引他們繼續投資的錢，而在跨國企業的例子中，則是執行長**幾百倍**於員工獲得的薪水與福利。扣除以上一切之後，其他剩下的才是獲利！跨國企業通常剩下**非常多**。他們拿這些獲利做什麼呢？用來賺取更多獲利。他們得到的永遠不夠。

這聽起來很熟悉嗎？我們人格的恐懼面持續不斷地要求更多——更多讚譽、肯定、欣賞、金錢。想要更多的需求非常強烈，因為底下那份無力感的痛苦非常強烈。人格恐懼面會追求外在力量來掩蓋那份痛苦。跨國企業不會體驗到無力感的痛苦，因為它們無法體驗任何事。它們不是人格，它們是我們那具有破壞性之內在動態的反映。

我們人格的恐懼面不包括一丁點的慈悲心或一絲絲的智慧，因此在跨國企業裡沒有一丁點慈悲心或一絲絲智慧。這些企業的目標既空洞又充滿破壞性，它們對獲利的追求是有毒的，它們的存在為人所輕視、害怕，它們和我們自己對外在力量的追求一樣，製造出同樣具掠奪性又好鬥的活動。那些貪婪的執行主管與投資人是我們的代理行動者，他們並未製造出這些冷酷無情、貪得無厭的怪物。**我們**才是這一切的起源。跨國企業巨大的破壞性意圖與追求外在力量的野蠻，都源自於**我們**。

跨國企業反映出我們內在那一切冷酷、充滿破壞性、殘忍的面向。若不改變我們自己，我們根本無法改變這些反映的映像。魔鏡啊魔鏡，誰是世界上最有愛的人？誰又是最殘酷的人？你是哪一個呢？

愛默生（Ralph Waldo Emerson）曾如此描述一個轉捩點：

人人皆小心翼翼，防止鄰人欺騙他。但有一天，當他開始小心不讓自己欺騙鄰人，那麼……他已經將自己的購物推車蛻變成一部太陽戰車。

我們正處於一個轉捩點，而且正轉向了太陽的方向。有千百萬的多官人在創造真實力量，而非追求外在力量。新型企業勇於探索那片能讓獲利需求與心靈需求取得平衡的新疆界。靈性伴侶關係與商業的融合一再呼喚著我們。企業一向賴以導航的羅盤已經開始變得異常，不再指向獲利那個舊有的真北了。新型企業所依賴的指引，根據的是一顆不同的北極星，因此朝向了一個不同的目的地。他們參與的是因獲利而得以服務他人的動力，而非藉由服務他人來獲利所驅動的陳腐動力。在這種新動力的背後，潛藏著所有商業的最新意圖，那是一種純粹服務的意圖，一如所有商業最古老的意圖是純粹獲利。

新商業逆轉了商業的能量流方向！將接受轉變為給予。新商業尋求的是連結，而不是顧客。它們為生命做出貢獻，而非剝削生命。它們改變了商業的重點，從恐懼轉變為愛！

新型企業將商業徹底翻轉，這是我們第一次看見，商業成為它需要成為的樣子。這是我們第一次看見，**我們**成為需要成為的樣子——我們的進化如今需要的是貢獻而非剝削，連結而非消耗，以及在一個遠非我們能想像的、更寬廣的經驗領域裡從事建設性的共同創造。

全新的商業社會結構正在崛起，我們就是其中一份子。

不然會是誰呢？

新意識

跨國企業反映出我們內在那一切冷酷、充滿破壞性、殘忍的面向。若不改變我們自己，我們根本無法改變這些反映的映像。

新型企業勇於探索那片能讓獲利需求與心靈需求取得平衡的新疆界。他們參與的是因獲利而得以服務他人的動力，而非藉由服務他人來獲利所驅動的陳腐動力。

在這種新動力的背後，潛藏著所有商業的最新意圖，那是一種純粹服務的意圖，一如所有商業最古老的意圖是純粹獲利。

多官治理

每一個政府，無論叫什麼名字，都是由透過求生存而進化的五官人所創造的，而他們求生存的手段是追求外在力量。換句話說，所有的政府都奠基於外在力量，無論源自哪裡、如何稱呼、如何建構，或無論如何聲稱，都是如此。因此，現今所有的政府都不穩定、難以運轉，而且具有破壞性。

我們置身一個全新的疆域。我們的政府失靈了，而且無法修復，因為它們並不是壞掉。它們已經過時老舊，無法再現代化。之前，它們支持著五官人的進化，而現在，它們阻礙了多官人的進化。

五官形式的政府創造並強化治理集體群眾的規則，例如禁止與部落外的人或同一宗族的人結婚這個規定。議會民主制與長老會議（councils of elders）都是五官形式的政府。五官政府的起源可能是來自某個軍閥或絕對王權（最初是相同的）。控制方向是由上（軍閥或君王）而下（其他所有人）。在多數這樣的政府裡，反抗必然會招來牢獄之災、酷刑或死亡。中世紀的歐洲王朝、俄國沙皇、日本與中國的皇帝，以及沙烏地阿拉伯、俄國與中國的政府，就是其中幾個例子。

在本章與下一個章節裡，美國政府將示範一個五官政府與多官人的進化之間如何走到一種死胡同的關係，所有的五官政府與多官人之間的關係都一樣是如此。

有些學者認為，大教堂是我們最偉大的集體創造物。有些科學家說太空探索是最偉大的。而我相信，我們最偉大的集體創造是我們五官治理的先進形式。希臘的城邦雅典（西元前五〇〇年）或許是第一個民主制度。雅典的菁英，亦即受過教育、擁有財產的男性，是僅有的公民，女性與奴隸並不是。男性靠抽籤選擇政府並參與其中，女性與奴隸無法這麼做。兩千三百年後的美國政府根本上是一樣的（除了抽籤部分）。殖民菁英，亦即受過教育、擁有財產的男性，是僅有的公民，女性與奴隸不是。

連接這些民主制度的歷史是暴力。例如，一二一五年，英國一群惡棍（男爵）與惡棍王（國王）發生戰爭，而他們之間達成的協議是由最強惡棍天主教教會所牽線的。惡棍意味著殘暴之力，是對外在力量最赤裸裸的追求。惡棍國王給了惡棍男爵一些他們想要的東西，然後所有參與者卻拋棄這個協議，又回去當惡棍，不過在這過程中發生了一個新的事件。惡棍國王同意限制自己的活動範圍！之前從未發生過這種事。惡棍國王（與惡棍王后）宣稱藉由「君權神授」（divine authority）來統治，這表示他們的決策都是上帝的旨意。

這些惡棍男爵與惡棍國王之間的協議，便是後人所知的《大憲章》（Magna Carta，Carta意指「憲章」。憲章是權限授予之意。）《大憲章》企圖以非暴力方式結束衝突，結果失敗了，卻種下了一個概念的種子，那個概念後來就是為人所知的「法治」（Rule of Law）。現今先進的五官政府形式是設計來以非暴力方式終結外在力量衝突的，更明確來說，是設計來以非暴力方式轉移外在力量的。

美國政府就是其中之一。美國開國元勳（英文中為Founding Fathers[開國之父]，沒有Founding Mothers[開國之母]）創造了立憲代議民主制，以控制發生衝突的外在力量追求行為，維護共同利益。他們從前人與同期共事者身上汲取了關於治理的最佳概念，納入制度裡。

約翰・亞當斯（John Adams）十分尊崇羅馬的西塞羅（Cicero），西塞羅是共和制的擁護者。西塞羅也影響了湯瑪斯・傑佛遜（Thomas Jefferson），傑佛遜起草了《獨立宣言》。英國的湯瑪斯・霍布斯（Thomas Hobbs）提倡特定人之間的平等（但不包括男女平等），他提出「代表性」政治權力（必須以被治者的同意為基礎）做為唯一合法正當的政治權力。英國人約翰・洛克（John Locke）主張劃分政府權力，並宣稱革命是一種權利，在某些狀況下甚至是一種義務，而這深深影響了美國獨立革命、《獨立宣言》，以及《美國憲法》。法國人孟德斯鳩（Montesquieu）描述了將政府權力分為立法、行政與司法的三權分立制度。以上這些綜合起來，形成了美國政府最根本的「制衡原則」。事實上，除了《聖經》以外，孟德斯鳩的學說是美國開國元勳引用最多的資料來源。

這些人建立的政府，過去確實十分了不起，但是現在已注定走到末日，原因恰如那座懸空的老屋子——它的基礎已經消失了。追求外在力量已經不再能創造共同利益，追求外在力量根本完全沒有任何利益。一如那座老屋子將會崩塌，其他形式的五官政府也會一起崩塌。

民主政府，五官治理領域裡的最高峰，向來是一個大鍋爐，混雜著狂妄、欺騙、背叛與卑鄙手段，換言之，也就是各種外在力量的追求。儘管如此，仍擁有極大優勢。政治戰爭裡的輸家，即使是最野蠻的一方，都能重新部署、重新計畫，在下一次選舉以更猛的力道攻擊對手（而非被殺）。贏家的權力獲得鞏固，更加茁壯，蓄勢在下一場選舉裡帶著優勢（以在職者身分）展開下一波攻擊。

這一切，對當前多官人的進化來說都是適得其反的。

無論我們創建多少或毀滅多少五官政府，無論我們推選出來的人多麼有智慧，多麼敏銳、優秀、懂得關懷他人，或有多麼惡劣、卑鄙、粗魯或暴力，五官治理的社會結構如今都只能導致暴力與毀滅。

這種情況是永久的，美國、法國、俄國與海地的大革命已經不再能為我們指出前方的道路。革命只不過是轉動輪子，將外在力量從一組人馬轉移到另一組人馬手上，從一套價值觀轉移到另一套。進化將汰換這個輪子，以過去無法想像的形式與功能取而代之。

我們置身於一場進化之中，而非一場革命。

新意識

無論我們創建多少或毀滅多少五官政府，無論我們推選出來的人多麼有智慧，多麼敏銳、優秀、懂得關懷他人，或有多麼惡劣、卑鄙、粗魯或暴力，五官治理的社會結構如今都只能導致暴力與毀滅。

多官治理初探

治理的五官社會結構不但建立在外在力量上，也表達出外在力量。外在力量如今只會製造出暴力與毀滅。這就是我們探討變化中的治理社會結構的總體框架。

治者與被治者之間的關係可以合為一體來看待，因為若沒有治者，也就不會有被治者，而若沒有被治者，也就不會有治理這件事。換言之，被治者與治者永遠存在。這些都是目前正在消融的劃分，可以說，也就是「我」與「他者」之間，「他者」與「我」之間的劃分。這些劃分都是以五官知覺做為基礎。

從靈魂的非個人觀點來看，亦即從多官人的觀點來看，被治者與治者並非個別存在的獨立個體或甚至實體。「個體」，根據五官人對這個詞彙的了解，意思是一個人格，而根據多官人的了解，「個體」指的是「加上靈魂的人格」。當靈魂介入大局，整個局面會出現根本上的、戲劇性的改變。

每一個靈魂都有多重的人格，而從靈魂的觀點而言，所有人格與所有人格進行的互動皆同時存在。這是智力無法理解或領會的，五官也看不出任何跡象。然而隨著人類物種逐漸成為多官的，這個事實將益發明顯。在某一次轉生為受害者的人，在另一次轉生變成壞蛋。角色對調了，人格會嘗試各式各樣的角色。可以這麼說，所有這些經驗都會累積在靈魂裡。

在這個更廣大的全貌之下，對「治者」與「被治者」的理解會出現在哪裡？它瞬息萬變，事實上短暫無常，儘管它感覺不是如此，對地球學校的人格來說，它們的體驗也不是如此。因此，當我們問：「有什麼能替代五官的治理社會結構？」正確答案，也就是最精準的答案與總體的觀點是「一個逐漸形成的、建立在靈魂的知覺與價值觀上，而非人格的知覺與價值觀上的治理社會結構。」然而，我們依然會問：「這對個人而言有何意義？」個人如何做出貢獻，促進奠基在靈魂的價值觀、能量與意圖上的治理社會結構？總的來說，答案同樣是「創造真實力量」。沒有別的方法了，唯有如此才能促進你靈魂的人格所體驗到的，以及多官人格在創造真實力量時所創造的社會結構。

然而從五官的觀點來看，這個答案無法令人滿意，因為五官的觀點強調的是改變物質世界以解除痛苦、不安全感、焦慮、自我憎惡、缺乏價值感，以及持續欲求不滿、求之不得的問題。因此，從五官的觀點來看，答案是「做些什麼」，我們必須做些什麼事，不是個人必須去做，就是集體必須去做。我們既有的治理社會結構，其實是所有的五官社會結構，都是朝著這個方向建構的。因此，要促進建構在靈魂價值、能量與意圖上的多官治理社會結構，就必須放棄總是想做些什麼、想改變世界的五官命令。

世界不會被這種命令所改變，是你對世界的體驗改變了。你業力上的責任並沒有改變，它們會持續製造各種體驗，而那些體驗持續給你機會做出更有智慧、更慈悲的選擇。我們會這麼說，人格的恐懼面就是該人格的治理面向。它們要求人格做出它們覺得必要做、必須創造的事。當你挑戰你的人格恐懼面，你便是挑戰了五官治理結構中治者與被治者的劃分。

與其試圖改變那些外在世界的治理者，或外在世界的被治者，你可以改變自己內在那個治者與被治者，然而在你內在，這樣的區分唯有在你的人格恐懼面存在並持續控制你時才會存在。當你的人格恐懼面受到挑戰，它們便會失去一直在尋求的控制權，當它們受到挑戰，你人格的慈愛面便獲得培養。舉例而言，當你挑戰經常妄下評斷的人格恐懼面，你便是培養了擅於接受的慈愛面。你人格的慈愛面不會尋求控制權，它們尋求的是貢獻，而它們確實辦到了。

五官人格對自己說：「地球學校有其他幾百億人做出與我不同的貢獻，我的貢獻能帶來什麼好處？」智力會拋出這樣的問題，然後在五官領域尋找答案。在多官知覺的領域裡，這個答案十分清楚。這個世界，包括人類的各種社會結構（治理的社會結構包括在這個族群內），是一面鏡子，一個投射，一種了解自己的方式。你試圖改變這個反映出來的鏡像，但它不會改變，只是又變成另一個鏡像，映照出一個試圖改變鏡像的人，而鏡像意味著外在世界。然而，當你將注意力轉向內在去改變自己，將會大大改變鏡像，會將對外在力量的追求從鏡像裡消除。

換言之，一個社會結構就是一個宏觀總體上的經驗。然而若沒有微觀個體，宏觀總體就無法存在。而改變唯一可能發生的地方就是在微觀個體上，因為宏觀只是反映出微觀，智力就是在此遭到強烈反對而崩潰的，可以這麼說。

五官的治理社會結構根據的是外在力量，以及誰擁有它。形成立憲代議民主制的治理社會結構依然反映出這個不變的情況。那些擁有最多選票的人，擁有最強大的外在力量；那些影響力最強大的人，擁有最強大的外在力量，而這是不可能藉由追求影響力與外在力量而改變的。

換言之，「個人如何做出貢獻，以促進治理社會結構的形成？」這個問題，觸及了多官知覺的核心，以及高階邏輯和心靈領會。它將處於過渡階段的個人，例如你，放到一個極具挑戰性的位置，因為他們的人格恐懼面要求要做些什麼事，排斥內在轉化能帶來外在轉化這樣的概念，認為那是無稽之談。然而高階邏輯與心靈的領會卻看得非常清楚，包括看透想要繞過這個知覺的企圖，例如企圖將自己變成一個更好的人，為的是創造一個更好的世界。而這同樣屬於五官知覺的世界觀，這樣的世界觀將世界劃分為自己與他者、自己與世界、內在與外在。從靈魂的非個人觀點來看，這兩組之間並沒有區別。

這個充滿挑戰的情況已經出現，因為人類物種第一次從受限於五官知覺、認為力量即是操弄與控制能力的物種，轉化為多官的、看見並體驗力量為靈魂與人格的一致，並且看見多官治理社會結構形成的物種。誰在治理？誰是被治理的？在此，做出一個負責任的選擇是無可避免的，也是無從逃避的。然而，從那樣的觀點來看，你雖然在治理，但是無有一物可治理。

若是如此，那麼社會上的不公不義、不平等、種族主義、偏見、威權主義、殘暴行為會如何？這些也全都是內在動力的反映，那些內在動力全部存在於你之內，在每個人之內。

這些經驗，這些洞見，雖然與智力的要求和五官的局限相互牴觸，不過它們本身即是對多官治理社會結構形成的初步窺見。

新意識

「有什麼能替代五官的治理社會結構？」正確答案，也就是最精準的答案與總體的觀點是「一個逐漸形成的、建立在靈魂的知覺與價值觀上，而非人格的知覺與價值觀上的治理社會結構。」

來自深層的健康

美國「醫療保健」（heath care）包含四個部分——保險公司、製藥廠、醫院與患者。這些部分內部與彼此之間的緊張關係，已經在美國製造出荒謬怪誕的結果：一個關心自身健康更甚於病患健康的醫療保健體系。

如我們提過的，保險公司拒絕為瀕死病患做治療，只為增加高層主管與股東們的利益，瀕死的病患於是死亡。

美國醫院優先考慮的是能否收到付款。急診室病患懇求著醫生，而同時醫院員工忙著在電腦輸入姓名、地址、保險單號等資料。

製藥公司為他們的藥物收取亞當斯密所謂的「看不見的手」所允許的最高費用，包括那些投藥就能救命、不投藥就能終結一條命的藥物。當顧客付不出錢，他們就不投藥，任顧客死去。

醫師是這個體系或說企業的馬前卒，與保險公司、製藥公司和醫院有聯盟關係。

這就是美國「醫療保健」殘酷本質的赤裸裸呈現。數百萬人每一個月、每一個星期，或者每一天都必須在房租、食物、暖氣和醫療之間做出選擇。（你會選哪一個？）

無論一個醫療保健體系是私有或國有的，或綜合的，五官的醫療保健社會結構運作，是建立在外在力量之上的，它所提供的照護也是建立在外在力量之上。

五官的醫藥是在分子層次上（藥物）與器官的層次上（手術）操弄並控制身體。它所定義的健康為身體的健康，並認定每一種身體功能的失調都是身體原因造成的。它主張每一種健康的欠缺都是身體健康的欠缺。從五官的觀點來看，不可能有其他種類的健康了，正如除了操弄與控制的能力之外，沒有其他種類的力量了。

精神健康、情緒健康、心理健康，甚至是「靈性健康」，都被簡化並歸咎於身體的原因與身體的結果。沒有任何疾病的原因來自比身體更深的層面，也沒有任何治療法能深入比身體更深的層面。受孕前與死亡後的健康概念，是無法想像的。在五官領域裡，大腦就是每個經驗的誕生之處與死亡之處。一切的思想、情緒、洞見、啟示等，都導向大腦，也在那裡走到盡頭。每一種人類經驗——超越、狂喜、靈感等，都是有機化學的副產品。大腦的死亡就是意識的死亡。

五官醫師會解剖屍體以了解生命，但他們卻無法以這種方式了解廣義的「生命」。他們也不了解自己的生命——他們內在的情緒、意圖、愛與恐懼的能量，以及如何在兩者之間做出選擇。他們對靈性成長、支持他人獲得靈性成長，或接受他人支持而獲得靈性成長方面，沒有任何想法。他們無法分辨終將一死的人格與不死的靈魂之間有何區別，因此，他們對於這兩者之間的關係一無所知。

他們並未認知到人格的誕生是靈魂自願進入地球學校，而其死亡是靈魂在自己選擇的時間點返回無形界。他們並未認知到治療方法（cure）和療癒（healing）的不同，前者是身體過程的操縱，而後者是讓意識進入愛的活動。他們追求不老泉，一如之前歷代的國王與征服者，卻沒有認知到造成他們外在與內在老化的原因——負面心態。

更長壽、身體更健康、更少疼痛是他們的努力所帶來的豐厚禮物，但是現在，要創造健康並讓它得以永續，需要更多東西，更加豐厚的禮物已經出現。健康是來自更深層的地方。身體健康與身體疾病的根源並非身體原因。五官人認為急性的身體功能失調，例如心臟病發作，是個突發的緊急狀況，他們會在救護車的閃燈與鳴笛聲下衝往急診室。而從多官人的觀點來看，五官的「緊急狀況」都是多生多世累積形成的。**每一次身體功能的失調，等到出現在地球學校時，都已是緊急狀況**。只有創造真實力量，才是長久的預防性醫療保健。

多官的醫療保健社會結構能支持並反映出愛的健全與建設性結果，奠基在有意識的選擇，能辨認出物質身體的現象（例如疾病或受傷）或非物質現象（例如情緒體驗）上的非物質的原因（意圖）。它認知到身體的健康與情緒的安樂是相同的（愛），也認知到身體不健康與情緒不安是相同的（恐懼）。它認知到慈悲與智慧能為生命塑造出謙虛、清明、寬恕與愛的體驗，而缺乏慈悲與智慧則為生命塑造出自大、無知、仇恨與恐懼的體驗。

健康與真實力量之間密不可分的關係就是多官醫療保健社會結構的基礎，人格、靈魂與健康的關係就是其內涵。它需要的是自我負責。它了解健康即是愛（恐懼的不在），以及疾病即是恐懼（愛的不在）。

在創造健康之路上，共創的醫病關係、數百億的保健補充品與維生素市場，以及相互支持的靈性伴侶關係，就是對當前正在我們身邊崛起的多官醫療保健社會結構的初步窺見。它有助於實現穩定、持續、有意識之愛的體驗，別無其他。

對於建立一個有助於實現穩定、持續、有意識之愛的體驗的醫療保健社會結構，你認為這是不可能的信念有多堅定？

你認為這是無可避免的信念又有多堅定？

新意識

從多官人的觀點來看，五官的「緊急狀況」都是多生多世累積形成的。每一次身體功能的失調，等到出現在地球學校時，都已是緊急狀況。只有創造真實力量，才是長久的預防性醫療保健。

新冠病毒奇蹟：為什麼？

在我撰寫這本書的二〇二〇年春天，這就是我們的處境，以下是我所看見的。新冠病毒是個象徵，如同地球學校的所有事物，但是新冠病毒這個發生在地球學校的經驗，幾乎是同時波及了地球上的每一個人，因此有值得我們學習之處。

五官人正在學習關於新冠病毒感染的知識，以及在身體物質的層面上如何控制，而多官人能從新冠病毒身上學習到五官人無法學到的東西。我們可以查看自己對它的體驗。我們可以利用情緒覺察與負責任的選擇，來挑戰它在我們內在觸發的恐懼，當那些恐懼活躍時，我們可以從自身人格裡健康、慈愛的一面做出回應。我們可以將這個方法運用在自己的言行舉止上。我們可以查看自己所有言行的意圖。

舉例而言，你是否讓自己與他人隔離，因為你害怕太靠近他們會被傳染？或者你是否讓自己與他人保持距離，因為你關心他們，你對他們懷著愛，意圖保護他們不被傳染？當你說話或行動的時候，是否出於恐懼而說，並進一步附和了他人的恐懼？或者是出於人格慈愛面而說，並成為他人榜樣，示範在這段時間裡的另一種言行舉止與互動方式？那就是新冠病毒能教給你的事。

人類物種內在的恐懼製造出新冠病毒。控制它的一切必要行為，都是恐懼行為清楚明白的生動表達——隔離、保持距離、獨自照顧你自己的身體。然而這些同樣的行為也能懷著愛來做。請檢視那些限制新冠病毒傳播必須採取的行為，並且看清楚若行為背後沒有愛的意圖，它們便是完美地表達出恐懼的意圖，這麼做能讓你專注於內在，辨認出內在愛與恐懼的差別，然後選擇愛。這就是你能為根除新冠病毒所做的改變與貢獻。

要根除這個病毒與其他人類物種內的恐懼表現，人類物種所能做的唯一方式就是運用其逐漸崛起的多官知覺，將力量理解為真實力量，並用它來創造愛，而非恐懼。如果世界是以愛創造的，而非恐懼，是以人格中與靈魂一致的部分有意識地創造的，而非以人格中為體驗並超越其控制而轉生的面向，這世界會是什麼樣子？那會是一個和諧、合作、分享、對生命懷抱敬意的世界。所有這些都與恐懼有著天壤之別，而所有這些體驗亦天差地別，因為它們全與恐懼的體驗有天壤之別。

與他人保持距離，但是讓它僅限於社交距離，若是出於恐懼，那麼它就不是社交距離，而是自私的距離。讓自己保持乾淨，經常洗手。也可以用象徵的角度看待這些行為，想像乾淨意味著免除恐懼，想像洗手意味著放下所有恐懼的活動與念頭，讓雙手成為神聖的，讓它們成為愛的工具。

新冠病毒的大流行是一個學習的大好機會。你會從中學到些什麼呢？你會學到進一步縱容自己的恐懼，深深沉溺在它們帶來的限制與痛苦裡，直到你一路下沉至無力感帶來的最原始痛苦經驗，終至難以承受、飽受折磨嗎？或者你會利用對新冠病毒的體驗，開始將自己提升至一己內在其實與周圍相同的恐懼磁場之上，然後去挑戰它們，以愛創造、以愛行動、以愛思考、將你的生命獻給愛呢？

那就是你人格與靈魂的一致，它需要的是創造真實力量。請利用你在這段時間對新冠病毒的體驗去創造真實力量。好好享受吧。你可以享受——這是否聽起來令人震驚？問問你自己以下這種念頭源自何處——喜悅在你生命中無論什麼時候都不適當，即使是在他人恐懼的時候。這樣的念頭本身就是來自你內在的恐懼。這種念頭本身就是新冠病毒的助力，一如所有恐懼的念頭與能量都有助於地球學校裡恐懼的展現與恐懼產物的出現。

要做這些事，就必須成為一個具有靈性的人。你必須在這個尚未認出靈性的世界裡成為一個具有靈性的人，然而你認得靈性，也是世界的一部分。一個不僅認得靈性，更是建立在靈性與靈魂意圖上的世界正逐漸崛起，請讓你在地球學校的存在成為這個世界的一部分。這樣的世界會創造出謙虛、清明、懂得寬恕與愛的人，而非自大、自我憎恨、知覺持續受到恐懼所污染的人，不忘懷亦不寬恕的人，竭力利用他人的人，剝削而無敬意的人，只會拿取而不貢獻的人，除了從恐懼角度看待生命之外對生命毫不珍惜的人。

從五官知覺、視力量為外在力量，轉化為多官知覺、視力量為人格與靈魂的一致——這場人類意識的蛻變，讓這樣的了解成為可能。這樣的了解在更早之前感染迅速擴散的時期是不可得的。在鼠疫發生的時代不可得，在天花流行的年代也不可得，在小兒麻痺流行的時代也不可得，有那些全都是地球學校裡恐懼的具體化現。現在這樣的了解確實存在了，而且你的覺察與新的人類意識能夠承擔得起地球學校的這種恐懼化現，這就是它現在存在於此的原因。

地球學校的所有恐懼化現，一直有其象徵的力量與物質，然而五官人卻看不見，因此五官人的歷史就是一部充斥著戰爭、苦難、疾病的編年史。現在我們正處在一個創造新歷史的過程中，這個新歷史是我們的愛的故事。

新冠病毒出現的這個時刻，正是展開這個過程的好時機。

新意識

多官人能從新冠病毒身上學習到五官人無法學到的東西。我們可以查看自己對它的體驗。我們可以利用情緒覺察與負責任的選擇，來挑戰它在我們內在觸發的恐懼，當那些恐懼活躍時，我們可以從自身人格裡健康、慈愛的一面做出回應。

新冠病毒奇蹟：大流行

新冠病毒在我周遭肆虐。處處可見對它的恐懼、對它的議論紛紛，以及它存在的現實。每天有數百萬份工作消失，全球經濟搖搖欲墜，從羅馬到上海到紐約，醫院人滿為患、設備不足，一波又一波海嘯般席捲而來的新冠確診者令人無力招架。有許多人死去，許多人瀕臨死亡，而對經濟未開發的國家與群體來說，最糟糕的處境還沒有來。然而，我們已經可以看見新冠病毒所造成的深刻正面影響了。

新冠病毒給我們機會去發現我們一直以來是如何創造的，以及若我們願意選擇，便可以如何創造出不一樣的局面。每一種痛苦情緒都給予我們這樣的機會，但新冠病毒不一樣。在新意識誕生後的一個世代，新冠病毒在**同一時間、同樣的背景下**，提供了來自每一種文化、宗教、種族、經濟階層的**每一個人機會**去選擇變得覺察與負責，或者在集體恐懼的壓迫下崩潰。當有那麼多人像現在那麼恐懼，崩潰的可能性很大。因此，愛的可能性也很大。

從新意識的觀點來看，新冠病毒的大流行是個偉大的開端，也是個偉大的結束，是一次偉大的收穫，以及一次必要的損失。可以視為是一個覺察生活的開端與自滿生活的結束，感謝心態的開端與膚淺互動的結束，深刻感受、洞見、欣賞與愛的開端與冷漠的結束。

換言之，我們可將新冠病毒大流行視為一次愛的最大規模崛起，並以前所未見的方式進入人類物種的覺察之中，也可以視為一場災難，讓千百萬人深深沉溺在對彼此與對未來的恐懼中。我們如何看待它，取決於我們選擇如何看待它。如果我們無意識地做出選擇，便會透過我們的恐懼濾鏡來看，自然會帶著一種畏縮、競爭、不關心、冷漠的態度，而不會利用我們的經驗來認識自己，並運用所學所知去創造真實力量。這些知覺，包括慈愛或恐懼的，每一種都以我們獨有的方式在教導我們，讓我們學習認識自己，進而在生活中創造出喜悅、意義與愛。

我將新冠病毒視為暴怒的愛。當你放開心胸接受新冠病毒是暴怒的愛這樣的可能性時，便是放開心胸接受地球學校裡的每一件事物、每一個經驗、每一種情況，都是愛。一個新的實相會浮現，起初模模糊糊的，然後漸漸變得實在，那就是：地球學校的存在是為了支持你，讓你的人格與靈魂達成一致，也就是符合和諧、合作、分享、對生命懷抱敬意的態度。

有可能對新冠病毒做出錯誤詮釋，因為控制它所必須採取的行為反映出的是恐懼的行為，包括孤立、隔離與保持距離。然而新冠病毒不僅僅是一種病毒，更是一種前所未見、全面波及整個物種的體驗，在**同一時間**為**每一個**人提供一個機會，讓他們在經歷恐懼時能夠**選擇愛**。地球學校會持續不斷、永不停止地提供機會，但是這個版本的機會卻是以同樣的裝扮，在同一時間來到我們所有人身上。

新冠病毒不像天花或鼠疫那麼致命（除了對那些死於該病毒的人而言），但的確會致人於死。不能小看。一些覺得自己很健康、充滿活力與創造力的人，也可能受到感染而自己卻毫無覺察，然後在無意間傳染給他人，他人又在無意間傳染給別人，以此類推。換言之，新冠病毒告訴了我們每一個人，他人的安康與我們的安康並無差別。

在這段烈火與希望交織的時期，千百萬人開始認知到，「我們是一體的」這句話不只是個口號。五官的醫療保健社會結構看不見這一點，但它卻是健康的核心要義。五官的醫療保健社會結構認為新冠病毒是物質（有形）的情況造成的結果，如同認為所有的健康與疾病都是物質情況造成的結果。它沒有認知到，地球學校裡的所有經驗，包括新冠病毒，都有其價值與其目的。那個目的就是在我們集體經驗這塊大螢幕上為我們顯示恐懼的行為，以及恐懼的唯一解藥就是愛。換言之，地球學校的目的就是教我們去愛。

現在正崛起的多官醫療保健社會結構，在這個全新的脈絡下探索了每一種身體失調及其治療方式——每一種身體（有形）與無形的失調，根源都是恐懼，而治療方式就是愛。然而愛不是一種可以裝進藥罐、貼上標籤，然後變成處方的物質，也不需要如此，因為所有在一己內在體驗到它的人，完全會有意識地免費放送。換句話說，給予愛的人就是那些藉由接觸自己人格慈愛面並以此行動，進而挑戰自己人格恐懼面的人。那些就是創造真實力量的人。

在我寫作的當下，地球上的恐懼磁場非常強大，所有的人都能感受得到。那份恐懼存在於他們內心，而他們看見它投射在我們集體經驗的大螢幕上。新冠病毒的大流行提供我們機會，將關懷、慈悲、耐心、敏感度與愛投射在我們集體經驗的大螢幕上。它為我們指出了我們藉以進化的唯一一條路。當前人類的進化需要的是積極主動的仁慈、積極主動的關懷、積極主動的貢獻，尤其是在我們人格恐懼面活躍的時候，也就是當我們感到不足、沒價值，或感到優越、自卑、義憤填膺、憤怒或其他形式的恐懼時。我們需要有意識的愛的意圖，以及表達愛的行動。每一種表達愛的行動都是很棒的，無論它看似多麼微不足道都無妨，例如一通電話、一則簡訊、一封e-mail、對鄰居投以一個微笑或從窗戶揮揮手。

新冠病毒的大流行和過去所有的全球經驗有根本上的不同。它和世界大戰不同，和曾經殘殺我們物種的瘟疫不同，也和無數遭受剝奪、苦難、飢荒的經驗不同。所有這些在五官人看來都是由物質情況所創造的物質情況。多官人則將新冠病毒視為一種由靈性情況所創造的靈性情況。他們將每一件事都視為靈性的。

新意識

在新意識誕生後的一個世代，新冠病毒在同一時間、同樣的背景下，提供了來自每一種文化、宗教、種族、經濟階層的每一個人機會去選擇變得覺察與負責，或者在集體恐懼的壓迫下崩潰。當有那麼多人像現在那麼恐懼，崩潰的可能性很大。因此，愛的可能性也很大。

新冠病毒奇蹟：抗議

美國城市的抗議、歐洲城市的抗議、亞洲城市的抗議——世界各地的民眾抗議事件占據了新聞頭條。新冠病毒疫情爆發三個月後，成千上萬的人走上街頭示威抗議，日以繼夜，日復一日，在全球瘟疫蔓延之際離開自己的家，只為提出自己的聲明。不到幾個星期，抗議活動便蔓延至全美國兩千個大大小小的城市，更擴大至許多國家與大多數的大陸。他們抗議的是殘暴行為。

五官人在一個又一個的動盪時代中前行，從大屠殺到飢荒到控制到毀滅，規模一個比一個龐大。然而這次的動盪不一樣，它有其目的，許多人也察覺到它有其目的。瘟疫讓世界各地的人生活被迫暫停，遠離他們過去經常用來鈍化痛苦情緒的活動，以及製造出這些情緒的人格恐懼面。它中斷了長久建立的分心模式、令人熟悉的心不在焉庇護所，例如去上班、從公司回家、帶孩子出去和別的小朋友玩、購物、辦公室或教室的討論、玩紙牌遊戲、玩各種球類遊戲、下棋遊戲、財經遊戲、時尚遊戲、到公園走動、到鄉間走動、旅行、度假等讓人們分心的活動。所有這類事情都被新冠病毒打亂了，有許多例子甚至是完全破滅了。

因為如此，美國城市發生的一樁白人警察謀殺黑人的事件，因黑人手無寸鐵且警察毫無歉意，讓憤怒的民眾點燃了一場全球抗議行動。這類暴力事件對美國人來說並非新鮮事。美國歷史上，從殖民時代的奴隸制到美國騎兵對美洲原住民的大屠殺，到無數白人將黑人吊死的醜事並不少。當時並沒有抗議活動，為何現在會引發全球性的抗議活動呢？

現在之所以會引發全球的抗議，是因為我們的物種已經進入一個新的意識狀態。我們當時是透過求生存而進化，透過追求外在力量求生存的五官人，而現在，我們是多官物種，透過靈性成長而進化，透過創造真實力量獲得靈性成長。這兩者有如天壤之別。這是愛與恐懼之間的差別，是立基於恐懼的物種與立基於愛的物種之間的差別。我們過去是立基於恐懼的物種，而現在我們正逐漸變成立基於愛的物種。這有賴於我們選擇愛而非恐懼，而多官人類正在做出這樣的選擇。他們的抗議行動是和平的、有目的的。他們有意識地示範了如何展現和平與目的。這些事全是現在進行式，許多人發現這件事重要到值得拿他們的健康與生命冒險。「我帶自己的孩子來見證這件事，」一位父親說。「我想要他們成為創造歷史的一部分。」

抗議活動從抗議警察暴行開始，因為那樣的殘暴是最明顯可見的。數百萬美國白人，大多是第一次認知到系統性種族歧視這一現實的可怕，認知到這個令人毛骨悚然的真相，認識到它在他們的非裔美國人兄弟姊妹身上造成的壓迫有多麼沉重。抗議活動後來擴大至包括整個系統性的種族歧視，接著又再次擴大至包括白人入侵者（殖民者）對美洲原住民的種族滅絕行為，於是有更多美國人亦是初次瞥見了美國的種姓制度。如同破裂的冰層或受壓迫造成的雪崩，在崩裂後猛然滑落山頭，無知與無意識麻木構成的巨大冰塊開始分崩離析，產生動搖。世界各地的人紛紛加入這場運動，一場大雪崩正在發生，現在仍在進行。

我見過雪崩，它們將高大的樹木擊碎成小樹枝，將一切深埋在冰雪下，永遠改變周邊地貌，什麼都不留。其實我們已經看見一些全新的地貌了——不以暴力態度面對暴力的人；鎖起彼此臂膀保護落單警察的抗議者；保衛店家免受趁火打劫者掠奪的抗議者；美國國民警衛隊士兵在屋頂向抗議者揮手；對於這些靈魂的交流與連結，全世界都為他們消融彼此的差異，給予暖心的回應。

這場雪崩是全球性的，整座山都在動搖了。抗議者在巴黎、喀拉蚩與東京街頭遊行，他們看見了舊意識追求外在力量的殘暴。他們對彼此說：「我們全都在同一條船上。」我們一直都是，但直到現在我們才意識到這件事。這些人意圖用一種建築在靈魂意圖上的、建設性的新體制取代建築在外在力量上的陳腐破壞性體制。他們踏上的這條路，是甘地、金恩博士、耶穌，以及無數知名或不知名的聖者所走過的路。

我們可以從真實力量的角度來看待這件事，看看隨著人類快速進化為多官知覺並認知到外在力量如今只能帶來暴力與毀滅，這些情況在我們的生活與經驗呈現出何種樣貌。愛與恐懼之間的選擇一向輪廓分明，但現在有越來越多人覺察到這件事了。當他們遭到警察與反對他們的鄰居施暴，他們會做出恐懼反應，還是會以愛做出回應？有無數案例訴說著毫無理由、不留餘地的警察暴行，也有無數案例訴說出愛的連結、愛的支持，以及不同的互動方式。

過去曾因經驗、外表、信仰的關係而與人格格不入，或置身在因種族等因素而分裂的群體內部，而與他人格格不入的那些人之間，互相支持的氛圍正在興起。地球學校裡的白人同學們，開始渴望了解地球學校的黑人同學在美國的經歷為何，以及世界各地的少數族群有史以來的經歷。

外在力量的追求本身**就是**暴行。他們無法透過讓自己變得殘暴而逃避這些暴行，如果他們允許自己所體驗到的殘暴對自己施暴，便是踏入一個越來越深的痛苦深坑。然而，與那種殘暴相反的是，在那些被迫隔離而無法為彼此福祉而努力的人群間，一種想要連結、成為一體、團結互助的渴望正在興起。

這是個豐富的時刻。請在這樣的時刻覺察周遭發生的事件，並從我們物種進化的觀點、從人類意識蛻變這個全新脈絡的觀點來看待你對事件的體驗，因為當前**一切事物**都發生這個新的脈絡之中。

新意識

之所以會引發全球的抗議，是因為我們的物種已經進入一個新的意識狀態。我們當時是透過求生存而進化，透過追求外在力量求生存的五官人，而現在，我們是多官物種，透過靈性成長而進化，透過創造真實力量獲得靈性成長。這兩者有如天壤之別。這是愛與恐懼之間的差別，是立基於恐懼的物種與立基於愛的物種之間的差別。

新冠病毒奇蹟：象徵

新冠病毒將會被視為人類行為與進化的一個轉捩點。最初的轉捩點，即多官知覺與將力量視為靈魂與人格的一致，剛出現時幾乎沒有人注意到。這個轉捩點明白無誤，不會被遺忘。新冠大流行與電子通訊讓它成為地球上每個人類的一部分，涵蓋了那些離苦難與死亡很遙遠的人到實際承受苦難與死亡的人。它是一份來自宇宙的邀請，邀請人們在靈性上成長。我們可以拒絕這份邀請，但它卻不會消失。

新冠病毒提供我們機會從新意識擴張的知覺角度來看待我們的個人經驗與集體經驗。五官人試圖從舊意識的有限知覺來看待它們，但是新冠病毒的規模、發生時間點，以及無所不在的現象與能量，比五官所能感知到的，比智力所能構思、推演或推斷的都更為宏大。它已經遠遠超出五官人的能力範圍與局限，然而地球學校裡有許多人是五官人，因此，和當代人類的其他事件比起來，這個相對規模宏大的事件才會製造出那麼多混亂。這場混亂正在為所有參與者提供一個學習的機會。

這個事件的茲事體大和衝擊強度，堪比地球上的冰河時期或導致恐龍消失的物種滅絕。它影響了所有人類，但並非像冰河時期或物種滅絕那般帶有最終的決定性意味。一個重要物種的滅絕過程此刻正在進行，然而，單是這樣並不足以喚醒一些多官知覺正在內在崛起的人，讓他們意識到新冠病毒與它對人類物種進化所造成的影響之間有何關係。新冠病毒帶著包容性在進行這件事，堪比人類史上最大的全球性事件，卻不會對人類物種的生存造成立即威脅。多官人已經開始覺察到這一點，覺察到它的重要性。它不是件來得快、去得也快的事。

五官人努力尋求五官的解方，而他們所創造出來的解方，為創造者謀取的利益之大，遠遠超越人類史上大多數機構與個人從單一工作獲得的利益。然而這一切都是在追求外在力量，將來亦是如此。恐懼沒有疫苗。要解決這個情況，更深層的解方是創造真實力量，而這個更深層的解方就是唯一的解方。那就是新冠病毒大流行溫和地傳遞給我們的訊息。新冠病毒本身並不溫和，它已經感染了數百萬人，有許多人因此痛苦不堪。它也導致許多人死亡，然而地球上的大多數人仍是未受感染的，因此，這是一場學習，但並非是對整個人類物種致命的學習。

由於人們相距遙遠，於是有了反思的時間，即使他們不想反思，也會開始欣賞、感激這樣的情況。新冠病毒的大流行是宇宙賜予的一份慈悲的禮物，一個幫助整個人類物種踏上全新進化之路的事件。用意不是為了懲罰或恐嚇我們，而是設計為了幫助人類物種的愛覺醒過來——幫助他們創造真實力量。

如同我們討論過的，人格的死亡是由該人格的靈魂決定的。這是靈魂為了返回無形界的家園所做的決定，一向是如此，即使死亡人數龐大亦然，例如第二次世界大戰或是二戰期間的猶太人大屠殺。然而那些經驗是五官人將痛苦與破壞施加於五官人之上，不像現在所發生的、施加於人類物種上的破壞。

新冠病毒大流行為我們提供了無數靈性成長的機會。它提供了機會給那些宣稱自己不想再成為幫兇，助長人類經驗特有之殘暴的多官人。當地球學校的同學拒絕顧慮他們，例如，儘管口罩是一個人所能給予的最簡單的禮物之一，同學卻義正辭言地拒絕戴口罩，他們會怎麼做？他們該做出慣性反應而下評斷或生氣嗎？或者他們會以愛做出回應？

拒絕戴口罩與戴口罩這個行為無關，那是一種恐懼反應。那是在抗議世界現在如是的樣子。拒絕戴口罩的人是拒絕承認世上真實發生的改變，他們不願經歷那些改變帶來的痛苦，因此選擇例如這樣的一件事來使自己分心，以逃離自己的感受。所有這些機會都是宇宙給予的禮物中的禮物，每一件都是為接受禮物者的靈性需求而訂製的。所謂靈性，我指的是與靈魂有關的事。

離群索居並非問題的答案，儘管這是控制新冠病毒的必要行動。離群索居是不可能的，因為每個人已開始看見他們有多麼依賴彼此。然而那樣的依賴、那樣的親密，卻不能在身體上表達出來，因此它會呈現在每一個人的內在，等待著獲得承認、肯定、欣賞與感謝。

新冠病毒正從新崛起的人類物種中誘發出最具建設性、最能帶來成就感的潛能，那就是慈愛的回應，而非恐懼的反應，對他人與生命的欣賞與感謝，而非剝削，以及能一次又一次帶領我們團結在一起的無數共同合作。

這是一個值得欣賞與感謝的特殊時刻。五官人無法理解為何死亡與痛苦可以被欣賞與感謝，但若從更廣大的脈絡來看，這點卻清晰可見。從高階邏輯與心靈領會的角度來看，這是可以感受到，也是可以理解的。

法國的耶穌會神父德日進（Pierre Teilhard de Chardin）跟從他的心來到了一個地方，生前他的教會不准他與人分享，但千百萬的多官人如今正在探索這個地方。「總有一天，」他寫道，「在我們掌握了風、浪、潮汐與重力之後，我們將駕馭神的愛的能量，那麼，那將會是世界歷史上第二次，我們發現了火。」

宇宙還會給予我們多少像新冠病毒這樣的禮物呢？端看我們在邁向愛的旅途上需要多少，才能完成共同創造。

新意識

這是一場學習，但並非是對整個人類物種致命的學習。由於人們相距遙遠，於是有了反思的時間，即使他們不想反思，也會開始欣賞、感激這樣的情況。新冠病毒的大流行是宇宙賜予的一份慈悲的禮物，一個幫助整個人類物種踏上全新進化之路的事件。用意不是為了懲罰或恐嚇我們，而是設計為了幫助人類物種的愛覺醒過來——幫助他們創造真實力量。

多官的教育社會結構：喜悅

多官教育是身而為人最令人喜悅的部分之一，那是靈性伴侶關係。你與他人自由分享，也開放地接受，持續如此。當你與人共創的時候，愛的引導與洞見會從無形界導師傳遞給你。你既是學生也是老師，對著所有人有益。這就是多官的教育。

關鍵字就是喜悅。教育在喜悅的時候進行得最有效率、最有幫助，也最徹底。若沒有喜悅，教育就變成一個不受歡迎的工作。喜悅的學習與不喜悅的學習之間，差別在於意圖。因為被要求才學習歷史的學習經驗，和因為你深感興趣而學習歷史的經驗，兩者截然不同。

為何有些人對法國歷史的某一時期完全沒興趣，而有些人則興致勃勃？為何有些人渴望學習治療，而有些人渴望學習如何用他們的雙手工作？地球學校的所有經驗，在許多案例裡都是受到業力的影響或由業力所決定。那表示，那經常是由靈魂其他人格的經驗所決定的，而其他人格有時也稱為其他轉世或前世。但是這些考慮因素並不存在五官教育裡。

一個人要獲得平衡的身心安康狀態，需要兼顧的主題範圍很廣，例如書寫、說話、計算、清楚溝通的能力，然而這些並非能為生命帶來滿足的活動。它們是為新的學習方式開啟了大門，而那些新的學習方式又為熱情開啟了大門。因操作工具與設備能帶來滿足感而當一名技工，與因做一名技工是唯一能養活自己和家人的方式這兩種經驗是不同的，前者帶有熱情，後者則沒有。

熱情與前世通常是相配的，那就是為何有些人覺得用雙手工作很舒服，用觀念工作不舒服，而有些人則是對文字和語言很敏銳，因此寫詩成為他的熱情，而且詩作能深深感動他人。這也是為何有些人對例如數學程式等觀念的操作充滿熱情，而有些人則否的原因。

多官教育既是基礎廣博的，也有其特定性，因為必須顧及學生的需求。多官教育的最初面向之一就是開始啟動何者能為學生帶來熱情的探索過程。如果學生沒有一個廣博的基礎，便無法掌握或表達一切必要的東西。然而無論教育的基礎多麼廣博或周到，如果無法喚起學生的熱情，仍有其局限。

有一種經常出現的情況是，學習成為一件必須做的事，或學習時毫無熱情，因為被視為必要的。在五官的教育社會結構裡，這對學生來說是一種常見的經驗。他們不關心自己學些什麼，卻覺得必須學習，或被告知他們必須學習。但是，如果是因為所學能為他們感受到的熱情提供一條管道而渴望學習，那麼教育與學習經驗便會得到蛻變。熱情永遠是一個指標，指出能滿足靈魂的興趣。

興趣可以是音樂、藝術或戲劇，可以是數學或歷史，可以是語言、文化，或傳播科技的發展，也可以是木工或水電。這些內容本身能為熱情提供一道入口、一個載體。若缺乏熱情，通過這道入口時便毫無樂趣。因此，多官的教育社會結構是奠基在喜悅上的，那意味著奠基在熱情上，也意味著它關係到靈魂為自己透過地球學校展開的旅程所選的人格之需求。

多官教育的社會結構並不受限在建築物或校園內，而是到處都有，這點和五官教育的社會結構一樣。五官的教育社會結構是追求外在力量的人類經驗，以及驅策著這件事的恐懼。同樣地，教育的多官社會結構也不受限在建築物或校園內，而是到處都有，它是透過多官知覺而揭露的地球學校生活。它是奇蹟的探索，因為有些人深感興趣的事物與他人感興趣的事物是如此不同。

多官的教育社會結構就是從此處開始，並提供了必要的基礎讓個人能透過閱讀來學習，透過寫作來表達自我，並透過算數與數學來供養自己，但是最重要的是，讓個人所做的努力能讓他們給予生來注定要給予的禮物，藉此感受到充實他們生命的熱情。那些禮物永遠都與他人有關、與生命有關，因為如果沒有想要給出的慾望、沒有他人來接受，又如何成為一份等待給予的禮物呢？

學生們在帶著恐懼創造時無法體驗到自己的熱情，因此真實力量就是多官教育的基礎，因為它是學習以愛創造，而非恐懼。教育若缺乏真實力量的創造，就不可能有熱情。

如果對愛與恐懼之間的差別欠缺意識，恐懼將會成為地球學校學生行動背後的意圖。恐懼就是一種無意識的意圖。人們不需要去思考恐懼的意圖才能付諸行動，例如，關於嫉妒、憤怒或覺得優越、自卑，他們不需要思考就能生起這些感受。關於剝削別人或利用別人謀取自己的利益，他們不需要去思考就能做這些事情。

創造真實力量就是去挑戰所有這些事，意思就是挑戰恐懼。創造真實力量能提供工具——亦即情緒覺察和負責任的選擇——讓創造真實力量的經驗發生，而這些經驗是切身感受，雖然經常令人痛苦，卻也帶來滿足。它將心靈注入地球學校的一個生命裡。它將情感，有意識地選擇並培養的情感，帶入地球學校的一個生命裡。對意義和目的的渴望，永遠是對和諧、合作、分享，以及對生命懷抱敬意的渴望。

那永遠是對靈魂的渴望。

新意識

教育的多官社會結構不受限在建築物或校園內，而是到處都有，它是透過多官知覺而揭露的地球學校生活。讓個人所做的努力能讓他們給予生來注定要給予的禮物，藉此感受到充實他們生命的熱情。那些禮物永遠都與他人有關、與生命有關，因為如果沒有想要給出的慾望、沒有他人來接受，又如何成為一份等待給予的禮物呢？

多官的教育社會結構：滿足感

創造真實力量能讓你分辨出愛與恐懼。創造真實力量為痛苦情緒帶來意義，並為你帶來能力，讓你能利用它超越人格恐懼面的控制。只有超越人格恐懼面的控制，熱情的意義才會浮現。熱情就是為何有些人特別喜歡說中文，有些人特別喜歡研究海洋，有些人則喜歡教育孩子的原因。這些都是他們轉生來給予的一部分禮物。

但這些完全不符合五官的教育社會結構框架或理解。因為五官教育是奠基在五官知覺上，因此靈魂並未獲得承認。意圖也未獲得承認，因為愛的意圖無助於外在力量的追求，反而會造成阻礙。情緒覺察則對五官的教育社會結構完全不重要，因為情緒被視為追求外在力量的障礙物。

「情商」或「情緒智慧」這個名詞，當它指的是情緒的使用，以及為了追求外在力量而抑制或壓抑情緒的能力時，便在多官的教育社會結構中毫無地位。在多官的教育社會結構裡，心靈才是創造真實力量的中心，意思是情緒與情感才是中心。

重要的選擇是意圖的選擇，而在地球學校裡，唯有兩個重要的選擇，就是愛與恐懼。一個人創造真實力量時，這些意圖會變得清晰，他們之間的關係與他們所創造的結果也會變得清晰，直到熱情帶領他們超越恐懼的控制，進入自由與愛的滿足領域。這一切都具有同樣的本質，因為一個在多官教育社會結構中的人會發現這些自然而然吸引他們的事情，例如某種語言、某種文化、用雙手或用頭腦工作等，全都是表達與給予的手段。

如果沒有熱情，也沒有恐懼，那麼教育的社會結構所能提供的東西便毫無意義。那就是為何教育會受到那麼大的抗拒，因為它的意義已經變成追求外在力量，變成如何更有效率地追求外在力量，以及如何成為他人追求外在力量的更有用工具，例如成為工廠組裝線所需的一名工人，或開發軟體所需的程式設計師。

如我們討論過的，同樣的行動能帶有不同的意圖，如果意圖是恐懼，就會製造出錯誤的興奮感，一種可能超越限制，例如超越某個缺點或匱乏的興奮感。超越那樣的限制能帶來短暫的快樂，外在力量的虛幻成果，然後當你所得到的失去了，或被某人拿走，你便會如自由落體般地再度墜落至恐懼深淵。

如果這個行動所超越的限制是恐懼所加諸的緊迫感，那麼就能創造靈性成長，但一個人可能有很長一段時間對創造真實力量這件事一無所知。當一個人被業力造成的情況束縛，例如遭受貧窮或偏見之苦，那麼超越這些束縛常常從憎惡這些情況的表面原因開始，也就是憎惡世界與別人的無知。然而最終能夠浮現的力量，是超越恐懼限制，並在過程中利用一己資源而不評斷他人的經驗所帶來的力量。那才是真正的力量，另一種則是外在力量。

真實力量是多官教育社會結構的內容，其中包括我們之前討論過的——接觸心靈、高階邏輯與心靈領會、貢獻帶來的滿足感，以及歸屬感的滿足等等。若沒有這些，就不會有喜悅，也不會有熱情。這些東西都能由多官的教育社會結構所提供。這種社會結構並非透過強加的方式發揮功能，而是藉由愛發揮功能。它尊崇愛、尊崇熱情，包括給予生來注定要給予的熱情、養育家庭的熱情、教導、寫作、用雙手建造、從事藝術創作或療癒的熱情。

若學生找到了熱情，他會開始看見自己透過五官教育社會結構所學到的東西是有幫助的，但是卻受到恐懼的阻礙。那是在恐懼中學習的，無法帶來給予和貢獻的滿足感，因為那些不是五官教育社會結構的一部分。

這就是為何仁慈不在五官教育社會結構裡，而它確實也無法在五官教育社會結構裡做為一個科目來研習。多官的教育社會結構直接創造了那些能幫助不同學生找到熱情的經驗，而那始終都是創造真實力量。

創造真實力量的過程，亦即創造真實力量的工具，一直是不變的，但出現的恐懼面卻有所不同。從而生起的熱情各有不同，學習一種新語言所帶來的滿足，或教學帶來的滿足，或透過寫作來表達所帶來的滿足都不同。多官教育會善用這些差異，因為這些差異是基本的。每個地球學校的學生表現出來的興趣與資質，反映出他們先前的經驗，那些經驗通常都是在人格的靈魂轉生前發生的。

創造真實力量是多官教育的重點，然而若缺乏開放態度，便無法學習，因為如果沒有開放態度，就不會有熱情。隨著人類物種逐漸成為多官人，其興趣也會隨之改變，其追求意義與滿足的途徑會改變，其內涵也會改變，而內涵的改變是從恐懼轉變為出現愛，接著是培養愛並挑戰恐懼。

在多官教育社會結構的學習生涯裡，學生們各自有不同的目標，但這些目標若缺乏真實力量的創造便無法達成，它們是在學生邁向目標的過程中逐漸形塑而成的，例如一個喜歡玩樂器的兒童無法知道這個興趣會將他帶往哪裡，一個被迫學習樂器的兒童則不在乎這項樂器，也不在乎學習經驗會將他帶往哪裡，他直覺地知道，自己哪裡都去不了。而前面那個孩子則直覺地知道，那會帶來豐富的生活，雖然他並未刻意朝這方面想。

我們每個人都是老師，也是學生。五官教育社會結構裡的老師教導的是恐懼，他們並不知道如何分辨自己內在的恐懼與愛。他們預計要教的就是恐懼。追求外在力量就是五官教育社會結構的學習課程。每個置身在五官教育社會結構裡的人教的都是追求外在力量，並不限於那些在學校或校園裡的人，父母教的是它，同事教的是它，同儕教的也是它。

當你創造真實力量，你所教的事會截然不同，你周遭的人學習的事也會截然不同。你教的是人們渴望的、必要的、想要的。在五官領域裡，教的則是追求外在力量，是恐懼的產物。在多官教育社會結構裡，教的是創造真實力量，帶來的是對情緒的欣賞與感謝、負責任的選擇之必要，以及滿足、意義與喜悅。

你教的是什麼呢？

新意識

如果沒有熱情，也沒有恐懼，那麼教育的社會結構所能提供的東西便毫無意義。這就是何以教育會受到那麼大的抗拒，因為它的意義已經變成追求外在力量，變成如何更有效率地追求外在力量，以及如何成為他人追求外在力量的更有用工具。

靈魂的科學

五官科學探索的是物質現象，多官科學探索的是創造並維繫這個物質世界的動態系統，它探索的是超越五官藩籬的更廣闊的實相，這個更廣闊的實相就是科學的新疆界。

多官科學探索靈魂以及它與地球學校的關係。從五官科學的觀點來看，靈魂是不存在的，生命是不尋常的，換言之，五官科學與這個領域無關。五官科學是一種「經驗主義」的科學，是五官知覺的產物。多官科學是靈魂的科學，是新意識的產物。

儘管五官科學過去針對物質現象領域的研究令人印象深刻，如今依然如此，但正中央有一個位居中心、最為根本、令五官科學家感到尷尬的破洞。自牛頓創建物理學至今的這些年，這個令人尷尬的情況一直持續存在，不曾稍減。儘管我們已經有了超音速的運輸工具，可以登陸月球、登陸其他星球，擁有毀滅地球生命無數次的能力，但那份尷尬，那個無法被填補的破洞依舊存在，而且還越來越大。

五官科學無法解釋的一件事，也是五官科學無法解釋的一件最重要的事，可說是無法解釋的「房間裡的大象[16]」，就是——「**意識**」，而房間指的是宇宙。從五官科學的觀點來看，意識並不存在。當然，這簡直荒謬，因為我正在思考、書寫著關於意識的事，而現在每個正在閱讀這本書的人也意識到了我正在做這些事。五官科學家知道這一點，那也是他們為何覺得困窘的原因。

這份困窘太不可思議了!!五官科學無法將意識稱斤論兩，既無法測量，也無法找到它在哪裡。無法用電子顯微鏡在極小領域裡找到，也無法用無線測遠儀在極大領域裡找到，五官科學甚至無法定義意識，只能從「某些事物或過程是無意識的」這樣的角度來定義。

五官科學探討這個令人尷尬的現象時，採用的方式甚至更令人感到尷尬。五官科學家解釋意識的起源時，採用的方式和人類四百年前解釋腐肉上的蛆的起源相同，也就是「自然發生」（spontaneous generation）。根據這個四百年前的解釋，在肉腐爛過程的某個時間點——哇！蛆突然出現了。根據目前對意識的解釋，在日趨複雜之過程中的某個時間點——哇！意識突然出現了。（不會吧。）

這種尷尬對靈魂科學家來說是不存在的。靈魂科學的前提就是生命本是且滲透一切所是。換言之，靈魂科學的前提是宇宙「就是」意識。**萬事萬物**都是意識，不過不見得如五官人所認知的。星星、銀河是意識，山川、星球、太空是意識。宇宙是一個靈性組織，而非物質的，而所謂靈性，意思是「與靈魂有關的」。

愛、恐懼、情緒、意圖，以及選擇，是靈魂科學的中心要素。它探索的是靈魂、靈魂與物質

---

16 譯註：比喻明顯卻被集體視而不見和否認的事。

世界的關係，以及情緒、意圖、選擇與靈魂進化的關係。五官科學探索的是物質世界及其運作方式。

五官科學已經走到盡頭，靈魂科學已經開始興起，處理的是五官人最重要的問題：「我為何在此？」與「我的生命目的是什麼？」也處理多官人的重要問題：「我的靈魂是什麼？」「我的靈魂想要我做什麼？」以及「我能為我的靈魂做些什麼？」

靈魂的科學與你過去曾讀過、體驗過或思考過的五官科學不同。**我們**就是靈魂的新科學家！當我們發展出情緒覺察並練習做出負責任的選擇，我們就變成靈魂科學家。當我們創造真實力量，我們就是靈魂科學家。

你的生活就是你的實驗室。你帶著親身體驗進入這座實驗室，然後持續做實驗（選擇意圖），並從創造出的結果學習。你的靈性伴侶也是靈魂的科學家。

靈魂的科學探索的是靈魂多次轉生至地球學校的事。若沒有這方面的知識，我們便無法認出自己所做選擇的深遠影響，或是無法欣賞它們、接受它們、從中學習。我們亦無法了解自身創造力的力量，以及自己該為使用它的方式負起多大的責任。我們無法理解我們在其中扮演要角的動態系統有多麼美好、完美與廣大無邊。

靈魂的科學研究的是業力。若缺乏業力的知識，我們便會幻想自己的行為不會製造任何後果。宇宙的因果法則，亦即教導責任的非個人宇宙老師，將粉碎這個幻想。

靈魂的科學研究的是直覺，亦即無形界的聲音，那是多官人賴以做決定的最重要官能。來自無形界導師的指引與協助會流過直覺的大門。如同魯米優美的描述，那道門是圓的、敞開的。

靈魂的科學研究的是意圖，注入話語文字或行為的意識品質。愛與恐懼就是地球學校裡的兩種意圖。

靈魂的科學研究的是真實力量，無論你的內在或外在發生什麼，都要選擇愛。

靈魂的科學家共同創造出靈魂科學的文學作品，而五官科學家在創造物質世界的文學作品時會互相競爭。

五官科學家的實驗室在建築物裡，實驗仰賴儀器設備，或想像的儀器設備。他們的實驗結果必須是任何地方的任何科學家都能驗證的，舉例而言，若實驗者在美國史丹佛粒子加速器實驗室獲得的實驗結果，必須是瑞士CERN（歐洲核子研究組織）粒子加速器的實驗者可以驗證的。這些實驗不會改變實驗者。如果實驗者在進行實驗之前感到生氣或充滿野心，流露出關懷或競爭心，他在實驗後會維持原樣。

靈魂科學家在他的實驗室（生活）所獲得的實驗結果，也必須是任何地方的任何靈魂科學家都可以驗證的。例如，如果在一個靈魂科學家的實驗室（生活）裡，愛的意圖所獲得的結果是建設性的，那麼這個結果也必須是任何其他靈魂科學家可以在實驗室（生活）裡驗證的。如果恐懼意圖的結果是破壞性的，也必須是可以驗證的。這些實驗會改變實驗者。他們會變得覺察到自己的內在動態、對於如何使用覺察的責任，以及他們做為人格與靈魂時與彼此的關係。

五官科學家研究的是物質世界裡無數的有形互動，靈魂科學家研究的則是眾人格之間、眾靈魂之間，甚至是人格與靈魂之間無數的有形與無形互動。

新意識

靈魂科學的前提就是生命本是且滲透一切所是。換言之，靈魂科學的前提是宇宙「就是」意識。萬事萬物都是意識，不過不見得如五官人所認知的。星星、銀河是意識，山川、星球、太空是意識。宇宙是一個靈性組織，而非物質的，而所謂靈性，意思是「與靈魂有關的」。

法律

五官法律是外在力量，五官法律告訴我們何者可以做、何者不能做。它們以殘忍和暴力的方式操弄、控制我們的行為。例如，我們開車要（大約）在一定限速內，避免被罰款（操弄），如果我們拒絕繳交罰款（我們超速），罰金就會增加。如果我們用肢體對抗開罰單的警察，結果很快會演變為殘暴的暴力事件。

古埃及人、蘇美人與巴比倫人的法律，古印度與中國的法律、天主教法律（教會法）、伊斯蘭法律（Sharia，伊斯蘭教法）、羅馬法律、歐洲法律、美國法律等都是五官的。主宰著部落與宗族的禁忌實際上也是一種法律。宗教規範對那些被迫遵守的人而言，也是一種五官法律（例如十字軍戰士與「神聖」的羅馬宗教裁判所）。它們顯然都屬於赤裸裸的外在力量追求。

獨裁者會使用五官法律。他們創造自己想要的法律，再以殘暴的方式強制執行。這是「以法統治[17]」。他們自己不受這些法律的約束。他們的法律是在為自己不贊同的行為定罪，例如抗

17 譯註：rule *by* law，涵義是將法律當成政府統治的工具，其對立的治理原則為 rule *of* law，即「依法而治」或「法

議、選舉、旅行、跳舞、投票、新聞出版業等等。例如中國、俄國、沙烏地阿拉伯等眾多獨裁國家，都是以法統治的例子。

民主制也使用五官法律。選上的立法委員創造出約束被治者行為的法律。所有的人都受到相同法律的約束，包括立法者與執法者。這是「依法而治[18]」。

我們最早討論過的西方法律大約就是存在著這樣的差別。柏拉圖提倡的是「以法統治」。他喜歡「仁君」，或說「哲學家皇帝」。他的學生亞里斯多德提倡的是「依法而治」，他相信每個人都應受到相同法律的治理。亞里斯多德的概念通常被視為是較佳的。（獨裁者可能是惡毒的殺人兇手，哲學家皇帝難尋。）

這兩者的區別並非總是清楚分明，例如，本身「依法而治」的國家經常對他們侵略或殖民的國家實施「以法統治」（例如英國與美洲殖民地；英國與印度；西班牙與美洲；法國與阿爾及利亞等等）。美洲殖民地以暴力抗拒英國的「以法統治」（「無代表，不納稅」）。他們知名的《獨立宣言》與《憲法》是為了自己宣告「依法而治」的治理方式，但同時，他們卻對女性、奴隸，以及在種族滅絕下倖存的美洲原住民施加「以法統治」。法國、布爾什維克與海地的大革命等，也是以暴力抵抗「以法統治」。

有時候，「依法而治」也會轉移為「以法統治」。納粹（以法統治）在第一次和第二次世界大戰期間，經濟引發的民怨高漲時，在德國（依法而治）當選。在今天的西方（依法而治），心懷恐懼的人和他們的政黨（以法統治）也會在民怨升高時，例如對移民政策不滿，當選為政府官員。在這兩種情況裡，問題都是恐懼，而不是經濟或移民政策。

多官人能看見這一點，他們也看見了五官法律的不足之處。愛無法透過立法而存在，恐懼也無法透過立法而消失。他們看見愛與恐懼是一種選擇，而且現今已有數百萬人能夠分辨，因為新的人類意識已經在他們內在生起。他們能看見當前自己的進化需要的是在內在做出愛的選擇，即使內在的恐懼會痛苦地要求他們表達並付諸行動。

新的人類意識已經讓五官法律不再管用，包括「依法而治」的五官法律，因為它已經讓每一種五官社會結構都不再管用。我們正在見證五官人其中一項巔峰成就的瓦解。

在我看來，「依法而治」是五官人最偉大的兩個集體創作之一，另一個是憲政代議民主制，這兩者息息相關。兩者都是在近代經過緩慢發展而漸趨完善，但是也達到了相對完善程度的極限。憲政代議民主制體現了「依法而治」的概念，並在這一概念的淬煉、改良過程中經歷了嚴格的考驗。如今，五官的法律社會結構與五官的治理社會結構正雙雙瓦解中。

「依法而治」給予多數人保護，這對所有人而言都彌足珍貴，例如無罪推定、公平迅速的審判、法律之前人人平等，但是也不可否認有所不足，它實際應用起來是不平等的——窮人負擔不起，有錢人可以。它是對抗性的——律師們在法庭以辯論相互戰鬥攻防，如同古羅馬競技場裡揮舞著劍的格鬥士。它產生判決，卻非總是公正的——DNA檢驗經常會在人們入獄後，有時甚至是在死在監獄後，才證明他們無罪。

治」，其中政府也要受法律制約，不能凌駕法律之上。

18 譯註：rule *under* law，即前述的 rule *of* law。

我們會說「司法一視同仁[19]」，但是五官法律的社會結構對膚色、富有或不富有、有無受過教育、有無影響力等因素，可不會一視同仁。它對外在力量可不會視而不見，也無法如此，因為它**就是**外在力量。它是最好的法律社會結構——五官人所能創造的最好的，但是對正在誕生的多官人而言卻是不足的。它對我們是不足的。

五官法律，無論是以法統治或依法治理，都是欠缺關係的。地球學校裡的受害者與惡棍都是在一起學習所有人格課題的靈魂——包括和諧、合作、分享與對生命懷抱敬意等課題。五官法律的不足已經產生了替代方案，例如「修復式正義」。修復式正義將受害者、加害者，以及受影響的個人聚在一起，有時會圍成一個圓圈，以找出並利用他們之間的深刻連結。

受害者與加害者、逮捕的警官、父母、家人，家人的朋友會問他們自己與彼此：誰受到傷害，他們的需要是什麼，這些是誰的責任，以及如何正確處理事情。如果他們的努力無法滿足所有參與者，對所有參與者來說看起來並非公正的、成功的，那麼所有參與者就會被丟回五官法律的舞臺上，在那裡問題較為簡單，但是答案永遠無法滿足所有參與者，包括違犯哪條法律、誰犯法、當事者如何罪有應得等。

修復式正義有時又稱為「圓圈正義」（circle justice），這個方式源自美洲原住民、加拿大第一民族[20]、毛利人、夏威夷文化等。夏威夷人稱它為「荷歐波諾波諾」（Ho'o pono pono，第一音節發音ho，短暫憋氣，然後最後吐氣時說oh）。「波諾」的意思是「對的」或「正確的」。波諾波諾的意思是「真正正確」。「荷歐」的意思是「做它」。這幾個字合在一起的意思是「把它真正做對！」無論在什麼地方，這都是真相與和解的核心。

修復式正義會找出連結，會揭露出愛。在五官法律社會結構走到盡頭的時刻，這是一個新的開始。其他的新開始也將會出現，多官人有這個榮幸，也有責任共同創造出它們、探索它們、嘗試它們，並參考彼此的直覺來發展它們。

地球學校的正義是非評斷式的正義。宇宙的因果法則在不評斷的情況下，確保地球學校的學生體驗到他們所創造的。耶穌是這麼說的：「你們怎樣論斷人，也必怎樣被論斷。」許多五官人相信這一點，而多官人則看見了這一點。

非評斷式正義的單純，對他們而言清楚無誤：

- 意圖即因，經驗為果。
- 每個人都在每一刻選擇愛的意圖或恐懼的意圖。
- 愛的意圖創造喜悅；恐懼的意圖創造痛苦。

我們可以尊重崇非評斷的正義，也可以忽視，但我們無法改變它。若我們忽視它，我們自己也不會改變。而若我們認可它並尊重它，我們便能盛開（而非服從）、貢獻（而非從眾）、歡慶（而非屈服），包容（而非排斥），而我們所創造的世界亦復如是。

---

19 譯註：justice is blind，原文 blind 是眼盲的意思，意思是對各種偏見因素視而不見。

20 譯註：First Nation，指加拿大境內的原住民及其後裔，但不包括因紐特人和梅蒂人。

這就是法律。

新意識

我們會說「司法一視同仁」，但是五官法律的社會結構對膚色、富有或不富有、有無受過教育、有無影響力等因素，可不會一視同仁。它對外在力量可不會視而不見，也無法如此，因為它就是外在力量。它是最好的法律社會結構——五官人所能創造的最好的，但是對正在誕生的多官人而言卻是不足的。

軍隊的新任務

五官的軍隊社會結構沒有未來，同樣摧毀其他五官社會結構基礎的腐敗現象，也正在摧毀軍隊社會結構的基礎。這種腐敗現象無法消除，反而越演越烈。五官軍隊組織的一切，無一不表達出外在力量，包括階級式結構、盲從，以及無法考慮到超出其限定任務外的大環境所顯露的無能。

我的在美軍擔任步兵軍官，任務是「與敵人短兵相接，然後殺死或俘虜敵人」。這就是五官軍隊裡每一個不問細節的任務。每一種五官軍隊裡的每一件事，都支援著這樣的任務。要待在五官軍隊裡（軍隊全部都是五官的），就必須全心投入這個任務。軍隊裡的事務員、醫療助理、電腦技術專員、卡車司機或工程師等，或許較不容易覺察到這樣的任務，或者可以想像自己不是其中一部分，因為他們從未碰過一件武器，但那只是個錯覺。這種任務蔓延到整個五官軍隊的工作中。每一支五官軍隊的每一個分隊，包括陸、海、空、網路等，都全心全力投這種任務。這種任務就是追求外在力量。

追求外在力量如今已對我們的進化造成反效果。無論是攻擊姿態或防守姿態，都是貼上不同標籤的同一種毒藥，五官的軍隊組織都需要敵方，或必須創造出敵方。一支軍隊的組織不僅結構完整、訓練有素、充分協調並配備齊全以追求外在力量，還是一張相互連結的巨大網絡，包括了供應車輛、武器、印表機墨水匣、軍隊人員服裝公司及其員工，加上食物、宿舍建築材料等林林總總的物品，也是軍隊及其任務的一部分。歐洲盟軍最高司令及第二次世界大戰後的美國總統艾森豪將軍曾觀察後悲嘆表示，「軍事工業複合體」（military-industrial complex，簡稱「軍工複合體」）興起，在他總統任內晚期已經壯大到無法控制的地步，任何人都無法控制。這個圖謀私利的聚合體所效忠的是利益。

這個聚合體沒有國籍。美國的跨國企業只是名義上是美國公司；德國的跨國企業只是名義上是德國公司；日本的跨國企業只是名義上是日本公司。它們在世界各地搜尋最便宜的勞工，無論在那裡都能僱用（剝削）他們。它們會在能夠支付最低薪、繳最少稅金的地方設立工廠，除非被法律禁止，例如機密武器和機密零件的製造商。這些跨國企業其實沒有「母」國，它們在世界各地運作、製造、行銷、販售、獲利，而也透過有著同樣做法的跨國組織（銀行）來轉移金錢。

「軍工複合體」對試圖治理它的政治體系能發揮巨大的影響力。它會花費令人咋舌的大筆金錢來推選（賄賂）出有助於獲利的政客。**每一家**跨國企業都在做這些事，但是「軍工複合體」裡面的企業將這些操作直接帶進了「國家安全」的領域。跨國企業最關心的不是「國家安全」，因為它們沒有國家要保衛，唯一要做的是捍衛資產與利益。

美國人認為他們的軍隊屬於美國，而唯一一件完全屬於美國的事，就是當戰鬥發生，或當戰鬥被受到「軍工複合體」資助的政客創造出來時，那些死去的人。英國人認為他們的軍隊屬於英國，但唯一一件完全屬於英國的事，是當戰鬥來臨時，那些死去的人……以此類推。影響最大的是那些穿制服的人。他們認為自己將工作「外包」給「承包商」（傭兵），而那些人和自己不一樣，那些人將酬勞看得比愛國心更重要，他們會納悶自己對抗的究竟是誰、為什麼，而答案總是令他們不安。

原型就是一種能量動力，例如，母親、父親、祖父母的原型能為有孩子或孫子的人塑造出經驗。參與軍隊的人，參與的是戰士的原型。他們可以說是落入原型的引力場了，他們的經驗是透過該原型而形成的。他們全心致力於保護他們的群體，犧牲生命亦在所不惜，而且真的會這麼做。五官的戰士會保護他們的部族、文化或國家。

多官人只看見「一個」群體，那就是生命的群體。

他們對保護邊境沒有興趣，對捍衛國族、文化、國家、城市、鄉鎮、部族或任何五官戰士所保護的群體沒有興趣。他們將焦點集中在生命，從未離開生命這個焦點。他們全心致力於以各種方式保護生命，包括自己的生命。他們所服務的理由更高於國家、文化或部族，沒有比他們的理由更高的了，他們服務的是生命。

他們不需要武器或戰情室，或子彈、彈道導彈，核動力航空母艦或隱形轟炸機。多官戰士的動機是由愛所激發的——生命之愛。他們受到愛的引導——生命之愛。他們透過愛獲得滿足——生命之愛。多官戰士禮敬生命的方式，一如偉大的納瓦霍族祈禱文歌頌著「美」（我想，那就是愛）。

- 伴隨著前方的美，我行走（納瓦霍族）
  伴隨著前方的生命，我行走（多官戰士）
- 伴隨著後方的美，我行走（納瓦霍族）
  伴隨著後方的生命，我行走（多官戰士）
- 伴隨著下方的美，我行走（納瓦霍族）
  伴隨著下方的生命，我行走（多官戰士）
- 伴隨著上方的美，我行走（納瓦霍族）
  伴隨著上方的生命，我行走（多官戰士）
- 伴隨著周圍的美，我行走（納瓦霍族）
  伴隨著周圍的生命，我行走（多官戰士）

慈悲的勇氣取代了戰鬥的勇氣。多官戰士不在乎征戰，他們的目標是保護生命，他們的工具是和諧、合作、分享與對生命的敬意。他們以新的方式使用自己的勇氣，也就是用來創造真實力量，而非像舊有的方式那樣用來追求外在力量。他們發自內心深處說出需要說的話，也發自內心深處去做需要做的事。他們對五官軍隊，亦即外在力量的手段與目標一點興趣也沒有。

我在撰寫這本書時，美軍裡湧現的自殺潮並不是因為長期征戰、輪調頻繁或甚至是戰鬥創傷而引起，而是因浮現在數百萬五官戰士心靈的痛苦領悟而引起的。這是一個他們做夢也想像不到的領悟。他們開始看見他們所執行的任務有多麼膚淺、毫無價值，而且本質上是有毒的。如果必要，他們願意付出健康、鮮血與生命來支持生命，而不願意付出這些來毀滅生命，他們正在變成多官戰士。

多官知覺正在世界各地崛起，不受地理、年齡、種族或性別的限制，不受任何東西的限制。它在整個種族之間崛起，為我們揭示出新的觀點與潛能，提供抵達新目的地的新途徑。多官知覺要求我們做出新的選擇，而多官戰士正在內心深處、在他們渴望能放出光明而非在黑暗中摸索的那塊地方，做出這樣的選擇。

核子武器與氣候變遷，長久以來已經讓人們，甚至是五官人，都不可能再忽視一個事實，也就是保護比生命更狹隘的一小撮人是無用的。即使是世界最強的軍隊，也只能無助地望著車諾比的輻射塵像輻射雨一樣撒落在城市與作物上。軍隊能做什麼來阻止福島遭輻射污染的空氣與海水抵達加州和中國？航空母艦與隱性戰鬥機也無法保護沿海城市免於海平面上升的災難。軍隊能做什麼來阻止核戰後火積雲的煙塵竄升至大氣的平流層，阻擋了太陽的光與熱，讓所有人陷入飽受飢荒與酷寒折磨的致命核冬天？

美國的五角大廈曾頒布法令，將氣候變遷納入威脅國家安全的因素。這僅僅是踏出一小步，了解到若無法保護所有人都參與其中的最大集體，亦即生命集體，整個存在都會受到威脅，更遑論國家、軍隊與群體的安全。

多官戰士親身**體驗**到了這個新的實相。他們**看見了**整個軍隊都需要蛻變，這不僅僅是使命，而是需要把一個基於恐懼的破壞性存在，轉變為基於愛的創造性存在以支持生命。他們認知到保護那個包容一切之生命集體的必要性，如此才能確保人類的生存與進化，以及地球上一切生命的幸福安康。

這就是軍隊的新任務。

新意識

多官戰士不在乎征戰，他們的目標是保護生命，他們的工具是和諧、合作、分享與對生命的敬意。他們以新的方式使用自己的勇氣，也就是用來創造真實力量，而非像舊有的方式那樣用來追求外在力量。他們發自內心深處說出需要說的話，也發自內心深處去做需要做的事。他們對五官軍隊，亦即外在力量的手段與目標一點興趣也沒有。

藝術與靈魂

有意識的生命就是一件藝術作品，好比畫布上的圖像那樣逐漸鋪陳開展，或是雕刻家鑿子下的石頭那樣逐漸成形。它不是任意形成的，它表現出該藝術創作者的力量。

藝術需要意圖，但意圖並不足夠。木匠在建造房子時心中有個意圖，水電工在裝修廚房時也帶著意圖。技巧也是必要的，但技巧並不足夠。一位有技巧的律師能靜心撰寫出令人信服的答辯狀，但答辯狀不是藝術。一位神經外科醫師利用技巧切開腦部進行手術，但切割不是藝術。藝術來自一個超越意圖和技巧的所在。意圖與技巧是必要的，但藝術需要的更多。

若沒有靈魂，藝術家無法進行藝術創作。若沒有來自一己內在最深處的東西，一個人的創作便稱不上藝術。藝術來自所有人內在對同一個地方的呼喚——意義的無形領域，所有人在那裡都有一個家。藝術與意義是分不開的。若缺乏意義，就不可能有藝術。藝術連結的是靈魂與靈魂，是一種有意識的創作，橋接了看似存在於地球學校五官人之間的鴻溝。

智力無法辨認出藝術。藝術所創造的回應，比分析過程所能創造的更為深刻，能填補智力無法滿足的需求。藝術所觸及的那塊地方，和金黃色夕陽或被晚霞染暈成粉紅的天空所觸及的地方是一樣的。比起一個思想，一座山能穿透至心靈的更深處。大海能以觀念所不能的方式鎮定人心。地球表達出無限的美，藝術則碰觸到我們內在的那份美。我們擴張至超越自己的一切所想，而有那麼一刻，萬物消失，但是那閃電、波濤洶湧的海洋或山岳卻活生生存在，伴隨著一份我們的生活不容許擁有的定靜。地球就是藝術，一切所需都已獲得供應，一切的供應就是所需。它每一刻都在告訴我們，我們是生命之網裡活生生的絲線。

藝術也做著同樣的事：提醒著我們有一個更大的我存在，那個更大的我就是靈魂。藝術能碰觸靈魂，因為來自靈魂，能照亮每一種境況裡的更深層意義。換言之，藝術喚起人們注意的不只是它自己。多官藝術家看見了地球學校的經驗是一種象徵。它們的力量、深度與恩典取悅了靈魂。這種透過實體物質媒介而分享的知覺，就是藝術。工匠能塑造實體物質，藝術家能分享意義。

對五官知覺而言，一把錘子是一件工具，而對藝術家而言，它是一個新構造的象徵，一個意圖與實體物質的合金體。對五官知覺而言，木匠是工匠，而對藝術家而言，木匠代表的是一種原型。路邊有四個工人被人問道：「你們在做什麼？」第一個回答：「我在堆砌石頭。」第二個回答：「我在造牆。」第三個回答：「我在建造一座教堂。」第四個回答：「我在為靈魂創造一個充滿寧靜與美的地方。」第四個工人是個藝術家。

藝術要求做出選擇。一部影片裡的每一個影格都經過挑選，這段故事情節要將場景設在花園、河邊，還是人行道上呢？演員要說話嗎？他們要說些什麼？每一個細節都傳達出意義。如果導演無法看見這些，他的影片就不是藝術。一本書裡每一個角色的出現都有其意義。那是什麼？

該描述哪些細節？哪些又不該描述？這個故事持續一天、一年，或一個世紀？作者必須做出決定。雕塑家必須一刀一刀地刻劃石頭，紋理該延伸至這裡，還是那裡？表面要粗糙還是光滑？創作藝術不像打造一個櫃子和一座橋梁那般，也沒有使用手冊。

藝術要求信任。畫家事先可能知道如何作畫，但不見得知道該怎麼收尾。智力上的建構是一種工程計畫，而藝術是與看不見的創造和意圖來源合作。

藝術是一種療癒。思想之泉的水並不深，情緒來自一個更深的地方，藝術則來自一個甚至更深的地方。藝術觸及的地方超越了人格的苦與樂，來自核心，也直入核心，那是靈魂透過其人格的體驗在學習。藝術就是靈魂對那些體驗的回應。

藝術依賴著意義的內在引導系統。換句話說，智力提供資料給工匠，心靈提供資料給藝術家。內心對一種新顏色的興奮之情、對新想法的歡呼，以及一條新途徑所帶來的滿足，都一步步指引著藝術家。這個過程的產物，揭露出這個計畫。

我們都正在成為藝術家，我們正在創作的藝術就是我們的生命。地球學校裡的生命從一個人格的誕生開始，到死亡時結束。在這兩個事件之間，人格每一刻都在進行創造。當它無意識地創造，生命是很沉悶、呆板、停滯的，比例失當，觀點扭曲，自發性、活力與平衡都日益衰退或根本不存在。事件隨機開展，可能是好的也可能是壞的。這是受害者的觀點。

一個有意識創造的生命，會逐漸開展成一個整體，有其智慧與目標，朋友與滿足感增添風味。它是靈活的、動態的、令人滿足與豐富的。意外的事物是受到歡迎的。一致性會出現，共創的現象在流動。五官藝術家製作出雕塑品、交響樂、畫作與書籍，但他們的生活卻鮮少表現出作品中的美或整全。他們的視野受限在畫布、石頭、文字與聲音上。多官人的藝術則能涵蓋更大的領域——橫跨其人格從誕生到死亡之間的那段時間。

對多官人而言，藝術與其他人格創作之間的鴻溝是不存在的。藝術才能不會在工作室以外的地方失效。地球學校就是一間工作室，藝術家的生命就是那件藝術作品。成就偉大藝術的條件是謙虛、寬恕、清明與愛，而和諧、合作、分享與對生命的敬意，都是它的表達。偉大的藝術發生在對話、超市和學校裡。

所謂優異的藝術才能，是有意識地面對製造出毀滅性結果的人格面向，是有意識地選擇貢獻而非剝削、選擇愛而非自我憎惡。優異的藝術才能是透過負責任的選擇、藉由無形嚮導與導師的協助與引導，讓人格與靈魂達成一致。形塑聲音、影像與文字和形塑一個生命比起來，都只是小小成就。

藝術裡沒有隨機的元素，藝術才能就是從這樣的了解開始的。優秀的藝術家知道自己是不朽的靈魂。和導演一樣，他們的選擇都是有意義的。同時，藝術並無法預先決定，而是持續流動著，流向它自己的完整。也會表達出它自己的智力，會令你驚訝。

一個有意識的生活也是如此。有意識的生活無法延遲到退休才開始。語言文字停止流動，視力衰退，渴望被書寫出來的書腐爛了。你原本能成為什麼的力量，即使被你忽略，或以合理化較低目標的想法來掩蓋時，也不會消失不見，創造力無意識地浮現，也因此會進行破壞性創造。做出隨順內心意義的決定，是一種優異的藝術才能——這就是將生活當成藝術與將生活當成苦差事之間的差別，也是將生活當成一種經驗與將生活當成一場試驗的差別。

多官藝術家不會單獨一人創作，因為不可能單獨一人。當藝術家對自己的創造力敞開，他們的無形嚮導與導師就會用適當的方式一起參與。他們共同創造的結果是一切合作的產物，但若沒有藝術家，它不可能誕生。藝術家是鉛筆，他的生命是紙張。若沒有他，無論是這個作品、無形嚮導或無形導師，都無法對地球發揮影響力。

每個人格生來都是為了給予其靈魂冀求給予的禮物。讓人格與其靈魂一致，以及讓地球學校的生命蛻變為一件藝術創作，這兩者是相同的。這就是我們全新的進化模式。五官藝術家在五官知覺的界限裡努力創作，而當他們能夠突破這些界限，一件藝術作品便誕生了。多官藝術家生活在五官知覺界限之外的地方。

他們在靈性發展的脈絡下共同創造，靈魂的意圖能不受阻礙地流動至他們的各種活動之中，若非如此，多官藝術家會從自己身上找出阻礙流動的部分並改變它。每個多官藝術家都在為渴望誕生的集體做出貢獻，而這就是現今拉著我們朝向「宇宙人類」前進的偉大共創。

我們所有人正受到前往藝術領域的召喚。新人類的誕生沒有前例，每一個人類生命以及人類的集體經驗，都正在成為一件有意識的藝術創作。我們內在的藝術家正在喚醒他人內在的藝術家，而他人內在的藝術家也正在喚醒我們內在的藝術家。人類經驗無論是內在或外在都正在經歷改變。隨著我們的生活變成一件藝術品，我們的世界也會變成一件藝術品。當世界變成藝術品，便會表達出力量、慈悲，以及宇宙的智慧。這就是宇宙人類的誕生，這是我們生命中最輝煌的事件。這就是我們來此要製作、體驗並享受的那一齣大戲。

大幕已經緩緩拉起。

藝術是一種療癒。思想之泉的水並不深，情緒來自一個更深的地方，藝術則來自一個甚至更深的地方。藝術觸及的地方超越了人格的苦與樂，它來自核心，也直入核心，那是靈魂透過其人格的體驗在學習。藝術就是靈魂對那些體驗的回應。

第三部

UNIVERSAL HUMANS
宇宙人類

宇宙人類的起源

自我們的物種起源以來，一直渴望成為宇宙人類。當我們凝視夜空而忘記自我時，我們渴望它。當無數繁星對我們呼喚，銀河令我們驚嘆不已時，我們渴望它。我們打從一開始就知道，我們屬於它，它也屬於我們。當遼闊的平原在我們眼前鋪展至地平線，草原的青草在微風中搖曳，我們渴望成為宇宙人類。當一望無垠的沙漠看似沒有盡頭，只有一波又一波的沙丘連綿起伏，變動不居的沙海，不斷重新構築著自己，宇宙人類觸動了我們。山巒為我們展示宇宙人類，它觸及天際，與冰原、白雪皚皚的山巔、冰川裂隙與尖峰、狂風和陽光的午後一同活躍著。大海為我們帶來宇宙人類，深不可測，不可思議的生命，難以理解的力量，洋流與風，暴風雨和風平浪靜，它輕撫著沙灘、衝擊著崖壁。

宇宙人類從未遠離我們，一如我們呼吸的空氣，從未與我們分開，一如我們的心跳。它比人類的思想還要古老，和奇蹟一樣古老。對宇宙和對宇宙人類的潛能感到驚奇是一樣的。千年復千年，我們一直對宇宙感到驚奇，不曾看見、感覺到甚或想像它竟顯示出我們自身的潛能。讓我們感到敬畏的是宇宙的全然包容、深不可測、難以言表的美、無盡的創造力，以及無數個部分的統一，一切不斷在運動、聯合、分開、無止盡地重組，而這些正是我們尚未在一己內在認出的東西。我們對宇宙感到敬畏，因為它彷彿一首聲音的無盡交響曲，流動的芬芳，色彩、味道與感受的瀑布之流——如同永遠如新的五官體驗，永遠不間斷地在每一刻將自己呈現給我們。

藉由追求外在力量求生存以獲得進化的五官人從未想過，「他們」可能就是「那」。如今，我們正在成為藉由靈性成長而進化、藉由創造真實力量而獲得靈性成長的多官物種。如今，我們正在進入一個經驗與了解的全新領域。如今，我們第一次能夠瞥見人類物種最壯麗的風光。「**我們就是那！**」我們與生命是分不開的，生命與我們也是分不開的。

兩千兩百年前，有位重獲自由的奴隸名叫特倫斯（Terence），他曾寫道：「我是人，沒有任何關於人性的東西對我而言是陌生的。」身為年輕黑人，他的開闊心靈延伸至歷史、文化與大環境之外，含括了每一個人類的思想與經驗。這是五官對人類最偉大的理解——包括了人類思想與五官經驗的全部。

五官人認同他們的人格，也就是認同心智與身體。他們追求外在力量，而這個世界比他們更大。他們會抗拒、害怕死亡，或活在死亡的恐懼中。他們對自己的出生無法解釋，也不理解死亡。他們的經驗被分割成內在與外在、我與他人。這種分裂無法彌合，將彼此撕裂，讓彼此渴望著與對方再次親近，卻離彼此如此遙遠。他們渴求著相互碰觸、渴望被碰觸，並帶著這樣的渴望死去。這份巨大的痛苦是五官知覺所固有的。

多官人認同他們的靈魂，創造真實力量。他們在不受五官限制的情況下體驗地球學校，能夠分辨地球外衣與穿著那件外衣的靈魂之間有何不同。他們不會將自己的體驗歸罪或歸功於他人，或期待他人改變自己的體驗。他們會挑戰自己內在的恐懼，並培養內在的愛。他們會諮詢無形的導師與嚮導。他們利用宇宙的因果法則來創造充滿意義與喜悅的生活，利用吸引力法則來為自己吸引慈愛的同伴。他們透過愛的意圖協助自己的靈魂進化。

宇宙人類認同「生命」。他們處處都見到生命，不僅僅限於人類、動物與植物。他們在土壤與星辰裡、小溪與河流裡、海岸的沙礫中、雨後的泥濘中都能看見生命。他們在岩石與水晶裡看見生命，他們在太空、銀河、超新星及其周圍的行星和外環中看見生命。昆蟲、蛇類、聖人、黃金與排泄物，對他們而言都同樣珍貴。一隻小蚊蠅和一頭大象同樣珍貴，一具動物屍體和一朵花一樣珍貴。一切五官能察覺到的，無論是否透過協助而辦到，對宇宙人類來說都是生命。

他們在一切五官無法察覺到的地方看見生命。靈魂、無形導師與天使是生命。就在我們目前所在的地方，與我們生活住一起的那些擁有不同外貌、習俗、語言與歷史的民族，全都以他們自己的方式在進化中，雖然我們看不見他們，他們也看不見我們，但他們全都是生命。無論多麼小的經驗，宇宙人類都視為是宇宙慈悲開展所必要的。他們全心投入生命，並由生命獲得滿足。生命就是宇宙人類的名字，生命就是宇宙人類的地址，生命就是宇宙人類的愛。

人類進化從未進展得如此迅速、如此透明、如此戲劇性地邁向一個新的目的地。過去從未有單一一個字像路途中的路標一樣，如此清楚地標記出人類身分與潛能的階段：

人格——五官人

靈魂——多官人

生命——宇宙人類

新意識

宇宙人類認同「生命」。他們處處都見到生命，不僅僅限於人類、動物與植物。他們在土壤與星辰裡、小溪與河流裡、海岸的沙礫中、雨後的泥濘中都能看見生命。

無論多麼小的經驗，宇宙人類都將它們視為宇宙慈悲開展所必要的。他們全心投入生命，並由生命獲得滿足。生命就是宇宙人類的名字，生命就是宇宙人類的地址，生命就是宇宙人類的愛。

什麼是宇宙人類？

宇宙人類是獲得真實力量之人往前再進一步的階段。一個宇宙人類會認同生命——以無數形式呈現的生命。他認同一切所是，因為生命就是一切所是。他著重的焦點能讓他接觸到創造力與覺察、理解和洞見的深處，而這一切都是為了促進生命的利益。宇宙人類所做的一切，都是為了生命。

這比智力所能呈現的畫面更加豐富，因為宇宙人類就是一切所是，因為宇宙人類就是生命，而生命就是一切所是。在宇宙人類的理解中，一切具有建設性、適當並有益的事物，等同於對生命具有建設性、適當並有益的事物。在此，智力再次過不了關，其實宇宙人類無法利益生命，因為生命本身就是一切有益的。

宇宙人類能為生命做出的貢獻，是在這個恐懼逐漸遮蔽愛的地球學校，帶來一個活在喜悅中、一個反映出生命光輝覺察到生命複雜性的個體（或可說是一個能自我覺察的生命面向），並開始覺察到地球學校以外的許多過程。這些過程並不會讓他的生活變得遠離塵世，或跑到地球學校以外的地方，而是以更具實質意義、連結得更緊密的方式深入地球學校。

宇宙人類明白，在靈性伴侶關係中支持他人創造真實力量，就是為生命本身做出貢獻——並非是讓生命變得比原本更好或更多，用那種方式看待生命沒有意義，而是是能進入其個人化的觀點架構裡，接觸生命的喜悅與浩瀚、驚奇與療癒，可以這麼說，話雖如此，其實生命本身無法被療癒，因為生命不需要療癒。

表達宇宙人類的最佳方式是從愛出發，因為愛、生命、意識和宇宙都是探究同一件事的不同方式。更正確來說，是變得覺察到同一件事的不同方式，甚至更正確來說，是變得覺察到自己的不同方式。

無法用解釋人格的方式來解釋宇宙人類。一個靈魂是無法解釋的，但我們能描述它的一些活動。生命無法解釋，因為它是一切活動，它是一切的解釋，它也是一切的欠缺解釋。生命無法定義、無法形容，卻可以被體驗，而且對生命的體驗能帶領一個人超越生命任何一個特定面向的限制。當宇宙人類在人類之中活動，是以一個人類身份在人類之中活動——一個對他人表達愛與關懷的人，在當下那一刻、當下的情況下貢獻出恰如其分的一切，然而是帶著更多、更多的欣賞與感激。

宇宙人類是多官人類透過創造真實力量而進化的潛能。這種潛能尚無法對多官人解釋或證明，正如真實力量與多官知覺是無法對五官人解釋或證明的。宇宙人類是下一個步驟，然而從人類持續進化將會發展出的知覺來看，這其實是已經完成的一步。

從智力的觀點來看，這些描述並無法令人滿意，而且在許多情況下是無意義的，在數種情況下更是自我矛盾的。放鬆進入這個過程吧，不需要覺得自己必須將未完成的事解決掉，或釐清所有的解釋，因為所有這些帶來的經驗，現在正在召喚著那些創造真實力量的全新多官人物種。對宇宙人類保持開放的態度就是探究宇宙人類的最適當方式。

現在，有任何具有人類形相者是宇宙人類嗎？或者，過去曾有其他人是嗎？有的。還有一些人正朝著宇宙人類前進，他們擁有宇宙人類的一些品質與特徵，而且有些人會特別明顯。他們全都感受到了那個呼喚，感受到了來自宇宙人類的吸引力。他們在生活中感受到它別具意義，並將這些意義付諸行動。

宇宙人類會在地球學校出現擁有真實力量之人時開始崛起並成形。多官知覺已經崛起，並且正在崛起中。真實力量必須依賴有意識的創造，而在創造真實力量的過程中，宇宙人類的潛能會開始浮現。宇宙人類以這種方式在地球學校崛起，指出未來的進化方向。

人類並未失去依賴五官並透過追求外在力量而進化時所體驗到的一切，這一切在現在反而形成一種更豐富、更深刻的理解，進而讓慈悲、清明與愛成為人類經驗與創造真實力量的一部分，一切多官物種藉由靈性成長而進化的期間，在創造真實力量時曾體驗過的、將體驗到的，都將成為進一步發展的燃料，都將運用在進一步的發展，並指出進一步的發展，也將為進一步的發展而開放。那進一步的發展就是宇宙人類。

我們正在一趟輝煌的旅程途中，其實這樣的陳述其實已經受到諸如「我們」這種字眼的局限。換個方式說：一趟輝煌的旅程正在展開，而你就是其中一部分。隨著你的進化，你會繼續做為旅程的一部分。隨著你的進化，你會開始感受到這趟旅程和其目的地其實是相同的。你可以帶著這樣的知見，你也將帶著它，回到地球學校，那個你做為人格時從未離開的地球學校，可以這麼說。

當你帶著這樣的知見進入地球學校，進入你的人格，就會不斷朝著宇宙人類前進。

新意識

宇宙人類會在地球學校出現擁有真實力量之人時開始崛起並成形。多官知覺已經崛起，並且正在崛起中。真實力量必須依賴有意識的創造，而在創造真實力量的過程中，宇宙人類的潛能會開始浮現。宇宙人類以這種方式在地球學校崛起，指出未來的進化方向。

宇宙的成年公民

宇宙的成年公民會覺察到他們的創造能力，以及如何使用這份能力的責任。他們不會等待別人去做他們自己需要做的事。他們無所限制地去愛、無懼地探索，並以智慧和慈悲進行創造。他們不會怪罪、評斷或譴責。他們不是旁觀者或喜歡對人指手畫腳的人，也不是光說不練的理論派。宇宙的成年公民是生命的僕人，是一個為自己負責的生命擁護者、生命保護者與生命的愛人。簡言之，宇宙人類就是宇宙的成年公民。

孩童無法在靈性成長這個脈絡下看待他們的經驗，但宇宙的成年公民可以。孩童會在無法獲得安全感或無法感到自己的價值時怪罪周遭世界，宇宙的成年公民則會去改變自己人格中受到威脅、覺得無用的部分。孩童是無助的，宇宙的成年公民是樂於幫助的。孩童在風雪吹打窗戶時不知不覺，他們只知道自己很冷，然後哭著求救。宇宙的成年公民會關上窗戶，打開暖氣，穿上大衣。

在地球學校，風雪會以許多方式吹打窗戶，例如悲傷、孤單、絕望、義憤填膺、想要報復等情緒的來襲。孩童會對這些體驗起反應，成年人則是做出回應。孩童不懂責任為何物，成年人是負責任的[21]。如果世界讓孩童失望，他們會暴怒或退縮，成年人則會在自己內在創造他們想要在世界上看見的狀態。如果想要一個慷慨大度的世界，他們就會變得慷慨大度；如果想要一個少點憤怒的世界，他們就會變得少點憤怒；如果想要一個慈愛的世界，他們就會變得慈愛。

現在，我們正在變成宇宙的成年公民。「宇宙的小孩」對我們來說，已經不再是恰當的描述了，那會拖累我們、阻礙我們的發展，剝奪我們為世界帶來的禮物。會宣告自己無助、需要依賴，並決定要保持這個樣子的，是一個小孩子的知見。那是一隻羊要求擁有一位牧羊人的宣告。

我曾前往加州沙斯塔山（Mount Shasta）一個小木屋模樣的社區中心，聆聽霍皮族長老托馬斯·班雅奇亞（Thomas Banyanca）說話，我家就在那個小社區裡。我久仰其大名，期盼與他見面。他坐在圓圈中一張生鏽的金屬摺疊椅上，我們則坐在圓圈的其他座位上。

他看起來像是剛從保留區過來的模樣——法蘭絨襯衫，牛仔褲，沾著塵土的靴子。前一天，我曾想像他在玉米田裡的樣子。接著，他開始說話，態度謙虛、條理分明。他說了許多事，然後告訴我們那是霍皮族長老流傳下來的話，是霍皮長老叫他告訴我們的，而現在就是聆聽這些話語的時刻。以下是我記得的其中一些：

21 譯註：response-able，責任的英文字根可解釋為「能夠回應」的。

要善待彼此，不要在自己之外尋找領袖。
將「掙扎」這個字眼從你的態度和字彙裡掃除。
你現在所做的所有事情都必須以神聖的方式來做，並在歡慶中做。
此刻可能是好時光。
我們就是彼此在等待的人。

就是現在，我們就是那些人。具備勇氣的人一直都知道這一點，並能付諸行動。宇宙的成年公民遠不只具備勇氣，他們擁有真實力量，他們對生命的愛是無法阻擋的。

當印度獨立即將成功的時候，英國總督接到來自倫敦的指令，從英國監獄傳喚甘地前往他的宮殿。甘地穿著骯髒的囚服進入宮殿後，立刻說道：「閣下，我知道我做過一些惱怒你的事情，但我希望這不會擋在身而為人的我們兩個中間。」總督在印度下令毆打、屠殺、監禁印度人，而甘地對抗這些行為，但是他的對抗不是針對總督，而是剝削所有印度人的政策。甘地從不會混淆這兩者。他的艱難奮鬥，他所做的極大犧牲，以及印度人民的犧牲，從未讓他分心而失去對生命的愛——無論是英國總督的生命，或是在他居住的靜修所照顧山羊的年輕人的生命。甘地是宇宙的成年公民。

我看過一支關於馬丁．路德．金恩博士的影片，他被囚禁在美國深南方的監獄，當時白人記者試圖從他身上套出他對白人的批評，但金恩博士一個也沒說。我猜測他根本沒有這樣的感受。他在塞爾瑪（Selma）跨越那座橋，遊行至蒙哥馬利（Montgomery），面對兇惡狼犬、往他們頭部猛敲的木棍，以及把對街民眾當成布娃娃一樣狂射的消防水柱，但他沒有忘記他對生命的愛。金恩博士是宇宙的成年公民。

我們繼承自五官人類的世界充滿了追求外在力量的痛苦後果。追求外在力量已經毀滅了整個物種，而且正在毀滅更多東西。暴潮侵襲沿海城市，無法撲滅的大火燒毀大片森林，空氣污穢，水質惡化，冰川融化，地球南北極的冰層逐漸消失。颶風的發生比過去更頻繁、更劇烈，溫度要不是飆高就是驟降。食物供給短少，戰事激增。貧窮、疾病、飢荒、乾旱處處可見，而且正在蔓延。核子戰爭的陰影籠罩。這一切全是因為追求外在力量而生。冷酷無情的氛圍籠罩大地，有錢人獲得警察的庇蔭，窮人只能深陷絕望或造反。

宇宙人類清楚看見了這些事並直接處理它們。他們以慈悲取代冷酷無情，以共同創造取代征戰，以結合的喜悅取代彼此疏離的絕望。他們將自己獻給了生命。他們創造支持生命的社會結構，言行皆帶著善意與愛的意圖所散發的無限力量。他們耕耘著自己的生命之愛，聚焦在生命之愛，並有意識地運用生命之愛，以幫助人類物種成熟綻放。

他們**正是**人類物種的綻放。

新意識

現在，我們正在變成宇宙的成年公民。「宇宙的小孩」對我們來說，已經不再是恰當的描述了，那會拖累我們、阻礙我們的發展，剝奪我們為世界帶來的禮物。會宣告自己無助、需要依賴，並決定要保持這個樣子的，是一個小孩子的知見。孩童不懂責任為何物，成年人是要一個少點憤怒的世界，他們自己就會變得少點憤怒；如果他們想要一個慈愛的世界，他們就會變得慈愛。

超越文化之外

宇宙人類是超越文化的。

文化是一種限制形式，是一個大型社群，而社群是以恐懼形成的群體。結合社群的因素，也就是讓群體聚集在一起的黏膠，就是害怕和他們有著重大相異之處的人，而這些相異之處經常無關緊要。因此，討論文化就等於討論社群，都是討論出於恐懼而結合的群體。

文化是透過人類世代保留其形式的社群，那些世代再流傳給人類的其他世代，因此他們累積了一種僵固性，例如文化社群的體驗是一個享受同一種運動的社群無法體驗到的。後者是短暫的過渡社群，圍繞著一個相同的興趣而形成，當興趣消失，社群也就消失了。換言之，有些社群相形之下更古老、更僵固。文化非常古老，早於多數的群體，甚至早於宗教，因此是最為僵固的社群之一。和所有的社群一樣，文化的基本功能是維護成員安全，讓他們免受潛在威脅，意思是免受異己人士的威脅。

參與一個文化，例如採用其服裝、說話方式、價值觀等，並不會阻礙你成為宇宙人類，但前提是你不會執著或受限於這個文化。舉例來說，你可以包裹伊斯蘭女性使用的頭巾（hijab）來表達你對神性的理解，而不要求他人對神性和你有相同的理解，因為神性是包容一切的，因此你也將包容一切。

你可以是中國人，喜歡說中文、吃中國菜，與中國人在一起，但是如果你認同這些事情，而覺得其他不是中國人的人沒有像你那麼好，那麼你體驗的就是人格裡的恐懼部分。如果波斯語是你唯一會的語言，那麼你的詩詞、情歌便會是用波斯語說、用波斯語寫的，但它們所接觸到的人將遠遠多過那些說出它們、閱讀它們的人。舉魯米為例，他在八個世紀以前以波斯語讀自己的詩，但那並未限制住他的愛或影響力，這兩者其實是相同的。五官領域是一個差異的領域，問題的關鍵在於人們如何體驗與分享這些差異——帶著愛或是恐懼。

一個宇宙人類唯一的社群就是那個最大的社群，如我們之前見過的。那是唯一不是奠基於恐懼而是愛的社群，那個社群底下沒有子社群的分支。文化就是一種子社群，例如，法國文化就是一個擁有數個子文化的社群，包括法國運動員、法國藝術、法國會計師等等，而這些子文化裡的每一個人與每個子文化本身也都認同與那個更大的文化，也就是法國文化，而這樣的能量影響著法國語文、法國歷史、美食，以及其他一切法國事物。

宇宙人類超越所有這些，這其中沒有一樣能吸引宇宙人類，沒有一樣能引起宇宙人類的興趣，也沒有一樣能感動宇宙人類。宇宙人類會被生命感動，只有生命。宇宙人類看待各個文化之間是沒有差別的，例如法國文化和中國文化之間，美國文化和迦納文化之間便沒有差別。

我們可以說，宇宙人類是超越文化的，然而更精確的說法應該是文化的區分對他來說已經消失了。宇宙人類超越文化的意思並非像是公路上的某一點超過前面的點，宇宙人類是體現一種意識，在這種意識裡，文化與社群並不存在。唯一的社群是生命，因此，分隔群體的區別（本質上全屬於五官），並不是宇宙人類會做的區別。宇宙人類不會做出區別，因為一切都是生命。

文化對人格恐懼面具有磁吸般的吸引力，因為提供了一個比人格更古老的身份，一個能被文化裡的其他人、歷史、語文、故事、知見，以及文化價值觀所強化的身分。這種種堅固狀態，或說穩定性，都來自對文化的認同，而對文化的一切認同都來自恐懼。沒有任何文化是對其他所有文化敞開大門的。文化的能量活力，如同每一種社群的能量活力，能提供一種安全與價值的幻相給感受不到安全感與價值感的人格恐懼面。

一個宇宙人類擁有真實力量，他不需要這樣的認證，他的認證不是來自外在境況、歷史，或任何群體，因為對這其中一種的執著都表達出恐懼。他的認證來自於認知到其本質，認出他是慈悲的、慈愛的、具有力量與創造力的靈魂，而且對選擇負有責任，可以分辨愛與恐懼，可以選擇愛。也就是說，他能清楚辨別出，在人格恐懼面渴望獲得與人相同的安全感，並去選擇他無限的愛。

文化是渺小的，人類是博大恢弘的。人格恐懼面讓人類在行為、思想、價值觀、行動與目標上保持渺小。創造真實力量能讓他們超越人格恐懼面，進入他們本是的博大恢弘，認知到其他人格的博大恢弘，以及這一切發生其中的博大恢弘，而那種博大恢弘就是生命。

真實力量的創造是人格與靈魂的一致，靈魂看不見渺小或博大，也看不見黑色、黃色、紅色、白色或棕色皮膚。它看不見起源自熱帶的文化或起源自北極的文化。它看見的是美的不同表達，正如它望向高山上一片開滿各式各樣美麗花朵的草原時，不會說：「紫色花是我的子民，不是紫色的那些比較差，或對我是個威脅，或有其局限。」一個宇宙人類不會看著紅色的花然後想著或說出同樣的話，或白色的花也一樣。宇宙人類不會看著樹木然後想著：「這是我的文化，花不是。」宇宙人類就是花，宇宙人類就是樹，宇宙人類就是其他的一切。

宇宙人類是普世的。

新意識

宇宙人類唯一的社群就是那個最大的社群。那是唯一不是奠基於恐懼而是愛的社群，那個社群底下沒有子社群的分支。宇宙人類超越文化的意思並非像是公路上的某一點超過前面的點，宇宙人類是體現一種意識，在這種意識裡，文化與社群並不存在。唯一的社群是生命，宇宙人類不會做出區別，因為一切都是生命。

超越宗教之外

宇宙人類是超越宗教的。

宗教機構聲稱宣揚普世真理，例如愛與合一，然而卻是地球學校裡引起最大分歧的組織，追求的純粹是外在力量。事情怎會如此？

牡蠣會將刺激物包裹上一層外殼以保護自己，讓自己與它們隔開，這種防衛系統十分類似人體的免疫系統，可以這麼說，利用抗體將細菌和病毒包裹上一層外殼。五官群體也會為刺激物包裹上外殼。做為核心的普世真理對他們而言就是刺激物，宗教機構就是他們在自己外圍製造的那層外殼。從五官群體的觀點來看，普世真理是一種病原體，打個比方，就像一顆引起不快的沙礫。

位居所有宗教中心的普世真理，是五官群體的終極刺激物，因為挑戰了五官群體存在的最根本理由——恐懼。它們以完全嶄新的理解取代恐懼，例如將力量理解為人格與靈魂的一致。

以基督教的例子來說，那個刺激物就是愛的普世真理，牡蠣是五官群體，是耶穌基督將愛的普世真理帶進去的地方，而那層外殼就是基督教的機構。

每一種宗教機機構都是包覆在普世真理這一核心的外殼。換言之，宗教機構所散發的能量永遠不等同於位居其中心的普世真理所散發的能量，例如在這個例子是愛。宗教機構追求的是外在力量，關心的是它們自己。宗教操縱、控制信徒，然後讓他們彼此競爭，會保證你獲得優先權，在「我們」和「他們」之間築起藩籬。「他們」會下地獄，「我們」不會。神性站在「我們這邊」，「他們」是異端。

宗教機構消費文化，妖魔化差異，攻擊對手，包括國家與其他宗教機構。宗教機構讓內部成員隔絕於位居其核心、具有蛻變力量的普世真理，讓他們局限在膚淺的體驗裡，而不引導他們體驗那讓大山挪移的力量。舉例來說，多數基督徒都會談論愛，許多基督徒也相信愛就是生活的準則，卻很少有基督徒像耶穌基督所示範的那樣真正**活出**愛。幾十億的基督徒仍保持（被基督教的外殼）隔絕的狀態，接觸不到愛的蛻變力量。他們能容忍他人，卻不能接受他們。他們會對別人微笑，卻默默或大聲地評斷他們。他們以愛之名殺戮。有多少基督徒活出了像金恩博士一樣的愛？「我有一個夢，」他大聲地說，當他以自己的勇氣、正直與愛感動世界，世界為之蛻變——因為他所彰顯與分享的是核心部分，而非那層外殼。

在美國歌手惠妮．休斯頓的追悼會上，浸信會牧師分享了一個讓我永難忘懷的故事。牧師說：「穆斯林說，我希望我能在遇見基督徒之前遇見耶穌基督。」如果每一個基督徒都能活出愛的普世真理，而非活在基督教的宗教機構裡，那麼這個地球學校會是什麼樣子？如果每個基督徒愛**你**的程度足以為你而**死**，那麼地球學校會是什麼樣子？作家瑪雅．安吉羅（Maya Angelou）經常告訴我們：「每當有人對我說：『我是個基督徒，』我會說：『真的嗎？我已經八十多歲了，但仍在努力中。』」我們被告知：耶穌基督宣稱你將能夠做出一切祂所做過的神蹟，而且還**更多**。你什麼時候要開始？你的第一步會是什麼？

在佛教的例子裡，那個刺激物就是開悟的普世真理——一種超越地球學校的知見，從一切執著解脫的自由，意識清澈如鑽、光明如千陽——覺察到如「微塵」那麼多的三千大千世界裡，每一個都有著諸佛與開悟之路。牡蠣是五官群體，是佛陀將普世真理帶進去的地方，而外殼就是佛教機構。

佛教徒尋找著他們無念和無欲的「本來面目」，無有心念和慾望之相（特徵），卻依然看不見自己的本來面目。他們渴望、受苦，然後死去，正如佛陀所描述的，他們不曾使用佛陀給他們的工具。他們彼此推擠爭搶著在佛像前點香。他們相信輪迴轉世，然而只有相對少數的幾世，彷佛意識與責任會在死後繼續，彷佛每一個體驗都是業的必然。如果每一個佛教徒都能在每一刻以每一個選擇創造出建設性結果，而**永遠**不為自己的體驗怪罪任何人，這個世界會有什麼不一樣？

每一個宗教機構都是包裹住一個做為核心之普世真理的外殼。每一個機構都**反對**真理與力量，以及位居其核心之普世真理的美。每一個機構都讚揚其普世真理，但所做的又是另一套。

這讓數百萬的信徒感到極度困惑，有時連宗教專家都不免困惑，卻找不到方法去挑戰他們的機構，並同時珍視其核心的普世真理。普世真理就像諺語裡所說的嬰兒，而他們的宗教機構是諺語裡的洗澡水[22]，因此他們努力保住兩者——他們珍視的普世真理，以及提出此真理的冷酷宗

---

22 譯註：英語裡有「不要把嬰兒和洗澡水一起倒掉。」這句諺語，比喻因為想捨棄不好的事物而丟掉寶貴的部分。這裡以嬰兒比喻珍貴的事物，洗澡水比喻不重要的事物。

教體制。

普世真理來自地球學校以外的地方，能以靈魂那非個人的知見讓人格平靜下來。如今我們既然正在朝著超越五官知覺限制的方向進化，位居宗教核心的普世真理也正在變成**我們的**普世真理，已經不再是機構的財產。

多官知覺讓宗教機構與其核心之普世真理的差別顯而易見。宗教機構會競爭，普世真理不會。宗教機構限制創造力，普世真理則釋放它。宗教機構沒有未來，普世真理是永恆的。

如果你因為自己信仰的宗教而覺得優越或高人一等，覺得自己是「對」的、沒有「錯」，你便不是在體驗一已宗教的普世真理，你所體驗的是那個宣稱擁有此一真理的五官機構的恐懼。五官的宗教機構會**阻礙**我們的進化，它們的醜惡行徑是恐懼的產物，它們是沒有未來的。多官人努力的方向是和諧、合作、分享，以及對生命懷抱敬意。他們努力的方向是謙虛、清明、寬恕與愛。宇宙人類則是具體表現了這些概念。

當你問自己：「如果我活出我的宗教或任何一個宗教之核心的普世真理，我的人生會是什麼樣子？」你是在請求宇宙給予你宇宙人類的體驗。

新意識

普世真理來自地球學校以外的地方，能以靈魂那非個人的知見讓人格平靜下來。如今我們既然正在朝著超越五官知覺限制的方向進化，位居宗教核心的普世真理也正在變成我們的普世真理，已經不再是機構的財產。

超越國家之外

宇宙人類是超越國家的。

「國家」是人類經驗裡因殘暴的重大惡行而存在的字眼。國家是我們從五官知覺過渡到多官知覺、從視力量為操弄與控制的能力過渡到視力量為人格與靈魂的一致時，應該要拋棄的語言符號。這是一個在潛意識裡根深柢固的概念。了解何謂「國家」，能同時清楚地讓我們看見愛或恐懼這一必要選擇的兩面，以及該具備多麼重要、多麼能夠洞悉真相的覺察能力，才能做出這個選擇。

以比喻來說，每個國家都擁有相同的基因密碼，那就是人格的恐懼面。絕對君主政體、帝國、宗教機構與癌細胞都有這個相同的密碼。國家情感只是一種感情用事的錯覺，會模糊國家的本質。一旦你了解「國家」的本質，你就會明白為什麼。

國家是一個群體，但並非如表面上看起來那樣，是由眾多個人組成的群體。這是一個比群體包含更多的集合體，收集了各式各樣對外在力量的追求。

國家本身，也就是我們稱為「國家」的實體，是一種對外在力量的追求，經常與其他如出一轍的國家起衝突。擁有最強外在力量的國家會強加其意志在那些力量較弱的國家。這是國家之間唯一的互動型態。

國家內部的互動也是一樣，有些對外在力量的追求相比之下比較有效率，便會強加一己意志在其他的追求上。

在政治舞臺上，那些追求稱為「政黨」，然而一個國家內部還有各種各樣必須關心的議題，例如社會議題，女性在男女關係裡的地位就是其中一個議題。在此，男性群體擁有更大的外在力量，而那正在發生變化並引起極大的反抗。白人與黑人之間的關係是另一個例子，相似的情況在美國很普遍——白人擁有較大的外在力量。

宗教人口之間的關係又是另一個例子。在美國有一個宗教位居主導地位，其擁有的外在力量比其他所有宗教加起來還要多。其他國家也有相同處境，只是位居主導地位的宗教不一樣，然而在有些國家，其平衡狀態不同。這也和每個個人之間的關係雷同，如我們已經見過的，個人透過其人格恐懼面追求外在力量，然後彼此產生衝突。

換言之，無論由上至下或由下至上，一個國家就是一場對外在力量的追求，同時是一個空殼子，裡頭包含了無數發生在各種互動層面裡的外在力量追求，從社會到個人、從政治到宗教層面，皆是如此。每一個國家都是追求外在力量的縮影，刻畫出五官人的特性。外在力量處處可見，無可避免。

最野心勃勃的國家會不斷擴張，猶如癌細胞侵犯器官，成為一個自我膨脹的實體，無法自我延續。羅馬帝國當時的擴張範圍從英國到巴比倫，從北非到中東。大英帝國擴張的範圍涵蓋全球四分之一的土地，以及四億一千兩百萬的人口。擴張的範圍如此遼闊，以致日落不可能同時在其所有土地上發生，因此英國人吹噓自己為「日不落帝國」。最終，日頭依然落下了。

五官人榮耀這一切。馬其頓的亞歷山大將一個相對小的帝國從希臘擴張至印度，他被稱為「亞歷山大大帝」，歌頌他戰無不克、攻無不勝的豐功偉業及其永不滿足的征服野心。多官人會稱他為「亞歷山大膽小鬼」。他毫不畏懼任何敵人、軍隊或群體，但是無力感的痛苦卻嚇死他了。他征服了一個又一個國家，並以自己的名字為二十多個努力避開他的城市命名。他直到去世都在追求外在力量，而對外在力量的追求也在他死後讓帝國分崩離析。今天，亞歷山大的帝國、羅馬帝國，以及大英帝國，都已不復存在。

國家之間除了持續從彼此身上謀求利益之外，其實沒有所謂真正的關係可言。在這樣的關係裡，只是完美反映出一個人格恐懼面與其他人格恐懼面的關係。從五官的觀點來看，人格之間的互動（例如與鄰居往來）屬於最低等的層次，國家之間的互動（例如建立帝國）是屬於最高等的層次。多官知覺以及視力量為人格與靈魂一致的理解，翻轉了這個等級層次。最高等、最有意義的層次是個人之間的互動（因為人類的進化需要創造真實力量）。最低等、最無意義的層次是國家之間的互動（因為沒有任何靈性層面）。國家沒有能力往前邁進，它們是空洞的。

一個國家類似於一個裝滿鏡子的大廳，進入它然後從它的觀點來看待經驗，就只剩下它自己，而且它會將自己投射至其他所有稱為「國家」的集合體。換句話說，國家就是各種追求外在力量的集合體，本身就是其他追求外在力量的反映。

國家來自哪裡呢？

新意識

國家是一個群體，但並非如表面上看起來那樣，是由眾多個人組成的群體。它是一個比群體包含更多的集合體，它收集了各式各樣對外在力量的追求，經常與其他和它如出一轍的國家起衝突。擁有最強外在力量的國家會強加其意志在那些力量較弱的國家。這是國家之間唯一的互動型態。

遠遠超越國家之外

國家的起源不單對我們國家的歷史與其他國家的歷史來說十分重要，也對人類物種十分重要，這點出了人類物種所有需要改變之處，以及改變所需要的覺察，這些都同時存在於群體與個人裡。同時存在的，還有必須在愛與恐懼之間做出選擇的這兩面選項。我們已經在本書探討過這個選擇，它是創造真實力量的核心要素。國家的起源揭露出有意識、有建設性地做出這一選擇的重要性。

當人類依賴五官感知，力量也被理解為外在時，這樣的理解經過具體化之後，「國家」便開始興起。人與人之間對外在力量的持續追求，反映在社會機構裡，包括最終極的帝國與朝代。當外在力量的理解與追求開始融入這些實體，而且每個實體的參與者也發展出凝聚性依賴（cohesive dependence），這個「國家」誕生之際便反映出他們，然後成為一個匯聚了人類心靈中所有破壞性元素的巨怪般集合體。

追求外在力量之實體內的參與者，他們的凝聚性依賴指的是，所有實體內參與者依賴著追求外在力量的結構與經驗。五官人藉由追求外在力量而進化，因此，可以說所有的五官人都對追求外在力量有著凝聚性依賴。無論他們的活動是個人、個人組成的團體，或是個人組成的大型群體之間的互動，其互動都是對外在力量的追求。這是所有人都了解而且不曾受到質疑的。

換言之，五官人與五官群體，包括大型群體之間的一切互動，都是建立在他們共同的理解與經驗上，也就是視力量為操弄與控制的能力。這就是將他們聚在一起、團結在一切的東西，並讓他們持續競爭，製造出囤積行為，引發不和且必須剝削彼此與生命。這一切的破壞性行為，都是五官參與者在大大小小的互動中所顯示的凝聚性能量。換個方式說，他們的共通點就是不去感受情緒痛苦，反而試圖透過追求外在力量去掩飾，當這個共通點的規模越來越大，便滋生出空洞、空虛、破壞性的實體，稱為國家。

當這些外在權力的追求歷經了一段漫長時期，開始成為結構性的形式之後，可以這麼說，結構的規模會變大，涵蓋更多個人。那時這些經驗會與實體融合在一起，而每個實體內都凝聚了追求外在力量的參與者。當這些結構的規模變大、效能變高，最終就會以一個我們所謂的「國家」之名而崛起。

國家與國家之間的互動，在在顯示出我們一直稱為追求外在力量的經驗結構——將焦點放在世界上，意圖改變世界。這種經驗結構對立於我們一直在談的創造真實力量——將注意力放在內在動態，意圖改變自己。國家沒有內容物，只有外在力量。除了追求外在力量之外，沒有任何目標；除了追求外在力量，確保五官人的生存之外，國家沒有任何用處。它們體現了一切毫無敬意地追求外在力量所代表並完成的事物。

個人通常會說或覺得他們效忠自己的國家，而且稱之為愛國主義。其實「愛國主義」這個字眼本身就是恐懼的表達，表達的是男性高於女性那種外在力量的支配。如同一般人所理解的，「愛國主義」是效忠外在力量的追求，不會顧慮到對方，當中沒有慈悲，也毫無智慧。母國主義若是以同樣的方式來使用，將會是場災難。外在力量的追求是不受性別限制的。[23]

人們經常會彼此吸引，但若是無意識的，這些吸引便只是在謀求私利，徒然助長了無意識的外在力量追求。我們可以在所謂的浪漫吸引力這種無意識的互動裡看見這一點，例如，當人們對彼此說：「你讓我感覺更完整」或「你是我的全世界」時就是如此。當這樣的感覺消失，吸引力也就發生變化。這樣的互動型態充斥在友誼、社群，以及其他所有群體裡。因此，我們可以說追求外在力量就是「國家」的本質，但「國家」其實並無實質，只是追求空虛的外在力量，裡頭住著各式各樣追求外在力量的人口，這些人全是這個稱為「國家」的東西的反映、表達與採取行動的根據。

國家在人類進化的過程中已經沒有進一步的用處，如同追求外在力量在人類進化中已經沒有進一步的用處，只會阻礙人類進化。

宇宙人類不會評斷這件事，宇宙人類超越外在力量的追求，因此他們超越了它所創造的盲目破壞、苦難與不人道。宇宙人類看見了這一點，也看見了能做一些事來幫助地球學校的同學，例如擴大覺察範圍、有意識地使用意志力、創造一個建設性的世界。在這樣的世界裡，國家沒有容身之處，因為人們不需要它們。

國家是唯一一個不會有取代者的社會結構。

新意識

所有的五官人都對追求外在力量有著凝聚性依賴。無論他們的活動是個人、個人組成的團體，或是個人組成的大型群體之間的互動，其互動都是對外在力量的追求。這是所有人都了解而且不曾受到質疑的。

換言之，五官人與五官群體，包括大型群體之間的一切互動，都是建立在他們共同的理解與經驗上，也就是視力量為操弄與控制的能力。這就是將他們聚在一起、團結在一切的東西，並讓他們持續競爭，製造出囤積行為，引發不和且必須剝削彼此與生命。

23 譯註：愛國主義（patriotism）含有代表「父」的字根，因此是強調父權的愛國主義，母國主義（matriotism）則含有代表「母」的字根，意思是強調母性的母國主義，這兩個名詞籠統來說都是愛國主義，實則類似愛國主義的陰、陽對立面，有不同的出發點。

超越族裔之分（一）

宇宙人類是超越族裔之分的。

「種族」或「人種」是個相對新的字詞，只有幾百年的歷史，但背後的能量卻非常古老。並且只適用於人類，我們不會說大象種，或哺乳種，或魚種等等。「種族」帶有一些隱含的意義，暗示了其中一種人類群體可能比其另一種更珍貴、更有價值、更聰明、美麗或具有創造力。語言文字都是帶有意識的，「種族」便攜帶了恐懼意識。「種族」是一種優劣的宣稱，將自己視為較優秀的群體，將這個字眼當成武器來使用。

納粹黨人捍衛他們身為「雅利安人種」的生理遺傳，宣稱他們是「超人類」（übermenschen）。「雅利安人種」是白種人與德國人，宣稱自己的至高無上優於數百萬同樣也是白種人與德國人的人，例如猶太人、男同性戀者、女同性戀者、吉普賽人等。也宣稱自己的至高無上優於數百萬單純只是白種人的人，例如法國人、西班牙人、瑞典人與其他類似的人。它也宣稱自己的至高無上優於黑種人、黃種人與棕種人。宣稱至高無上的優越，代表奴役、折磨與屠殺是他們應得的權利。

雅利安「超人類」的目標是「千年帝國」，也就是會持續一千年的帝國，但只活了十二年。在這個短短的時間裡，以人種之名而發動的邪惡與殘酷暴行籠罩全世界，使人類經歷了一場最具毀滅性的衝突——第二次世界大戰。大戰席捲全球，歷史學家必須創造出一種新類型才能適切地描述這種戰爭，即「總體戰」（Total War）——武器的使用與攻擊目標不受約束（例如原子彈）、大量平民死亡（例如勞動營與集中營）、集體懲罰（例如倫敦與東京大轟炸）、相關者全死（例如「無限制潛艇戰」[24]）。

六百萬的猶太人與其他五百萬屬於「劣等人種」的歐洲人必須有系統地被謀殺，送入數千座專為此一種族滅絕行動打造的設施（不只是大型且惡名昭彰的那些，例如奧斯威辛與布痕瓦爾德集中營）。估計有**八百萬**人在第二次世界大戰中死亡。並非「人種」這個字眼造成這場大屠殺，而是使用它的那股能量——恐懼。當你以人種的角度來思考，就是參與了這股能量。

德國心理學家與人類學家布魯門巴哈（Johann Blumenbach）是第一個使用「人種」一詞將人類以外表分門別類的人。他並未為自己所定義的五個人種賦予不同價值，但他讚美白種人（他的人種）的美麗。這開啟了一道門，讓無數由恐懼形塑的思想長驅直入。

在布魯門巴哈的時代，大西洋奴隸貿易極為盛行——將數百萬西非人以奴隸身分運送至歐洲、美洲殖民地與巴西。這種卑劣勾當與對這些人的謀殺行徑是不容忽視的，但歐洲人開始利用

24 譯註：戰時為有效避免敵人偽裝成民船，不分軍用或民用一律以潛艇擊沉，第一次世界大戰時的英國與二戰時的德國皆採用過這種策略。

布魯門巴哈的概念來合理化不正當的行為。當時在歐洲與美洲殖民地發展起來的惡劣推論是這樣的：人種或種族之間是不平等的。白種人優於黑種人。奴隸貿易與奴隸主虐待劣等人種並非不道德，這種行為只不過是萬物的自然秩序。我若默許這種虐待，也並非不道德。

布魯門巴哈自己反對奴隸制，並強烈反對這種推論（美國大革命開始時，他二十四歲）。「太陽底下沒有所謂的野蠻民族，」他率直地寫道，「如尼格羅人種 [Negro]，具有卓越的特點，以科學文化而言有其可完美性與原始能力，能與地球上最文明的民族緊密地並列」。但這種推論還是發生了，而且一直持續到今天還是如此。

不正當的行為在美洲殖民地也達到巔峰。一七七六年七月四日，第二次大陸會議（Second Continental Congress）宣布美洲十三個殖民州為「自由與獨立的邦聯」，與英國的所有政治連結「徹底瓦解」。更驚人的是他們宣布「人皆生而平等」，並且擁有「不可剝奪的權利」，包括「生命、自由與追求幸福的權利」。這樣的理念，如何能與奴隸制度達成一致？

在美國，導致爆炸的著火點一直看似是「種族」，其實不然，而是美國的潛能中最閃耀的精髓「人人平等」的概念與它的實際面貌及實際執行之間那無法解決的衝突。今天，這種衝突仍與一七七六年一樣致命，持續在美國經驗這首交響曲中製造出不和諧的刺耳音響，它不會消失，而且隨著每一個世界、每一年、每一個月，甚至現在的每一天，而出現得越頻繁、越響亮。

奴隸制和人類歷史一樣古老，存在於巴比倫尼亞（Babylonia），也存在於今天。或許有個奴隸撒下漁網，捕捉到你餐桌上的蝦。有無數女性在文化囚牢中被奴役，也有無數女性在妓院中為奴。她們無法離開，也無法開車、投票或讓自己接受教育。美國的流動農工和孟加拉的成衣工人生活在一種功能性奴隸制裡，持續受到剝削，無法逃離。無論任何地方，只要人們仍受到貧窮枷鎖的束縛，就擺脫不了奴隸制。

有些古老的奴隸制允許奴隸在達成特定條件後獲得自由，有些允許奴隸的孩子生下來就獲得自由，有些允許主人教育奴隸，例如羅馬的主人便曾教育特倫斯並讓他獲得自由。然而，美洲殖民地的奴隸體制是最野蠻、最殘酷與最卑鄙的。奴隸是一種「動產」（chattel，私人的可移動財產），他們得一輩子為奴，他們的孩子、孫子也都是動產（同一個主人的私人可移動財產）。教育受到嚴厲禁止，他們旅行移動的能力，甚至只是在同一個城鎮內移動，也受到嚴格限制。許多奴隸主讓他們像野獸一樣活著，恣意虐待他們。

所有美洲殖民地的奴隸都是黑人，所有的奴隸主都是白人。白人把黑人當成動物一樣買賣，白人剝削、丟棄、殘殺黑人。白人若強暴黑人婦女，不必畏懼招來反對或懲罰。有什麼情況比這個更適合接受一個根據外表而成立的種族階級理論呢？布魯門巴哈撰寫於一七七五年的論文正好提供了一個理論。

美洲殖民地的奴隸制扭曲了非洲人對美洲白人以及他們自己對非洲人的知見。這些扭曲的知見現今在美國依然存在。當代的美國白人與美國黑人仍充滿著與殖民時代的奴隸主和奴隸相同的情緒、思想和理論。奴隸制將非洲人從人類排除，否定他們豐富的歷史文化，將他們定義為動物。這些排斥、否定與定義，都是美國集體意識的一部分，但並非只局限在美國的集體意識裡。

許多美國白人害怕非裔美國人，將他們視為劣等人，與他們保持距離，包括那些自稱並非如此的人。有些人會利用與非裔美國人的關係，包括最膚淺的關係，來證明自己心胸開放，但幾乎所有人都對非洲歷史與文化一無所知。不知道亞當與夏娃來自非洲，不知道早在羅馬鐵器時代的一千年前，非洲人民已經會冶煉技術並使用鐵器。換言之，不知道當歐洲人還在使用粗糙的石頭工具時，非洲人已經在探索未來成就工業革命的技術。他們對非裔美國人的詩作、藝術家與學者不知不覺。

非裔美國人到處遭遇困難，因為奴隸制遺留的影響仍在——包括風俗習慣、法律、警察、政策與經濟等各方面的影響。即使是他們之中最功成名就的人，都必須面對內在那個宣稱他們不適任、無望、無價值的惡魔。每個人都會遇見這些惡魔，但是當非裔美國人遭遇時，他們感受到了奴隸制沉甸甸的重量。數百萬非裔美國人仍活在美國永久的低種姓枷鎖裡，每天都必須在經濟、心理或身體上掙扎奮鬥。當你從人種或種族的角度來思考，你便參與了這一切。但是這一切並非美國以「種族」將追求外在力量合理化的終點。

它是個起點。

新意識

奴隸制和人類歷史一樣古老，它存在於巴比倫尼亞，也存在於今天。或許有個奴隸撒下漁網，捕捉到你餐桌上的蝦。有無數女性在文化囚牢中被奴役，也有無數女性在妓院中為奴。他們無法離開，也無法開車、投票或讓自己接受教育。無論任何地方，只要人們仍受到貧窮枷鎖的束縛，就擺脫不了奴隸制。

超越族裔之分（二）

白人殖民者利用布魯門巴哈的概念來合理化他們對紅色人種的種族滅絕。他們謀殺紅色人種的合理化理由，實際上和奴役黑人的一模一樣——種族是不平等的，白種人優於紅種人。當白人虐待一個較低劣的種族時，並非不道德。這種行為只不過是萬物的自然秩序，我若默許這種虐待，也並非不道德。

然而，白人殖民者所謀殺的紅種人和他們奴役的黑人之間，存在著巨大的差別。黑人不想待在美洲殖民地或美國（最低限度可以這麼說），而紅種人決心留在自己的家園。白人殖民者想要那些土地，因此以致命的武力奪取。紅色人種越是英勇捍衛自己，白人殖民者就越把他們當作野蠻人，因此野蠻地對待他們。美國歷史這醜陋一頁的源頭，比布魯門巴哈的論文和美國更為古老。

一四九三年時，一位教宗（亞歷山大六世[Alexander VI]）發布一份詔書（法令公告），讓西班牙（指斐迪南[Ferdinand]與伊莎貝拉[Isabella]）擁有哥倫布在前一年發現的土地，也將西班牙探險家未來在世界上很大一片區域中可能發現的所有土地劃給西班牙。換句話說，教宗事實上給了西班牙整個「新大陸」，甚至在新大陸還在被發現的時候就已經這麼做了！（他這麼做有其自私的理由）。教宗也在同一份詔書中下令，第一個踏上之前未被白人基督徒發現之土地的白人基督徒（除了保留給西班牙白人基督徒發現的那部分世界，指北美與南美），將（藉由腳趾第一次碰觸該土地的權利）自動讓該土地的所有權歸屬於那位白人基督徒的統治者（同樣地，例如斐迪南和伊莎貝拉，還有英國、葡萄牙、法國、荷蘭、德國與比利時！）再者，土地上的一切與每一個人（根據教宗所示，因此也是根據教宗的上帝所示），也自此歸屬於該白人基督徒統治者。（不會吧。）即使該白人基督徒統治者或其中的一名代表從未踏上該土地，但該土地和地上的一切和每一個人都**永遠**屬於他！（**這竟然真的發生了**。）

教宗亦指示那些受惠於此詔書的白人基督教統治者，「領導」他們新獲得的人民「擁抱基督教職業」。除此之外，他們也可以隨心所欲任意處置新獲得的人民。

得利於教宗這份自私的公告，歐洲國家的外在力量（例如軍艦與大砲）迅速將其具體化為現實，自此塑造了今日的國際關係。（第一個踏上月球的美國人並沒有因此感激跪下、祈禱和平，甚至沒有感到歡喜。他插上了一根國旗。）教宗的公告後來被稱為「發現理論」（Doctrine of Discovery），其實也可以稱為「第一個白人基督徒全拿」理論。

美洲殖民者利用這個理論來合理化自己做為第一個（事實上，是第二個，因為在他們到來之前這片土地已經有人居住）來到「新世界」（他們命名的）的身分，並合理化他們的「昭昭天命」（Manifest Destiny）。「昭昭天命」大致可以翻譯為「這塊大陸上的一切都是我們的。」當居住在這片土地上的紅種人反對，白人便趕盡殺絕。美國歷史將這場野蠻的暴行稱為「北美印第安戰爭」，並怪罪在美洲原住民身上。

簡言之，白人奪走了紅人視為神聖的土地，並在這片土地上奴役黑人工作。白人興盛了，但紅人和黑人並沒有。這就是今天的處境。種族滅絕與奴隸制是美國集體意識裡公開的病灶，持續製造出醜陋的後果。

從維吉尼亞殖民地到麻薩諸塞殖民地，從傷膝河（Wounded Knee）到立岩（Standing Rock）[25]，從一七七六年到今天，「種族」議題持續扭曲著美國人的經驗。白人殖民者視美洲原住民為未開化的。今天，美國人將美洲原住民局限在美國人煙最稀少的地區，白人殖民者將非洲人視為動物。今天，美國人監禁（關進籠裡）的非裔美國人比美國任何其他族裔更多。

五官人認為教宗的詔書、布魯門巴哈的論文，以及白人殖民者是這些殘酷行徑的肇因，而多官人明白，毫無敬意地追求外在力量才是肇因。五官知覺與追求外在力量是同一個包裹的一部分，那個包裹就是垂死的意識。現在，另一個包裹抵達了，當中包含多官知覺與真實力量的創造。為了進化，我們必須丟棄老舊的包裹，打開新的包裹，並開始使用裡面的東西。

半個世紀以前，遺傳學家懷疑「種族」起源於不同地理位置的基因庫。聯合國教科文組織（UNESCO）在一九五二年宣布「種族」是個迷思，而社會科學家稱它為一種「社會構念」（social construct）。從多官的觀點來看，「種族」並不存在。靈魂沒有基因、DNA、智商、地

25 譯註：指一八九〇年白人殺害原住民的傷膝河大屠殺，以及近代二〇一六年發生於北達科塔州立岩，原住民反對油管通過水源地的事件。

理起源或任何身體特徵。

然而，「種族主義」依然存在。種族主義是一種恐懼——愛的相反，每次出現就是無知與恐懼的致命連結，其中甚至連「人種」差異都不存在！納粹對猶太人（同一人種）的種族滅絕，盧安達胡圖族（Hutu）對圖西族（Tutsis）發動的種族滅絕（同一人種）；巴基斯坦對孟加拉發動的種族滅絕（同一人種）；蘇聯對烏克蘭人的種族滅絕（同一人種）；鄂圖曼帝國對亞美尼亞人、希臘基督徒、亞述人等發動種族滅絕（同一人種）等，都是其中一些例子。

種族主義是一個丟到恐懼之海裡的軟木塞，在海面上打水漂，既暴力又醜陋，但卻不是它所製造之痛苦的根源，大海本身才是根源。在黑皮膚與白皮膚之間，已經不再有任何遺傳學上的重要性，如同棕色眼睛與藍色眼睛之間、壯碩運動員與嬌小木匠之間的同樣情況。如果我們主張棕色眼睛與藍色眼睛，或體能優秀的壯碩人士、建造東西的嬌小人士，然後是寫作的中等身材人士（就像我）都是不同種族或人種，這些「種族」不是很荒謬可笑嗎？絕對如此。

種族是恐懼的幻相，是無力感之苦所製造的結果，也是五官人試圖逃避無力感之苦而出現的一種孤注一擲、無意識、折磨自己的作為。這些動力對五官人而言是看不見的，但多官人可以看見。

認定地球學校的同學與你有任何本質上的不同，這就是種族主義，無論你怎麼稱呼都一樣，都同樣荒謬可笑。所有的地球外衣都是獨一無二的；所有的靈魂都是不朽的；所有的靈魂都是自願轉生的；所有的靈魂都透過他們人格的選擇而進化；所有的人格都有慈愛與恐懼的部分。無力感之苦折磨著所有的人格，於是五官人格追求外在力量來掩飾它。多官人格會創造真實力量，以超越它的控制。

瑪雅．安吉羅也如此告訴我們：「我們的相似之處比我們的不同之處更多。」現在，我們能憑著多官知覺肯定地這麼說：「我們的相似之處比我們的不同之處**多很多！**」我們都是靈魂，我們都是生命。

宇宙人類為此歡慶。

新意識

認定地球學校的同學與你有任何本質上的不同，這就是種族主義，無論你怎麼稱呼它都一樣，都同樣荒謬可笑。所有的地球外衣都是獨一無二的；所有的靈魂都是不朽的；所有的靈魂都是自願轉生的；所有的靈魂都透過他們人格的選擇而進化；所有的人格都有慈愛與恐懼的部分。

超越性別之外（一）

宇宙人類是超越性別的。

人類經驗中包含最廣泛的社會結構支配的是五官女性和五官男性之間的關係，比其他所有社會結構都更早出現，也更普遍、更具有影響力，雖然沒有一個組織化團體、沒有溝通網絡，甚至也沒有任何網站，卻為每個五官女性與五官男性建立了各種角色與責任。

這個社會結構沒有任何機械手臂，但它的要求卻被毫不留情地強制執行，若是忽視就會受到嚴厲的懲罰。抗拒這些要求所遭受的懲罰可能會非常野蠻殘暴，在許多地方，挑戰這些要求的懲罰是死亡。這個社會結構建立在外在力量之上，如同其他所有的五官社會結構，因此，也如同其他所有五官社會結構，它是陳腐的、正在瓦解的。

女性和男性的新原型已經出現了，和女性和男性舊有的原型截然不同。原型是在其重力場中塑造個人經驗的能量模式，可以這麼說，如同太陽能塑造圍繞著它轉動的行星軌道。父親、母親、戰士與教士都是原型的一些例子。

舊有的女性原型是舊女性，舊女性是五官的；舊有的男性原型是舊男性，舊男性也是五官的。舊女性透過生兒育女獲得滿足，舊男性透過供給與保護獲得滿足。舊女性與舊男性共同創造出一個能提升生存機率的自然分工。

女性的新原型是新女性，新女性是多官的。男性的新原型是新男性，新男性也是多官的。因此，新女性與新男性原型不同於舊女性與舊男性原型的程度，就如同多官知覺不同於五官知覺，甚至更為不同。

新女性不會受到舊女性角色的束縛，她們可以是國家元首、企業執行長、外科醫師、建築師、金融家、保姆、木匠、詩人、水電工人或全職在家的母親。她們可以造橋鋪路，也可以生兒育女。她們可以為自由而戰，也可以養一個家。她們可以達成自己想要的任何成就，她們的生命彰顯了歌德（Johann Wolfgang von Goethe）曾說過的一段強而有力的話：「無論你能做什麼，或夢想著能做什麼，開始吧。大膽中有著天賦、力量與魔法。」

新女性會說需要說的話，做需要做的事，建造需要建造的東西，你阻擋不了她們。

新男性不會受到舊男性角色的束縛。他們會在機場哄孩子入睡，推著兒童座椅逛超市，開車載孩子去和同伴玩，也可以駕駛飛機（與新女性一起），創立事業（與新女性一起），為多官社會結構做出貢獻（與新女性一起）。他們敏感、信任直覺、慈愛。他們會盡情笑、盡情哭，會關心他人、撫慰病者、引導年輕人、幫助貧者、支援長者。他們重新定義了何謂男性氣概。

新女性與新男性在新的靈性伴侶關係原型中共創，他們會在靈性伴侶關係裡選擇自己的角色，他們是正在誕生的新意識的一部分，舊女性與舊男性則是正在垂死的舊意識的一部分。

支配五官女性與五官男性之關係的五官社會結構，其目的是強加舊女性的角色至所有女性身上，強加舊男性的角色至所有男性身上。新女性和新男性不會受這些原型角色的限制。

伊甸園的故事將夏娃描繪成伊甸園裡的二等公民，不但是人類之母，也是一切問題之母。**她**（**She**）只聽園裡唯一非人類（蛇）的話。她渴望學習。她要為天堂完美生活的悲慘崩壞負責。她是從男性的一部分創造來陪伴他的（不是共創者、共同探索者，甚至連同事都不是）。男性才是一等公民。

伊甸園的故事並未創造出這種關於女性的知見，是這種知見創造出伊甸園的故事。五官人稱自己為huMANity（人類），記錄著他們的HIStory（不是HERstory）。他們選擇恐懼，因而製造出女性生殖器切割、「榮譽」殺人、以強暴女性做為戰爭武器、以女性為財產（例如以奴隸為動產這件事），以及性奴隸（例如伊斯蘭世界的後宮）。她們沒有權利（例如教育）、沒有自由（例如護照）、沒有選擇（例如媒妁婚姻）、沒有聲音（例如投票權）。

多官人記載的歷史是OURstory（我們的故事）。強加舊女性與舊男性觀至所有女性與男性身上的、瓦解中的五官社會結構，再也無法控制新女性或新男性了，好比小溪無法往上坡流動，或河流無法從大海流出。

新女性與新男性會在靈性伴侶關係中共創真實力量並互相支持。他們會試探情緒覺察的深度，做出負責任的選擇，培養紀律。無形導師會成為他們的朋友，他們也會很欣喜地知道他們一直是朋友。他們是自己生命之船的船長，跟隨著靈魂的大船。他們會透過修練深化自己對靈性成長的承諾、透過創造真實力量增進勇氣，並在和宇宙共創的過程中獲得靈性成長。他們成為了愛的接受器、愛的傳送器、愛的生活實踐者與愛的給予者。恐懼會來臨，但是無法久留，因為嚇不倒他們。

一個嶄新的性別經驗正在興起。新女性與新男性的原型與生殖器、性慾或性向認同無關，而是形塑新男性與新女性的能量模式，無論生殖器是男性或女性的、無論想要和男性或女性在一起，或無論想要體驗自己身為男性或女性的身分都無所謂。

他們甚至比這些性別更自由。

新意識

伊甸園的故事將夏娃描繪成伊甸園裡的二等公民，不但是人類之母，也是一切問題之母。她只聽園裡唯一非人類(蛇)的話。她渴望學習。她要為天堂完美生活的悲慘崩壞負責。她是從男性的一部分創造來陪伴他的(不是共創者、共同探索者，甚至連同事都不是)。男性才是一等公民。

新女性與新男性會在靈性伴侶關係中共創真實力量並互相支持。她們會試探情緒覺察的深度，為做出負責任的選擇培養紀律。她們是自己生命之船的船長，跟隨著做為她們靈魂的大船。

超越性別之外（二）

性別是人類經驗裡一個具有固定功能的面向，可以這麼說，懷胎生育就是女性的功能，男性無法懷胎。因此，性別的這一方面無法改變，但正因為這個理由，在五官知覺的理解中，男女之間的關係也無法改變。這並不正確。

從多官知覺的角度來看，男性和女性都是地球外衣的面貌之一。地球外衣的每一個面貌都為靈魂在前一次轉生中同意經歷的經驗提供機會，而性別就是其中之一。男性和女性的關係甚至是超越性別的，因為就多官角度而言，那是靈魂對靈魂的關係。而從五官角度而言，那份關係是人格對人格的，也因此男女之間似乎永遠有個無法跨越的分水嶺。

事實上，當地球學校學生之間的關係變成靈魂對靈魂的時候，那個分水嶺就會消失，那麼性別就只是靈魂所選擇的一部分地球外衣。換句話說，一件男性地球外衣能為該學生提供機會來獲得靈性成長所需要的體驗，女性的地球外衣也是同樣的道理。舉例來說，有一個人格恐懼面可能是憤怒或是強烈的主導欲，而另一個人格恐懼面則是容易順從或感到自卑。

從五官的觀點來看，這些特質經常被視為是男性與女性的面貌，其實只是地球外衣的面貌，因為有些男性人格必須歷經掙扎才能說出他們認為重要的事，不再一味順從，並能以正直心態做出貢獻，而也有些女性人格必須挑戰的恐懼面是想要主導對話，並明顯以追求外在力量的手段去操弄與控制。

如我們所見，男性與女性都有其人格恐懼面，而無論屬於哪個人格，那些恐懼面都會追求外在力量。這是地球學校固有的面貌，靈魂轉生至時間、空間、物質與二元對立的領域，成為人格的一個面貌。這每一個人格之中，都包含了一些靈魂已經賦予的、與其人格達成一致的部分，那些就是慈愛面。每一個人格之中也包含與其靈魂不和諧、不一致的部分，那些就是恐懼面。

人格的恐懼面需要被挖掘出來，然後去體驗與挑戰，才能擺脫恐懼的控制。人格的慈愛面也需要被挖掘出來，然後去體驗與培養，才能更頻繁地將慈愛帶入人格的覺察裡。就是在這樣的脈絡下，男性與女性之間的差異單純地變成只是人格之間的差異，而這差異其實可以說是為了某特定人格的靈性成長而特別訂製的。

男性的身體特徵和女性的身體特徵是根據懷胎、生育的功能而定義，但是一個人格若培養出情緒覺察，其恐懼面和慈愛面就會浮現，幫助擺脫恐懼的控制。創造真實力量的人格會在這個過程中相互支持，換言之，他們會成為靈性伴侶。在這樣的關係裡，男性或女性並非這份關係的決定性特徵，而是體驗並挑戰恐懼，以及體驗並培養愛。這也就是為何新男性與新女性的互動型態不是由生殖器決定的原因。這些都是說明同一件事的不同說法。

宇宙人類之所以超越性別，是因為性別無法定義他們的關係。個人的關係在他們成為多官人時便成為靈性伴侶關係，在其中幫助彼此創造真實力量。好比有人可能有從軍經驗，而另一個人沒有，有人可能有當母親的經驗，而另一個人沒有。然而，從多官的觀點來看，懷胎生子的意義不只是成為母親，而是實現一個靈魂轉生前已同意的協議，同意要在進入地球學校，也就是轉生做為一個學生、一個人格時，與另一個靈魂緊密合作。

隨著新女性的崛起，她們能夠擁有之前只保留給舊男性的體驗，例如參與步兵團戰鬥、駕駛噴射機、成為高級軍官等軍事體驗，而如此一來，她們也將面臨周遭的社會結構蛻變這一挑戰，這些都是如今已漸漸瓦解並會被多官社會結構所取代的五官社會結構。五官社會結構奠基於人格，以及視力量為外在的理解上。取而代之的多官社會結構則是建構在靈魂上，以及明白力量是人格與靈魂達成一致的理解上。

所有這一切都獨立發生於人格特徵之外。從多官觀點來看，性別只是一種人格特徵，一種地球外衣的面貌，性別不再像定義舊男性對舊女性的關係（或反過來）那樣，定義新男性對新女性的關係。

新男性與新女性選擇彼此做為靈性伴侶，做為選擇一起承擔這趟千辛萬苦的靈性成長之旅的人。換言之，新女性與新男性的崛起單純只是一種反映，反映出多官人拋棄與性別相關限制的內在動力，也就是不再將它視為一種身體功能，而是將它認知為一種人格面貌。

宇宙人類超越所有五官經驗。宇宙人類是多官的，宇宙人類擁有真實力量。宇宙人類看待自己的靈性發展經驗時，不會按照五官的男性與女性經驗來看，而是會按照自己對世界的多官經驗、對自己的多官經驗，以及對其同為靈魂的同學經驗來看待，他們擁有相同職責、相同目標、相同目的地——都置身一趟進入生命與體驗無懼生命的旅程上，一趟進入愛與培養愛的旅程上。

當你望著繁星點點的清朗夜空，那是無可取代的，那是生命以令人驚嘆的奇觀將自己呈現給你。當你望著一個靈魂，它是無可取代的，那個靈魂是生命以令人驚嘆的奇觀將自己呈現給你。宇宙人類切身體驗到這件事，他們體驗到這一切。他們是超越所有五官體驗的，而就在超越那些限制與體驗的前進過程中，他們擴展自己，進入感激之情裡、進入對生命的欣賞與珍惜之中。對他們而言，沒有其他更重要的事了。沒有其他更有意義的事，因為當覺察力成長，他們會領悟到生命是唯一存在。他們禮敬生命、崇敬生命，欣賞並感謝生命。他們也享受生命、支持生命。他們就是生命。他們是宇宙人類。

五官人類正在蛻變為多官人類，這就是目前正逐漸興起的階段。這場蛻變將會重新塑造所有的經驗——從五官限制過渡至靈魂那更為擴大的知覺裡。而在那之後，還會有另一場同樣轟轟烈烈、言語難以形容的蛻變，一如從五官知覺和地球學校的人格互動過渡至多官知覺與地球學校的靈魂互動。

正如無法對五官物種清楚而具體地描述何謂多官知覺，多官人的物種也無法清楚而具體地理解宇宙人類物種。然而多官人可以開始感受到它的呼喚，它的恢弘、它的美，以及它的遼闊，因為它就是宇宙。它就是愛，它就是意識，它就是生命，而那是源頭，那也是目的地，那是旅程，那也是喜悅，那是完整，那也是宇宙人類永遠保有的圓滿具足。

新意識

從多官知覺的角度來看，男性和女性都是地球外衣的面貌之一。地球外衣的每一個面貌都為靈魂在前一次轉生中同意經歷的經驗提供機會，而性別就是其中之一。宇宙人類之所以超越性別，是因為性別無法定義他們的關係。個人的關係在他們成為多官人時便成為靈性伴侶關係，在其中幫助彼此創造真實力量。

宇宙人類

最親密的分享是最普遍適用於全體的，在我們舉辦的活動裡不斷見證這一點。概略的論述、不明確的指稱與模糊的語言，都無法改變分享者或聆聽者。活動參加者最後都體認到了這一點，然後他們必須選擇是要保持沉默，或者輕率而不加思考地分享，或者坦白說出實話。他們人格裡基於恐懼的部分會努力不被看見，會誇口說大話，或用滔滔不絕的話語將我們淹沒。他們人格裡基於愛的部分渴望來自心靈的真相，分享心靈真相的交融，以及心靈真相帶來的自由。他們主動向外尋求連結，而這樣的主動行為值得鼓起勇氣去做。多年之後，我仍記得這些參加者分享過的話，這些話如何從此改變了我，以及對現場所有人的影響有多麼深刻。

有一位女士談到她罹患阿茲海默症的母親。她的母親總是將她誤認成自己的姊妹，然後又將她誤認成媽媽，有時候，也會將她誤認成自己的兄弟。最後，她倍感挫折地對母親說：「不是啦，媽。我不是你的姊妹！我不是你媽媽！我也不是你的兄弟！我是你的女兒！」然後她的母親也流下沮喪的眼淚，啜泣著說：「我不知道你是誰。我只知道我的靈魂想要和你在一起。」

其他參加者也分享了害怕遭到拋棄、嘲笑、背叛的恐懼，以及期盼落空、羞恥、憎恨自己等情緒——這一切都是在描述自己人格中一個基於恐懼的部分這個背景下說出的（而非出於該恐懼部分所說的）。他們分享了自己防衛最嚴密的黑暗地帶，然後發現其他人已經知道了。他們展現出人性，因而成為一個真正的人。那就是心靈的力量，心靈永遠能夠認得心靈。

宇宙人類與心靈是不可分的。宇宙人類無法沒有心靈而存在。宇宙人類就是心靈的目標，心靈的圓滿具足，心靈的完成。他們就是釋放而出、擺脫束縛、無所限制的心靈。有宇宙人類在的地方，心靈就會閃閃發光。心靈既是宇宙人類的中心也是外圍，是上也是下，是裡也是外。那是永不落下的太陽，永不凋謝的花朵，也是賦予宇宙人類生命的愛的無盡泉源，能斬斷語言和信念築起的所有藩籬。

德蕾莎修女曾告訴我們：「我們無法做大事，但可以帶著大愛做小事。」**她同時照顧傷者、病者，飢渴的人**，她帶著大愛做這些小事。從舊意識的觀點來看，最偉大的事會影響最多的人，然而從新意識的觀點來看，最小的事就是最偉大的事：一個人可以在他最切身的體驗裡選擇愛而非恐懼。宇宙人類會注意愛的種種細節。

德蕾莎修女是個宇宙人類。

甘地從自己的靜修所步行了兩百四十英里來到海邊取海鹽，公然違反英國在印度的食鹽壟斷事業。一開始，他有七十八位同行者，他們都接受過意味著愛的力量的「不合作運動[26]」訓練，後來更有數百萬人熱心響應，追隨他們一路步行到海邊。甘地有意識地走向了他可能（很可能）的死亡、可能（很可能）的傷殘、可能（很可能）的牢獄之災，整個印度也有意識地與他同行。他的意圖是要刺激英國做出反應，向全世界揭發英國在印度推行的暴政。他毫不懷疑這一天將會來臨，當它來臨時，其殘暴震驚了全世界，而隨之而來的大規模公民不服從運動，譜出了英國宣告結束對印度統治的序曲，儘管仍需艱苦奮鬥。

就在這場長征前的兩個星期，甘地發表了一篇文章〈當我被逮捕時〉，他在文中寫道：「沒有一個以達成印度目標為信念的非暴力信仰者，會在這場奮鬥結束時發現自己是自由的或是活著的。」

他懷著愛書寫，懷著愛行動，懷著愛進監獄，懷著愛忍受毒打，懷著愛引導印度走向獨立，最後懷著愛死去。他懷著愛修練「不合作」（與「非暴力抗爭」不同）。「愛」就是那個關鍵字；「愛」就是關鍵能量；「愛」就是那股蛻變的力量；愛就是甘地的戰術，甘地的策略。

甘地是一個宇宙人類。

據說，猶太狂熱份子願意讓拿撒勒的耶穌成為軍隊指揮官，但他拒絕了。我們對耶穌根本一無所知，尤其是他的早年生活，我們有的只是他行走地球若干世紀以後才寫下來的話語，而那些話經常遭到篡改，且有時是刻意為之的。以這種方式獲得知識就好比小孩子玩的「電話」遊戲，低聲說出的訊息一經話筒會立刻遭到扭曲。這些傳說中的故事告訴我們，愛對耶穌十分重要——他餵飽民眾、療癒民眾、關懷妓女與收稅官員，這些在在告訴我們，耶穌通常盡力教導愛，即使是面對折磨他、殺害他的士兵依然如此。

耶穌是個宇宙人類。

---

26 譯註：Satyagraha，甘地結合梵文的 satya（真理）與 agraha（堅持）而自創的字，意指透過非暴力消極抗爭手段強調對真理的堅持。

這些宇宙人類出現在我們的過去，依然在呼喚著我們追求更高的視野、更健康的生活、更敏感體貼的社會，並實現我們的最高潛能。

現在正在崛起的宇宙人類，也對我們發出了同樣的呼喚。

新意識

宇宙人類與心靈是不可分的。宇宙人類就是心靈的目標，心靈的圓滿具足，心靈的完成。他們就是釋放而出、擺脫束縛、無所限制的心靈。

心靈既是宇宙人類的中心也是外圍，是上也是下，是裡也是外。它是永不落下的太陽，永不凋謝的花朵，也是賦予宇宙人類生命的愛的無盡泉源，它能斬斷語言和信念築起的所有藩籬。

崛起中的宇宙人類

崛起中的宇宙人類正出現在我們周遭，猶如春天萌發的青草。以下是幾個例子。

＊　＊　＊

傑耶希帶著琳達和我耐心地穿越一座龐大的印度貧民窟，那裡住著十二萬人口，距離甘地位於亞美達巴得（Ahmedabad）的靜修所不遠。傑耶希是在靜修所裡面出生的，現在是該處的受託人。人們紛紛從「屋子」裡跑出來歡喜地和他打招呼——所謂的屋子，有些沒有牆壁，有些滿地髒亂，全都擠滿了人和動物。笑聲不斷的孩童在他旁邊跳起了舞，他調皮地清潔了一個男孩的鼻子，然後再清洗自己的手，示範接下來的課程。這裡的人們見到他無不滿溢著喜悅之情。

一個年長的女子向我們做了一個手勢。「她在邀請你們和她喝一杯茶，」傑耶希微笑著對我們說。一個在傑耶希上次來訪之後成為「薩杜」（sadhu，苦行僧）的年老男子向我們展示他那間布置成聖堂，空蕩盪、狹小而乾淨的房間。「這七年來，你難道連兩分鐘跟我在一起的時間都沒有嗎？」他慈祥地責備傑耶希，眼中流下喜悅的淚水。

七年前，傑耶希和他的同事教導了同樣這群人如何建造並使用廁所，幫他們修剪指甲、清潔鼻子、洗手，以降低印度百分之八十可預防疾病的原因——衛生狀況不佳。有些人當時還是孩子。

我們邊走邊聊，傑耶希舉起左手，手掌朝下，彷彿要朝下丟出什麼東西，像是一個禮物的樣子。「這樣不好，」他說。然後張開右手，手掌朝上，放在左手下面，彷彿要從上面接受什麼東西，類似乞丐的手勢。「這樣不好，」他又這麼說。接著他伸出右手，彷彿要跟另一個伸出手的人握手。他解釋道：「這樣才好，我們一起合作，共同創造，然後便退一步。」

邊走的過程中，我們發現傑耶希已經七年沒有拜訪這座貧民窟了！套一句他說的話，他真的「退一步」，退了整整八十四個月，好讓新的知識能夠整合、讓創造力顯露，讓力量成長！

我事先還不知道這件事的時候，便請他在我們離開印度前帶我們參訪這座貧民窟。我們在亞美達巴得舊城區遇見的人向我們展現出慷慨、仁慈與喜悅的態度，那是一個遠比西方的「貧民窟」還要貧窮落後許多的地方，而我們想要看看這座貧民窟裡的人是否也會同樣如此對待我們。他們確實如此。

* * *

傑耶希・帕特爾（Jayesh Patel）是個正在崛起的宇宙人類。

我第一次見到昌美是在一次視訊裡。「我想要你和我一起創造，」她笑著這麼說，她女兒一邊翻譯她的日文。她一邊說著，一邊調皮地用手指戳了我一下，而且很神奇的是，我居然感覺到她在戳我。她笑聲裡的喜悅和熱情完全感染了我。如此嬌小的身形裡，怎會有如此巨大的能量？琳達和我在隔年春天與昌美和她的家人在東京會面，她的喜悅、活力與清晰堅定的專注力，再次讓我們感受到滿滿的祝福。她著重的焦點在於和平，所有人獲得和平，全天下獲得和平。和平的能量，和平的意圖，創造和平的靈性成長，並且在全球支持這樣的靈性成長。她和全家人一起投入這項志業，連還不會說話的孫子都參與了。

我們在富士山腳下舉辦的年度「和平祝禱交響曲」（Symphony of Peace Prayers）相聚。這場慶典太美妙了：一萬兩千人以白雪皚皚的富士山為背景，一同席草地而坐；各個宗教的代表輪流祝福我們；從世界各地前來參加的小團體會在活動開始前舉辦的和平會議中分享新發現，琳達和我也參加了。接著各國國旗隨著音樂遊行出場，一個接一個輪番上陣，坐在草地上的人會在自己國家的國旗出現時，或想要祝禱的國家國旗出現時，高舉該國國旗的塑膠複製品。我驚訝地發現，為每一面國旗祝禱時，我竟如此樂在其中。我們的祝禱對象並非一個國家，而是該國家與人民的幸福安康——我們祈禱每一個國家都能實現其最高、最健康的潛能。

接著昌美帶我們來到一座建築物裡的一個大房間，眼前所見深深感動了我。房間裡擺滿了數千個參訪者一起創作的曼陀羅。一個曼陀羅是一張畫了同心圓的紙，每個同心圓線條之間的空隙非常小，在這些圓圈的線條上，也就是繞著每一個圓的地方，有一些精心手寫的字「祈願世界和平」，由來到這裡的參訪者一次又一次接著寫下去。較小型的曼陀羅大約只有直徑十二英寸，每一個曼陀羅都費時好幾個小時才能完成，其他都是尺寸大上許多的，有一個直徑長達十二英尺，覆蓋了整面牆！每一個曼陀羅上都有一個聚焦的意圖，一則聚焦的祈禱文，一個聚焦的禮物：「祈願世界和平」，在此一遍又一遍地獻上。

我跪在地上，一手撐著一手拿著筆，在未完成的曼達拉上仔細寫下這些字：「祈願世界和平」，這一刻我感受到千百個，甚至幾十萬個兄弟姊妹與我同在，他們也曾在這同一個房間裡跪在這個地方，一手撐著，或在世界各地的其他房間裡，仔細寫下了「祈願世界和平」這幾個字。這個大房間是和平之心，向這個逐漸覺醒的世界發送出善意。

在我們遇見昌美的幾十年前，我和琳達在美國位於山邊小社區的住家立了一根和平柱（Peace Pole）——那是一根方型柱子，每一面都用不用語言印著「祈願世界和平」，現在每天都提醒著我們，偉大靈魂的愛是無遠弗屆的。

西園寺昌美是一個正著崛起的宇宙人類。

＊　＊　＊

尼普還是大學生時曾問他的父母，是否願意一星期開放一次自己的房子，讓朋友來靜坐一小時，分享彼此的洞見一小時，然後再靜坐一小時。他的父母很開心地同意了。那幾次聚會的地點是加州聖塔克萊拉（Santa Clara），而那只是往後許多類似聚會的第一個起點。今天，世界各地有許許多多的人每個星期都會開放自己的房子或公寓舉行這樣的聚會，現在這個活動稱為「覺醒圈」（Awaken Circles）。志願者自己烹飪餐點，自己清掃。「沒有老師，也沒有捐款箱，沒有要歸屬於誰或什麼的問題，」尼普這麼描述他們。

尼普帶領琳達和我來到一間餐廳，裡頭散發出親切友善的氣氛，還有美味健康的食物，我很快得知不只是如此。有個用餐者在索取帳單，而服務生回答他：「沒有帳單，你的餐點是免費的。」如果用餐者問服務生：「餐廳付你多少薪水？」服務生會說：「我是個志願者。」如果用餐者堅持付出些什麼，服務生會建議：「你可以為那邊的一家人付錢，」然後擺頭轉向附近那張桌子。這是「業力餐廳」（Karma Kitchen），業力餐廳是一種新興的「禮物經濟」（gift economy）餐廳。「我們租用餐廳一個晚上，」尼普解釋，「就像你為生日派對租用場地一樣，只是我們把它變成業力餐廳。」業力餐廳已經在二十三個國家出現，已為成千上萬人提供了「禮物經濟」的用餐經驗。

尼普微笑著，遞給琳達和我一些上面印著「微笑」的小卡片，卡片背後是一個將它傳遞出去的邀請。卡片讓我的臉上露出一抹微笑。接著我還得知，世界各地的志願者已經發出數百萬張微笑卡片了——付出數百萬次的仁慈，並為數百萬的人提供機會共襄盛舉，複製這一行動。

這一小群最初與尼普一起開始這個志業的志願者，加上另外三個大學時期的朋友，如今已經成長為一個稱為「服務空間」的世界性生態系統，有多達六十萬名會員。覺醒圈、業力餐廳、微笑卡片，都是他們共創的其中幾個計畫，而且都已經在沒有募款、沒有廣告，也沒有吸引任何媒體注意的情況下實現。

「服務空間」是出自志願者的構想，也由志願者打造、經營，一切都為了對大眾有益而做。

「我們相信他人與生俱來的慷慨，我們的目標是點燃那種服務精神，」尼普解釋道。「創造出內在與外在的轉化。」尼普稱「服務空間」是一個「禮物主義」的範例，他對該主義的定義是實踐一種能夠改變世界的全然慷慨的行為。由於「服務空間」全由志願者經營，管理費用極低，因此可以在不做商業計畫書的情況下去做一些事，而由於建構在禮物經濟的基礎上，可以免費做任何事，因此消息不脛而走。每個月有五千人加入「服務空間」。

將內在轉化（而非外在力量）的意圖與志願者結合、展現仁慈的小行動，以及網路上的多對多互動關係，能為最多的人提供意義非凡的經驗——例如接受仁慈與慷慨，然後將它傳遞下去。

這些經驗可能是改變人生的經驗，例如業力餐廳的用餐者通常會留下比購買自己餐點更多的錢給不認識的人。「服務空間」是其中一種新崛起的慈悲商業原型，反映出一種帶來滿足的新型態事業（純服務），而陳腐的、無法帶來滿足的純營利商業，已經不可逆地變得充滿破壞力。

尼普・麥塔（Nipun Mehta）是個正在崛起的宇宙人類。

＊　＊　＊

這些是我所認識的一些正在崛起的宇宙人類，還有更多、更多。

他們在哪裡呢？

新意識

傑耶希舉起左手，手掌朝下，彷彿要朝下丟出什麼東西，像是一個禮物的樣子。「這樣不好，」他說。然後張開右手，手掌朝上，放在左手下面，彷彿要從上面接受什麼東西，類似乞丐的手勢。「這樣不好，」他又這麼說。接著他伸出右手，彷彿要跟另一個伸出手的人握手。他解釋道：「這樣才好，我們一起合作，共同創造，然後便退一步。」

認出崛起中的宇宙人類

即使我們的物種才初次瞥見了多官人類的黎明，宇宙人類也已經開始出現了，新的黎明曙光照亮了他們的存在。他們不一定會以真實力量和靈性伴侶關係的角度來思考，但是他們都明白，這條從愛的觀點出發的路是更清晰、帶來更多報償而且更圓滿的，而從恐懼觀點出發的路，將更為陡峭、更具挑戰性、更艱難，因此他們全都以自己的方式身體力行，選擇了愛的觀點。

如同創造真實力量的多官人，崛起中的宇宙人類正在將自己的生命蛻變為愛的傳播媒介，而非恐懼的傳播媒介。如同創造真實力量的多官人，崛起中的宇宙人類正逐漸覺察到自己的選擇，以及選擇帶來的後果。如同創造真實力量的多官人，崛起中的宇宙人類正在運用自己的自由意志，讓自己與他們最高的衝動、最慈愛的衝動，他們最具接受性、最慈悲、慷慨、令人心滿意足並帶來成就感的衝動達成一致。

要認出崛起中的宇宙人類，必須有意識地尋找他們。從創造真實力量開始。如果你沒有在創造真實力量，就無法認出那些正在這麼做的人。區別自己內在的愛與恐懼，每當這兩者有所衝突（它們總是衝突），務必選擇愛而非恐懼，直到恐懼不再控制你，直到愛填滿你的覺知。

做出你的選擇：

去愛而不是恐懼。
去愛而不是恨。
去愛而不是嫉妒。
給予而不是拿取。
合作而不是競爭。
協調而不是對抗。
分享而不是囤積。
禮敬生命而不是剝削。

此外，再加上一筆：持續、恆常地做出承諾，為生命貢獻一份無時無刻不在的生命之愛。問問自己，生命對你來說是否比你身為男性或女性重要？生命對你來說是否比你身為美國人或巴西人或日本人重要？問問自己，生命對你來說是否比任何你所是的或所擁有的東西重要？如果對生命做出貢獻不是最重要、最能帶來滿足的經驗，那麼你將無法認出那些對他們來說是如此的人。

這些事物就是崛起中的宇宙人類本質，宇宙人類即是開始在任何所見之處看見生命，在任何所到之處感受到生命，在任何所聽聞之處聽見生命，在任何所觸碰之處觸碰到生命的人。崛起中的宇宙人類對自己的體驗也和多數多官人對自己的體驗十分不同，例如他們會察覺到有時宇宙會透過他們的眼睛看、透過他們的雙手去感覺，透過他們的言語在說話。

最後，別忘了看看你的內在。你可以在每次行動時（還有行動後）說這句話：「我現在所做的，以及生活裡的每一刻所做的，都是為了讓宇宙人類能夠完整誕生。」如果這對你來說感覺很好、很滿足、很自然，而且你在創造真實力量，那麼你就是個崛起中的宇宙人類。

* * *

早在我認識那位後來成為我的生活伴侶、靈性伴侶，以及往後數十年的共創者之前，我就已經學會如何清楚明白地表達自己。她經常會談到某某「他」或「她」，或「它」，卻沒有解釋到底是哪個「他」、「她」和「它」。她的說法很籠統，而我曾對非科學家解釋過量子物理學。[27]她含糊的表達方式（對我而言）讓我感到越來越挫折，直到有一天，她微笑著對我說：「親愛的，語言是我的第二語言。」從那一刻起，我學會用一種新的眼光來看待這件事。我分享的是觀念，而她分享的是心靈。我溝通，而她連結。我從她身上學到很多，而且依然持續在學習。

當我努力解釋何謂多官知覺，或何謂高階邏輯和心靈領會時，我會試圖接觸一己人格裡所能觸及的最慈愛面向，尋求它的幫助。我會搜尋我的記憶、經驗，以及想像，盡可能找出最切身、最貼切的說法。我記得我書寫的原因——為愛賦予聲音、形象與行動，並且分享關於情緒覺察、負責任的選擇、真實力量、靈性伴侶關係和宇宙人類的種種。有時，當我努力尋找最佳的自我表達方式，且認為只有唯一一種最佳方式時，魯米一段優美的話會提醒我：「有一千種方式能跪下來親吻大地。」

每當你發現有人是多官人，有人在努力分辨出內在的愛與恐懼之後選擇了愛，有人朝著超越文化、宗教、國家、族裔與性別的方向邁進，有人深深受到生命的吸引，視之為首要而其他為次要，那麼你已經找到一個崛起的宇宙人類。

那可能就是你。

新意識

別忘了看看你的內在。你可以在每次行動時（還有行動後）說這句話：「我現在所做的，以及生活裡的每一刻所做的，都是為了讓宇宙人類能夠完整誕生。」如果這對你來說感覺很好、很滿足、很自然，而且你在創造真實力量，那麼你就是個崛起中的宇宙人類。

27 見祖卡夫的著作《物理之舞》。

我們的新創世故事：下集

五官的創世故事講的是一個非人創造者任意形塑或操縱著五官人類。多數的故事都是告訴五官人他們是什麼、如何創造出來，而有時是他們該有什麼樣的行為舉止。所有的故事都是在古老的環境下道聽塗說來的，摻雜了部分歷史、部分虛構，由久遠前已死去的五官人格流傳給同樣久遠前已死去的五官人格，而在這過程中產生了很多意義的扭曲，而且這一切全都發生在五官文化的脈絡裡。只有深信五官創世故事的最狂熱信徒會否認以上描述，只支持他們自己的創世故事。

我們的新創世故事是完全相反的。這是「我們的」新創世故事，不是上天或任何其他地方給我們的，我們現在正在撰寫它。我們正透過一個又一個的選擇讓新創世故事逐漸誕生，我們正在決定故事裡要包括什麼、不要包括什麼。就在**現在**，多官知覺正在轉化人類的意識。就在現在，我們第一次認知到自己那意義不凡的創造能力。就在現在，我們對自己的創造所要擔負的責任已經不容否認。五官人類所創造的恐懼、破壞與痛苦，以及我們無限慈悲、健康與奇蹟的新潛能隨時隨地、無時無刻都呈現在我們眼前，不斷問我們：「你要選擇哪一個？」而我們始終必須回答。

在我們的新創世故事裡沒有藉口，只有因與果，沒有壞人或受害者，沒有對或錯，沒有應該或必須，有的是潛能。在地球學校創造我們的經驗這項能力是我們獨有的，它一直都是，而現在我們已經認識它了。我們的選擇所創造的結果，影響之深遠超越五官人的想像。現在我們正在瞥見它的影響力有多深遠。一種全新的、驚人的、完全出乎意料的自我體驗正在出現——**我們是擁有力量、創造力，慈悲且慈愛的靈**。

宇宙人類的潛能位居我們新創世故事的中心。這份潛能就矗立在我們面前，如同地平線上一座巍巍高山。它是呼喚著我們的一片海洋，猶如月亮呼喚著潮汐。每當我們創造真實力量，我們便朝著宇宙人類又向前了一步。等待「群聚效應」（critical mass）將我們蛻變為宇宙人類這種心態，阻礙了我們成為宇宙人類。等待「百猴效應」（hundred monkey）將我們變成宇宙人類，阻礙了我們成為宇宙人類。宇宙人類在能夠顯現於宏觀的總體之前，必須先顯現於微觀的個體，而你就是微觀個體。

在你成為擁有真實力量的宇宙成年公民（不是宇宙的孩子），並能超越文化、宗教、國家、族裔與性別，也就是成為一個將效忠生命視為首要並將其他視為次要的、擁有真實力量的人之前，你仍將繼續屬於某某文化、某某宗教或無宗教、某某國家、某某族裔或某些族裔的混合，以及某種性別。它們會塑造你的身分、形成你的思想、決定你對自己和他人的知見。這些群體的要求來自恐懼，那就是為何滿足它們無法為你帶來完滿、寧靜與喜悅的原因。

成為一個宇宙人類有賴你創造真實力量。當你從內在挑戰恐懼並培養愛，亦即分辨出愛的意圖與恐懼的意圖，並根據愛的意圖採取行動的時候，你便朝著宇宙人類邁進了一步。當你創造和諧、合作、分享與對生命的敬意，你便朝著宇宙人類邁進了一步。你的靈魂意圖會先變得可行，然後可望，然後會變得很吸引人，你會去尋找與與它們一起創造的機會，會尋找支持他人創造真實力量的方式，也會放開胸懷接受他人的支持。你會共同創造出靈性伴侶關係。宇宙的吸引力法則會帶領你接近那些創造真實力量的人，也會讓他們來到你身邊。

你無法只用一個小時就攀登一座高山。你必須先調理身體——立定攀登那座山的意圖來訓練自己。你必須先獲悉關於天氣、降雪、結冰、雪崩的情況，你必須學會使用冰爪、冰斧與繩索。最重要的是，如果你想要從攀登經驗獲得些什麼，你在攀登時就必須用上你的心靈、因著你的心靈，並隨順心靈的方向。

你不可能一步登天，從無知一下子跳到宇宙人類，你必須創造真實力量，你必須培養情緒覺察、練習做出負責任的選擇並隨時諮詢你的直覺。最重要的是，你必須創造出以愛出發的言行，即使你人格的恐懼面要求你做出源自恐懼的言行也必須如此。

你若能挑戰自己的恐懼，它們對你的控制力道就會越小，而你若能培養愛，就會有越多愛的體驗填滿你的覺知。當你歡迎自己的情緒、體驗，以及所有地球學校給予你的東西，你的生活將會從抗拒轉變為寬慰，然後是接受，然後是喜悅。你會對所有人格的美麗以及他們所服務的靈魂之光芒感到驚嘆，無論別人是否能看見你的所見，也無論你所遇見的人格是否能在他們自己內在看見這些事，都沒有差別。

你的知覺會更深入，你的欣賞與感激之情會更深刻，你的身分認同會從人格轉變為靈魂，再轉變為生命，你會成為一個宇宙人類。

這就是我們的新創世故事，**此時此刻**正在發生，而且正在**我們**內在發生，**我們正在創造它！**我們的新創世故事不是遺留在古老五官文獻裡的古老記憶和原始奇蹟的混合體，而是**我們**持續不斷且始終如新的經驗、洞見與意圖之選擇的持續不斷且始終如新的創造。

我們並非由我們的新創世故事所創造，或在故事裡被創造，也非因為這故事而被創造，實際上，是**我們正在創造我們的新創世故事**。這需要**我們的**決心、勇氣、慈悲、有意識的溝通與行動。是我們，選擇有意識地踏上旅程，抵達並穿越最深的恐懼。是**我們**，選擇培養愛——對自己、對在地球學校的同學、對這個世界和對宇宙的愛。是**我們**，選擇讓生命變得比過去認為自己所是的、所欲求的更重要。

我們的新創世故事是一個關於**我們**、關於多官人以自己的選擇改變自己的故事。這個故事說的是**我們**如何變成擁有真實力量的宇宙成年公民，並以**我們的**責任、智慧與愛為生命服務，視之為重於一切的首要之務。這個故事說的是**我們**所創造的靈性伴侶關係如何在地球上普及。它是**我們**對充滿慈悲與智慧且無限、永恆之宇宙的持續體驗，以及**我們**決定尊重它勝於一切的選擇。

就在現在。

新意識

你若能挑戰自己的恐懼，它們對你的控制力道就會越小，而你若能培養愛，就會有越多愛的體驗填滿你的覺知。當你歡迎自己的情緒、體驗，以及所有地球學校給予你的東西，你的生活將會從抗拒轉變為寬慰，然後是接受，然後是喜悅。你會對所有人格的美麗以及他們所服務的靈魂之光芒感到驚嘆。

從旅程到擴張

關於宇宙人類的所有書籍都是以心靈做為結束。它們從心靈開始，心靈也填補了中間的所有空隙。若沒有心靈，一切都只是概念。若沒有心靈，一起都只是恐懼。若沒有心靈，人類便沒有什麼可進化的。這就是我們的全新道路。心靈就是寶藏，寶藏就在我們四周，在我們內在，但是要找出它需要意圖與專注力，那就是創造真實力量。

如果你打算了解什麼，就有必要研究它。但是光有了解它的意圖是不夠的，如果你打算攀登一座山，如我們之前提過的，你就必須學習攀登技巧。如果你打算過一個充滿愛的生活，你所要做的不僅僅是學習關於愛的事，你必須培養出在內在辨認出愛並表達愛的能力。

這是一趟旅程，人類從發源之初就一直置身這趟旅程中，這是一段漫長的旅程。現在，有某種之前難以想像的、全新的戲劇性狀況已經出現在我們的歷史裡，我們的進化已經不再任由外在情況來決定。我們的體驗已不再是被迫接受的。我們已經不再是河流裡的小樹枝，只能在流向海洋的過程中隨波逐流，東飄西蕩。我們不是小樹枝了，我們是河流，而且知道自己要奔往大海。我們**正是**我們的進化本身。我們能密切覺察到自己在進化過程中扮演的角色。我們能夠決定如何對進化做出貢獻，我們能夠決定在進化過程中要擁有何種體驗。**人類的進化已經變成有意識的自覺行為！**

地球學校裡的每一個經驗，如今都支持著有意識的人類進化，現在是地球學校裡的唯一學程，創造真實力量是學科，而我們是學生。情緒覺察、負責任的選擇、直覺、真實力量，以及靈性伴侶關係，就是重點科目，而多官知覺已讓我們沉浸其中。

每一場進化都包含不同階段，五官知覺就是我們的其中一個階段。現在我們正處於多官知覺階段——靈魂的覺察與創造真實力量。隨著繼續在這個階段中前進並穿越它，另一個階段出現了。我們的進化速度越來越快，所以即使還在第二個階段，也已經可以看見第三個階段了，好比凌晨時分可預見破曉之光。那個階段就是宇宙人類。

每一場進化都需要學習與發展。學習與發展從未停止，但學習與發展的內容會改變。在學生受教育的過程中，會以許多方式學習到許多事——例如先學會讀與寫，而讀寫能力讓他能以新的方式學習新事物，而這一階段的學習又讓學生以更新的方式取得進一步發展。現在，隨著宇宙人類的潛能已經出現，我們的進化持續進行，我們也正在持續在學習、發展。

五官人的進化目標是獲得生存，多官人的進化目標是真實力量、人格與靈魂的一致，而宇宙人類的進化目標是愛——愛、生命、意識和宇宙以一體的狀態獲得理解、體驗與表達。如同多官人存在於五官人類群體之中，宇宙人類也存在於多官人類群體之中。他們是放射光明的燈塔，或指引方向的指標，就像是路標，但是燈塔、指標與路標對一個不認得它們或認得卻不遵守指示的人來說毫無價值。

永遠還有更多進化。試著不要將你的進化視為一趟旅程，而是一場擴張。一趟沒有終點的旅程將帶領你永遠持續前進，一場沒有限制的擴張將讓你永遠處於其中心點，中心點如如不動，擴張卻不會停止，而它們其實是相同的。這就好比太陽無盡地放出光芒，無盡地貢獻光明與溫暖，無盡地滋養著我們。

我們都在成為太陽，我們每一個人都是中心點。宇宙人類是這個過程的一部分，我們是這個過程的一部分。

我們就是這個過程。

新意識

這是一段漫長的旅程。現在，有某種之前難以想像的、全新的戲劇性狀況已經出現在我們的歷史裡，我們的進化已經不再任由外在情況來決定。我們的體驗已不再是被迫接受的。我們已經不再是河流裡的小樹枝，只能在流向海洋的過程中隨波逐流，東飄西蕩。我們正是我們的進化本身。我們能密切覺察到自己在進化過程中扮演的角色。我們能夠決定如何對進化做出貢獻，我們能夠決定在進化過程中要擁有何種體驗。人類的進化已經變成有意識的自覺行為！

第四部

The Next Stop

下一步

超越宇宙人類之外

宇宙人類是人類進化的最後一步。超越宇宙人類之外的經驗領域是超越且截然不同於多官人類的，正如多官人類是超越且截然不同於五官人類的。五官人類、多官人類和宇宙人類的進化，都是從物質形相開始的。進化是奠基在物質界之上，也就是地球學校的現實之上。

宇宙人類的進化帶領人類意識超越物質形相的限制。多官人是一塊墊腳石，一座橋梁，聯繫了五官人類或五官意識以及宇宙人類的意識。五官人唯一的訊息來源就是五種感官，而五官是設計來偵察我們一直稱為地球學校的物質現實的。這個發揮橋梁銜接作用的意識，即多官人類，釋放了多官人，讓他們的理解不再需要依賴從物質環境獲得的資料。這就是從受限的智力邏輯過渡至直覺的轉變。直覺，一種來自無形世界的聲音，當它取代了五官與智力的考量，不僅能為多官人開啟一道門，迎接新的經驗，也在獲得關於自己的洞見、靈感與資訊方面，開拓了新的來源。宇宙人類是這個三步驟過程中的最後一步。宇宙人類行走在地球上，他們擁有為自己提供訊息的五官，也擁有為自己提供訊息的直覺。他們會固定與無形界導師溝通，而且不會局限於對人格面貌的身分認同。他們在地球學校能夠自由進行靈魂對靈魂的互動。

然而他們的焦點已經超乎地球學校之外了，而是放在生命。這仍是一個新的探索領域，一個靈性發展的新舞臺。當人類前進到超越宇宙人類時，便進入了超越人類的全新經驗裡。如同宇宙人類認識到宇宙、意識、生命與愛即為他們所是，超越宇宙人類的境地是生命所是的覺察。

從五官人類或意識蛻變至多官人類或意識的過程，在經過一段漫長的五官人類進化階段之後，進展得極為迅速。多官人類邁向宇宙人類的進化過程也已經展開了。人類意識在超越宇宙人類後進入的非人類之覺察與經驗領域，無法簡單地以時間年限來表達，那種結構正在漸漸消失，或者將會在宇宙人類超越屬於人類的一切時消失。

在地球學校裡，人格的終結稱為死亡。隨著人類成為多官的，這種終結不會再被視為人類意識的終結，而只是一個靈魂載體的終結，那是靈魂為了配合物質領域的學習與進化而採用的。多官人了解，意識與如何使用意識的責任將在人格死亡或終結之後持續下去。

隨著宇宙人類開始以遍及整個物種的現象崛起，過去人類所知的一切與我們稱為物質的領域，以及超越人類且不包括時間、空間與二元事物的廣闊經驗領域，這兩個領域之間的界線也變得模糊起來了，可以這麼說。超越人類之外，是進化的無限領域與狀態，那是五官人或多官人無法理解的，不過宇宙人類可以由直覺獲得某種程度的理解。這些經驗和領域是不限於單一焦點的，可以這麼說。

超越宇宙人類之外，就是這些全新維度的直接體驗。五官人在他們的集體智慧裡也存在著這些經常被認為是神話的內容，以及與諸如天使、神祇等非人智慧直接溝通的事蹟。多官人會與無形導師直接溝通，與無形導師直接溝通已經成為遍及整個物種的多官人類特徵。在一段相對短的時間裡，多官人將能夠像人與人之間的溝通一樣，和無形導師溝通。

這種溝通可以想像成兩個有形人類之間的互動，但是多官人與無形導師之間那種開闊性的關係，溫和輕鬆且帶有流動性，儘管已經開始被體驗到，卻是無法想像的。宇宙人類在那樣的經驗中更加深入，他們的思想是生命的思想，他們的知覺是生命的知覺，他們的關懷是為了生命，他們唯一效忠的是生命。如你所見，以多官人的知覺來看，宇宙人類已經具有無形導師的特徵。

超越人類並不表示每個宇宙人類在超越人類之際都會成為一個無形導師。他會邁入一個新的社區，可以這麼說。在該新社區的一部分經驗是支持生命，而那是五官、多官或宇宙人類尚無法窺探到的。換句話說，我們正在參與的進化過程，其規模尚未變大，但是到了某個時間點，將會變得無法估量、不可思議地巨大。那樣的進化早在第一個五官人及其先祖出現時，便已就定位了。對於這個過程的覺察，如今已經變得越來越充分、完整而且包含得更廣，然而當它發生時，人類意識會進入一個「包含」一詞變得完全沒有意義的領域，還有什麼其他東西要被包含進「萬事萬物」的概念裡呢？當生命即是直接體驗那超越可理解與不可理解的一切，還有什麼其他東西要被包含進「生命」的概念裡呢？

現在正是開始體驗這場進化的最好時機，因為它以更完整、更豐富的樣貌出現，而且你知道你所在之處就是最適合你的地方。這就是多官人看待這個對五官人而言是個局限的世界時所看見的。這就是宇宙人類毫不費力活出的狀態，也是超越人類領域裡的意識所是。

要說超越宇宙人類之外有更多疆域或經驗領域，便是試圖描述那無法描述的，即使是對宇宙人類來說都是如此。這類似於試圖在人類領域之外描述顏色，那是無法窺探到、無法形容的，因為我們所認知的顏色是根據五官感知而來，或有時是根據多官人與無形導師互動時的經驗，單純地如其所是。換言之，超越人類的經驗無法形容，也無法想像，然而卻是真實的。

擴張知覺的過程——從五官擴張到多官，從人格到靈魂，靈魂到生命，多官人到宇宙人類等——都是一種指標，指出一條通往無法描述之境的途徑正在浮現。而這條途徑正在變成人類經驗的一部分。多官人了解自己正走在一條途徑上，他們稱之為進化，五官人也是如此。

宇宙人類在這條途徑上。在超越人類意識之外的地方，存在的不是途徑，而是途徑加上其他的一切。線狀的途徑，有道路範圍的途徑，走向某個目的地的線性途徑，都不復存在了，存在的是生活本身、意識本身、宇宙本身、愛本身，以及無數能夠體驗它、享受它、分享它的方式。

進化不會在宇宙人類跨出人類疆界之外後停止。

它將展開無限的全新階段。

新意識

隨著宇宙人類開始以遍及整個物種的現象崛起，過去人類所知的一切與我們稱為物質的領域，以及超越人類且不包括時間、空間與二元事物的廣闊經驗領域，這兩個領域之間的界線也變得模糊起來，可以這麼說。超越人類之外，是進化的無限領域與狀態，那是五官人或多官人無法理解的，不過宇宙人類可以由直覺獲得某種程度的理解。

希望

希望是不可或缺的，是靈性發展所必要的。要想擁有一個踏實、覺察、富有創造力與健康的生活，也是必要的。希望與空氣是健康生活的最重要元素，包括地球學校的物質生活以及地球學校的靈性生活，它們反映的是不同經驗維度裡的健康。當人類是五官的，覺察仍受限於第一個維度，亦即物質健康，而現在既然我們已經成為多官的，覺察到更大維度裡的健康也正成為人類意識的一個主要部分，那就是靈性維度裡的健康，靈性維度即是靈魂之間的有意識關係。

希望之所以必要，是因為若沒有希望，就沒有成長的意圖。若沒有希望，就沒有到達那可能會或保證會更好之境地的意圖。所謂更好，指的不是物質方面，而是一種更充實、更令人心滿意足的狀態。

希望是什麼？希望是與靈魂的連結，除此之外，也是與神聖智慧的連結。靈魂是超越地球學校之二元對立性的，它反映的是我們一向稱為神聖智慧的更廣大實相——宇宙、意識、愛與生命。它是所有這些的短暫瞥見，它也是黑夜之後天空出現的第一道光。若沒有這樣的希望，便只剩下對黑暗的屈服或抗拒了，無論是這兩者之中的哪一種，黑暗都是經驗裡的總體決定性因素。

有了希望，一切都將改變。

希望是深入人類根本本性的洞見。你的人格是從慈悲創造出來的，你所有的經驗都是以慈悲創造的，地球學校在每一刻呈現給你的機會都是慈悲的禮物，是宇宙的慈悲禮物。而對此的懷疑，對此的預感，就是希望，而對此的瞥見就是希望在揭露其力量，為覺察注入新的觀點。覺察到這些事就是希望——尚未具體呈現，但已在行動的完滿中表達的希望。

愛不需要希望，只有恐懼需要希望。因此，一個懷抱著希望的人格，其人格的某個恐懼面是處於活躍狀態的。希望並非來自恐懼，希望是宇宙的一個面貌，而宇宙是一個愛的宇宙，只是人格恐懼面無法覺察到這一點、無法有意識地參與。

恐懼會將五官人聚集在一起，而希望為他們的聚集賦予價值。愛會將擁有真實力量的多官人聚集在一起。它連結宇宙人類，因為宇宙人類明白他們就是宇宙，宇宙屬於他們，他們也屬於宇宙，他們和宇宙或宇宙中的任何事物都是分不開的。

對宇宙感到好奇、對星空感到好奇、對映照出落日餘暉的山頭感到好奇、對綠色原野感到好奇、對深不可測又神祕難解的海洋感到好奇、對生命無盡的多樣性感到好奇——所有這些都是希望的體驗。一個尚未成為所有這些之一部分的人，便會擁有希望的體驗，它是所有這些的潛能實現。無懼地踏入所有這些，就是希望的實現，也是潛能的具體化現。換言之，希望就藏在所有這一切的核心深處，呼喚著我們走向健康、良善、關係、連結，以及生命。

希望的體驗有很多層次。可能是條救生索，丟給波濤怒海裡那個自覺無望、迷失或無力之人的一個救命物。也可能以洞見的體驗出現，一個喚醒分享慾望的洞見，但不是出自恐懼，而是帶著喜悅而分享。

希望是一種靈魂與靈魂連結的體驗，瞥見他人眼中流露出的深度、完滿與存在，提醒你那份深度、完滿與存在必定也存在於你之內，否則你無法認出它們。

希望能激發出一個人所有的努力。五官人看見伴隨著追求外在力量而來的生存可能，而那給了他們希望。當他們接受這樣的希望是真實的，接受它是一種他們意圖讓它成真的可能性，他們在前進時便會施展更大的能力，保有更清明或更有自信的心，或者你可以說，更多的勇氣。

希望啟發勇氣——對他人之良善的希望，對自己之良善的希望。對這些事的體驗會去除希望的需要，帶領你的生活走向一個包含經驗、洞見與理解的新領域。希望能激發多官人去探究真實力量，真實力量的發展就是持續透過希望的啟發而來的。然後，當多官人開始體驗真實力量之後，這種體驗本身就會吸引他們朝它前去。

你可以將希望想像成一顆小雪球，開始朝著一個白雪覆蓋的下坡往下滾。它一邊滾一邊擦過坡面，一邊跳動著，加速著、直到它對雪地的碰撞足以讓它累積更多的雪，而當這件事發生，雪球會長大，而隨著每一次碰撞坡面，體積會越滾越大，往下衝的速度也會越來越快。

這個比喻雖有其限制，但希望的產物卻是無限的。希望是一種經驗上的連接器，連接到宇宙的無限。希望是深入宇宙慈悲與智慧本質的洞見，而當你成為宇宙，慈悲與智慧會取代希望，而喜悅、意義和目的也會取代希望。那就是人類正在走的途徑，那就是進化的途徑。若沒有希望，進化無法發生，也不會發生。

希望不只是一個想法，也不只是一種感覺，它是一股能量。它是激發進化的那股能量。進化本身就是個逐漸成長的希望體。細胞不會思考或感覺，但是並非沒有意識。多細胞生物在最原始的狀態時並不會思考或感覺，然而當它們與其他細胞連結並組成更複雜的細胞生物時，便表達出希望的能量。對五官人來說，這樣的活動會無止盡地持續下去。多官人已經能夠瞥見這個過程的終點，而宇宙人類則踏入了那個沒有終點的過程。

希望是遍布這所有一切的能量。然而希望現在已經變成一個不恰當的名詞了，因為它不是一種心理動力。它不是一種情緒動力，它是一股能量，而那股能量就是宇宙本身、生命本身、意識本身、愛本身的能量。你周遭所見的一切都是這股能量的化現，是漸漸接近更圓滿具足、漸漸接近神聖智慧的化現，不過除了在五官人與多官人的有限知覺裡，神聖智慧是無法漸漸接近的，而宇宙人類已經開始跨越那些限制。

希望是有意識進化的啟動者。希望是星系與銀河的啟動者，而非星系銀河是有希望的，希望本身便表達出那股能量，那股位居生命、意識、愛和宇宙的中心，而又如此廣闊、恆常含括一切、恆常擴張、恆常圓滿的能量。

那就是包括五官人、多官人和宇宙人類的所有人類所謂的希望。

新意識

希望是與靈魂的連結，除此之外，也是與神聖智慧的連結。
希望是一種靈魂與靈魂連結的體驗，瞥見他人眼中流露出的深度、完滿與存在，
提醒你那份深度、完滿與存在必定也存在於你之內，否則你無法認出它們。

新意識觀

成為宇宙人類，與靈魂對齊，放掉恐懼，完成此生功課

Universal Human: Creating Authentic Power and the New Consciousness

作　　　者　蓋瑞·祖卡夫 (Gary Zukav)
譯　　　者　蔡孟璇
封 面 設 計　郭彥宏
內 頁 排 版　高巧怡
行 銷 企 劃　蕭浩仰、江紫涓
行 銷 統 籌　駱漢琦
業 務 發 行　邱紹溢
營 運 顧 問　郭其彬
副 總 編 輯　劉文琪
出　　　版　地平線文化／漫遊者文化事業股份有限公司
地　　　址　台北市103大同區重慶北路二段88號2樓之6
電　　　話　(02) 2715-2022
傳　　　真　(02) 2715-2021
服 務 信 箱　service@azothbooks.com
網 路 書 店　www.azothbooks.com
臉　　　書　www.facebook.com/azothbooks.read
發　　　行　大雁出版基地
地　　　址　新北市231新店區北新路三段207-3號5樓
電　　　話　(02) 8913-1005
訂 單 傳 真　(02) 8913-1056
初 版 一 刷　2023年8月
初版二刷 (1)　2024年7月
定　　　價　台幣499元

ISBN　978-626-97423-7-0

國家圖書館出版品預行編目 (CIP) 資料

新意識觀：成為宇宙人類，與靈魂對齊，放掉恐懼，完成此生功課 / 蓋瑞. 祖卡夫(Gary Zukav) 著 ; 蔡孟璇譯. -- 初版. -- 臺北市 : 地平線文化, 漫遊者文化事業股份有限公司出版 : 大雁文化事業股份有限公司發行, 2023.08
面；　公分
譯自 : Universal human : creating authentic power and the new consciousness
ISBN 978-626-97423-7-0(平裝)
1.CST: 意識 2.CST: 靈修 3.CST: 靈魂
192.1　　112012414